Rainer Grießhammer

Der Öko-Knigge

Rowohlt

Redaktion Ingke Brodersen
Layout Edith Lackmann
Umschlaggestaltung Manfred Waller
unter Verwendung einer Zeichnung von
Franziska Becker

Die Zeichnungen auf den Seiten
9, 15, 72, 92, 100, 118, 131, 134,
148, 163, 176, 192, 239, 240, 241
und 266 sind von Franziska Becker;
alle übrigen Zeichnungen und Grafiken,
sofern nicht anders ausgewiesen,
von Peter Laux.

1.–110. Tausend März 1984 bis März 1985
111.–130. Tausend Mai 1985
Copyright © 1984 by Rowohlt Verlag GmbH,
Reinbek bei Hamburg
Alle Rechte vorbehalten
Satz Times (Linotron 404)
Gesamtherstellung Clausen & Bosse, Leck
Printed in Germany
ISBN 3 498 02435 3

Inhalt

Danksagung

Hiermit danke ich meinen Freund(inn)en, die mir bei der Diskussion und Erstellung des Manuskripts und bei praktischen «Feldversuchen» zum Öko-Knigge geholfen haben.

Ganz besonders danke ich denen aus der «Kontrollgruppe», die McDonald's-Hamburger essen mußten, bis ihnen schlecht wurde (es dauerte nicht lange . . .), die Unmengen Haushaltchemikalien verbrauchen mußten, bis ihnen die Haare ausfielen und sie dagegen allergisch wurden. Die immer mit dem Auto in die Innenstadt fahren mußten (auch bei kurzen Strecken und Sonnenschein), in den Stau gerieten und keine Parkplätze fanden. Die Wasser und Energie verschwenden mußten, bis die Tarifzähler durchglühten. Die Glasflaschen und Altpapier in den Mülleimer werfen mußten und deswegen böse Blicke von den Nachbarn ernteten.

Während so die Kontrollgruppe unnötig leiden mußte, hatte die «Versuchsgruppe», die die Vorschläge des Öko-Knigge ausprobieren durfte, großen Spaß . . .

Herzlich danke ich Ingke Brodersen, die den Öko-Knigge mit erstaunlichem und tatkräftigem Engagement und viel Einfühlungsvermögen redigierte.

für Sie

Vorwort

Es ist heute nicht leicht, anständig zu sein. Klar, daß ich nie in der Nase bohre, wenn es jemand sehen könnte. Aber das meine ich nicht.

Der anständige «Umgang mit Menschen» (Knigge) ist zumindest in Friedenszeiten einigermaßen geregelt. Unanständig ist aber der «Umgang des Menschen mit der Natur» (Öko-Knigge).

Je älter ich wurde, desto mehr bohrten die Zweifel in mir. Zunehmend hatte ich Schwierigkeiten, mit den Anstandsregeln des 19. Jahrhunderts den Rest des 20. Jahrhunderts (etwa bis global 2000) bestehen zu können: Ich konnte keiner Dame mehr die Tür aufhalten, weil die automatische Lichtschranke schneller war als ich. Wenn ich einem Raucher Feuer gab, quälte mich die Frage, ob ich ihn nicht besser über Lungenkrebs aufklären sollte. Und wenn ich Leute zum Essen einlud, schlug ich mich schon Tage vorher damit herum, ob ich meinen Gästen eher östrogenverseuchtes Kalbfleisch oder quecksilbervergifteten Fisch servieren sollte. Die Wahl des richtigen Eßbestecks trat dabei mehr und mehr in den Hintergrund.

Da ich der Natur auch beruflich auf der Spur bin, kam ich nicht umhin, zu registrieren, daß der Mensch sich offensichtlich nicht nur dem Menschen gegenüber unartig verhält, sondern daß auch sein Verhalten der Natur gegenüber zutiefst *unanständig* ist.

Die Folgen dieser Verhaltensweise sind uns durch das Waldsterben, die Wasserverschmutzung und die Belastung der Lebensmittel mit Chemikalien erschreckend nahe gerückt.

Reden ist Silber,
Schweigen ist Gold

«Der Wald steht schwarz und schweiget . . .» – der Wald hielt sich an die Etikette, heute stirbt er an den Folgen ungehemmter Luftverschmutzung, die zu etwa 90 % durch Energienutzung (Strom, Heizung, Kraftfahrzeuge etc.) bedingt ist. Die Zeiten, in denen man und frau für diese Umweltzerstörungen leichter Hand nur die Industrie verantwortlich machen konnte, sind vorbei. Der Wald stirbt vor allem an den indirekten Folgen der Stromproduktion und der Kfz-Abgase, und jede(r) von uns verbraucht Strom, fast jede(r) von uns fährt mit dem Auto und benutzt Produkte wie etwa Alufolie, die äußerst stromintensiv hergestellt werden.

Die Umweltzerstörung ist auch ein Resultat des ungehemmten Massengüterkonsums, des Überkonsums und der Wegwerfmentalität.

> *Was ist Lebensstandard?*
> *Wenn man Geld ausgibt, das man*
> *nicht hat, um Dinge zu kaufen, die*
> *man nicht braucht, damit man Leuten*
> *imponieren kann, die man*
> *nicht mag.*

Wir müssen sehen, daß *wir* es sind, die die Massengüter kaufen, verbrauchen und wegwerfen. Und es ist durchaus unanständig, gegen Kernkraftwerke zu sein, Aufkleber «Atomkraft – nein danke» und «Ich bin

Energiesparer» auf dem Wagen zu tragen, aber auf der Autobahn 150 km/h zu fahren. Das politische Ziel muß sich auch im konkreten Handeln ausdrücken, im *umweltfreundlichen Verbraucherverhalten*.

Gerade die mit chemischen Giftstoffen belasteten Lebensmittel zeigen aber auch die Grenzen privater Einflußmöglichkeiten auf. Man kann nicht aufhören zu essen. Wer an solche Grenzen stößt, bekommt (hoffentlich) eine Wut, will sie (hoffentlich) überschreiten und (hoffentlich) verändern. Wer dagegen alles schluckt und alkoholbenebelt im Fernsehsessel versinkt, bleibt inaktiv – persönlich und politisch.

Das Ursprüngliche wird immer kostbarer.

Jever Pilsener. Der friesisch-herbe Genuß.

Wir zeigen, wo's lang geht.

AEG Aus Erfahrung gut.

«Das Ursprüngliche wird immer kostbarer» (so der Werbespruch einer großen deutschen Brauerei), und die Zeit drängt immer mehr. Eine Neuorientierung der Umweltpolitik ist überfällig, aber wir möchten den ungespritzten Apfel schon heute kosten. Wir wollen die Zerstörung unserer Umwelt und Lebensgrundlagen nicht mitmachen und wollen wenigstens im persönlichen Bereich, da wo wir wohnen, essen, arbeiten und uns erholen, umweltfreundlich sein.

Freundlich zur Umwelt. Alltagsökologen.

Nicht nur die AEG, sondern auch ein paar Müsli-Freaks wollen uns zeigen, wo's lang geht. Nach dem Willen der letzteren müssen wir morgens aufstehen (von der Strohmatratze natürlich), zum nächsten Bio-

Bauern radeln und frische Milch und Eier holen. Danach sollen wir uns sparsamst mit Seifenflocken waschen und unsere selbstgenähten und -gestrickten Kleider anziehen. Nach dem Müsli- und Körner-Frühstück geht es an die Arbeit: die Seifenflocken für die Wäsche müssen geraspelt, das Brot gebacken und der Garten ökologisch bestellt werden. Die Reparatur der Sonnendusche wird vom Recycling aller möglichen Produkte abgelöst. Die Alu-Sammelstelle muß organisiert und am späten Abend der Sperrmüll abgeklappert werden. Tief in der Nacht werden dann noch auf Umweltschutzpapier die ökologischen Ermahnungen moralinsauer zusammengefaßt, mit dem schweren Vorwurf im Unterton, daß niemand mitmacht.

Mich wundert das nicht, und auch mein Freund Knigge erkannte schon 1790: «Man muß die Gemütsarten der Menschen studieren, insofern man im Umgange mit ihnen auf sie wirken will.»

Als Alltagsökologen arbeiten wir acht Stunden, essen meistens in der Kantine, haben wir einen langen Anfahrtsweg und kaum Zeit, bewußt einzukaufen. So bleibt uns angesichts der ökologischen Überväter nur ein schlechtes Gewissen und die pubertäre Auflehnung. Erschöpft lassen wir die umweltpapiergrauen und freudlosen Ermahnungen aus der Autotür flattern und fahren zu McDonalds', dem «Schmuddelkind» der Fulltime-Ökologen...

Angewidert von der unanständigen Verachtung der Natur und genervt von unerfüllbaren Fundamentalmoralvorstellungen, wollen wir «neue Wege finden» (Hoechst AG). Wir wollen uns umweltbewußter verhalten, aber auch noch Spaß daran haben.

Wir wollen wenigstens in Bereichen freundlich zur Natur sein und kein schlechtes Gewissen haben, daß wir es nicht immer und überall schaffen, den Verlockungen des Überkonsums und den Zwängen der Plastikund Betonkultur zu widerstehen.

Wir brauchen eine neue Öko-Moral, dezentral und angepaßt, kurz: den **Öko-Knigge**.

Mit dem Öko-Knigge möchte ich deswegen keine ökologischen Anstandsregeln zusammenfassen, sondern nur Anregungen und Tips geben, was Sie machen können. Sie vor allem neugierig machen und ermutigen, selbst Ihren Weg zu finden. Auch die Öko-Moral ist schließlich dezentral und angepaßt, weg von der expertokratischen Fremdbestimmung. Wahrscheinlich kommen Ihnen noch viel bessere Ideen als mir. Wenn Sie Lust haben, schreiben Sie mir einfach.* Natürlich auf Umweltschutzpapier . . .

Es hat mir Spaß gemacht, den Öko-Knigge zu schreiben. Zum einen konnte ich Erfahrungen, Erlebnisse, Öko-Wissen, und Assoziationen zu Werbung, Gedankenspielereien, Phantasien «ganzheitlich verknüpfen». Zum anderen konnte ich die Widersprüche des Übergangszeitalters von der Plastikkultur zum Jutetaschenfetischismus beim Schreiben direkt und sinnlich erleben. Wenn ich etwa über «Stress und Zeitnot» (vgl. S. 131) schrieb, die Terminvorgaben des Verlags längst überschritten hatte und die Lektorin mir im Nacken saß. Wenn ich mich dabei ertappte, gerade über konzentriertes Essen (vgl. S. 155 f) geschrieben zu haben, und kurz darauf beim Zeitunglesen gedankenlos den viel zu süßen Kuchen in den Mund schob.

Mir kamen aber neue Gedanken, neue Einfälle beim Schreiben: so etwa die Idee, die Spitzenlast bei der Stromproduktion durch Verwendung einer Zeitschaltuhr zu umgehen (vgl. S. 261). Oder die längst entfallene Erinnerung an eine «Hauszeitung» und die Freude daran, die Wohnkultur unserer Hausgemeinschaft damit zu bereichern (vgl. S. 185). Vor allem wurde mir aber klar, wo ich mich am ehesten und am konsequentesten ökologisch verhalten habe: Da, wo es sozusagen spielerisch vonstatten ging, etwa beim Fahrradfahren (vgl. S. 193 ff).

Nicht vergessen:
Jeder ist der Umwelt selbst am nächsten.

---

* Über den Verlag. Stichwort: Öko-Knigge.

Ratgeber Umweltfragen
(aus der Grünen Illustrierten)

Sie fragen,
Dr. Ökoknigge antwortet

Frau *Merkauf* aus Tübingen fragt:
Warum fordern Sie die Leser Ihres Buches auf, Recycling-Papier zu verwenden, und lassen gleichzeitig zu, daß das
Buch auf weißem Papier gedruckt wird?

Dr. Ökoknigge: Liebe Frau Merkauf, mit Ihrer Frage haben Sie ins
Grüne getroffen, hier scheint tatsächlich ein Widerspruch vorzuliegen.
Als Autor mehrerer Bücher habe ich bisher immer erfolgreich darauf
gedrungen, daß beim Drucken dieser Bücher Recycling-Papier verwendet wurde. Auch der Rowohlt-Verlag war – schon von sich aus –
dazu bereit. Beim ersten Probedruck zeigte sich jedoch, daß die Fotos,
Karikaturen und Graphiken mit vielen Grauschattierungen ausgesprochen schlecht reproduziert wurden. Die «Marketing-Strategen» des
Rowohlt Verlags legten daraufhin ein Veto gegen die Verwendung von
Recycling-Papier beim Öko-Knigge ein – nicht ganz zu Unrecht, wie
ich zähneknirschend bekennen mußte.

Im nachhinein besehen spiegelt jedoch gerade dieser Vorgang den
Grundtenor des Öko-Knigge wider: daß es nämlich für bestimmte und
genau zu definierende Bereiche durchaus sinnvoll sein kann, von der
«ökologischen Maxime» abzuweichen. Und so, wie ich jeden Leser mit
der Forderung erschrecken würde, eine 20-km-Fahrt bei Regen mit
dem Fahrrad zurückzulegen, würde ich womöglich mit der *schlechten*
Wiedergabequalität in *diesem einen* Falle der prinzipiellen Forderung,
Recycling-Papier zu verwenden, einen Bärendienst erweisen.

Mit umweltfreundlichen Grüßen
Ihr

Otto Knigge

P. S.: Ich will's nicht verschweigen – ein schlechtes «Gschmäckle» (wie man im Schwäbischen
sagt) bleibt bei mir trotzdem zurück.

Stellt euch vor, der Rhein fließt rückwärts

Vom Wasserschonen und Wassersparen

Das Wasser braucht nicht den Fisch,
um zu sein,
aber der Fisch braucht das Wasser,
um zu sein.
Altes chinesisches Sprichwort

Das obige Foto wurde von mir in Neuseeland aufgenommen. Auf meiner ersten Wanderung durch das Fjordland fragte ich einen Neuseeländer, ob ich das Wasser aus einem vorbeifließenden Bach trinken könne. Er musterte mich zweifelnd und gab zur Antwort: «Wollen Sie es etwa essen?»

Für ihn war es natürlich, daß Wasser in ausreichender Menge und in bester Qualität zur Verfügung stand. Erst meine Schilderungen aus dem fernen Deutschland stimmten ihn nachdenklich. Als ich erzählte, daß das Oberflächenwasser immer stärker verschmutzt wird und auch das Grundwasser beeinträchtigt sei und wir deswegen das Wasser nicht nur rein halten, sondern auch sparen müßten, unterbrach er mich abrupt: *«Wasser sparen? Wie geht denn das?»*

Haben Sie schon einmal überlegt, wieviel Liter Sie täglich «verbrauchen»?

Eine kleine Repräsentativumfrage in meinem Bekanntenkreis erbrachte erstaunliche Antworten:

Frage: Wieviel Liter Wasser verbrauchst du täglich?
Oskar: Na, so zehn, zwölf Liter.

16

Frage: Mit Duschen, Toilette und so?

Oskar: Ach so, dann vielleicht 30, 40 Liter – aber mehr bestimmt nicht!

Marianne: Also Duschen 20 Liter. Toilette, so drei-, viermal, macht auch 20 Liter, ab und zu Wäsche waschen, Putzen. Sind im Schnitt zehn Liter. Trinken noch ein Liter. Also insgesamt so an die 50 Liter, würde ich sagen.

Karin: 100 Liter.

Ich habe offensichtlich einen sparsamen Bekanntenkreis. Der statistische Otto Normal verbraucht täglich rund 140 Liter. Für alle Haushalte in der Bundesrepublik zusammen bedeutet das jährlich rund drei Milliarden Kubikmeter Trinkwasser, eine gewaltige Wassermenge.

Von den 140 Litern nehmen wir nur zwei bis drei Liter über Getränke und Speisen als eigentliches Trinkwasser auf. Der Rest rauscht als Abwasser über Badewanne, Spülbecken, Toilette usw. ab.

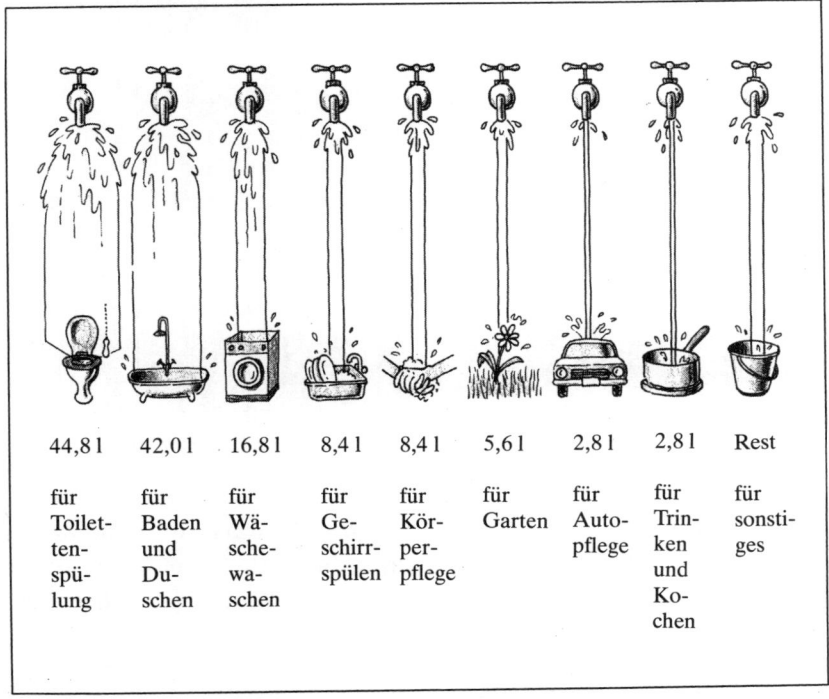

44,8 l	42,0 l	16,8 l	8,4 l	8,4 l	5,6 l	2,8 l	2,8 l	Rest
für Toilettenspülung	für Baden und Duschen	für Wäschewaschen	für Geschirrspülen	für Körperpflege	für Garten	für Autopflege	für Trinken und Kochen	für sonstiges

(Nach: Batelle-Institut 1976)

Wenn Sie Ihren persönlichen Wasserverbrauch genau kennen wollen, dann schauen Sie die Wasserrechnung vom letzten Jahr an und teilen Sie die Wassermenge durch die Zahl der Familienmitglieder / Bewohner. Für die, die in Mathe nicht aufgepaßt haben: ein Kubikmeter entspricht 1000 Liter!

«Wasserverbrauch feststellen» ist übrigens auch ein herrliches Spiel für ältere Kinder, wenn's draußen regnet.

Der unterschiedliche Pro-Kopf-Wasserverbrauch zwischen Stadt und Land und zwischen verschiedenen Städten zeigt, daß er nicht von Sauberkeit oder vergleichbaren Kriterien bestimmt ist, sondern mit Verstädterung und Abstand von der Natur, mit vermeintlichem Luxus und Gedankenlosigkeit einhergeht. Wenn man schon seit Ewigkeiten keine Quelle mehr gesehen hat, soll wenigstens der Wasserhahn sprudeln ...

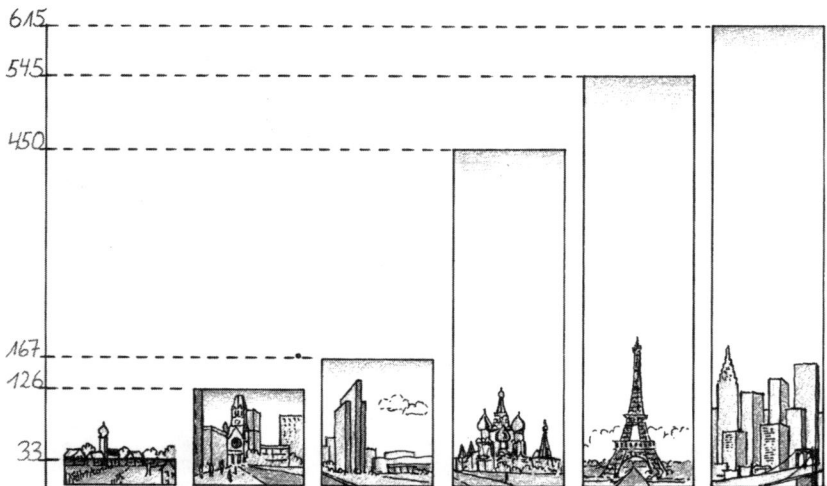

Wasserverbrauch in Liter pro Person und Tag. Auf dem Lande, in Berlin, Düsseldorf, Moskau, Paris und New York (v. l. n. r.).

Wasserprobleme gibt es in der Bundesrepublik in erster Linie wegen der Wasserverschmutzung. Als klimatisch begünstigtes und waldreiches Land (wie lange noch?) hat die Bundesrepublik keine eigentlichen Wasser*mengen*probleme.

Wegen der regional hohen Wasserverschmutzung und dem hohen Wasserverbrauch sind Ballungsgebiete wie zum Beispiel Stuttgart und Frankfurt gezwungen, aus entfernten, relativ sauberen und wasserrei-

In der nächsten Woche beginnt das „Internationale Jahrzehnt der Trinkwasserversorgung und Hygiene" der Vereinten Nationen

Wassernot im Feuchtgebiet

DIE ZEIT — Nr. 46 — 14. November 1980

Kann der Raubbau im Hessischen Ried aufgehalten werden? / Von Wolfgang Faigle

Einst stand das Hessische Ried regelmäßig unter dem Hochwasser des Rheins. Doch nun verheeren in Trockenjahren wie 1976 Dürreschäden Wald und Flur. Und es sieht so aus, als würde dem einstigen Feuchtgebiet endgültig das Wasser abgegraben: Ein Beispiel für den kurzsichtigen Raubbau an unserer natürlichen Umwelt.

Zu Anfang des 19. Jahrhunderts unternahmen die Rheinanlieger die ersten großangelegten Versuche, die alljährliche Hochwassernot im Hessischen Ried zu beseitigen. Die großen Rheinschlingen, die der Fluß im Laufe der Jahrtausende durch die breite Ebene zwischen Haardt und Odenwald, Mannheim und Frankfurt gelegt hatte, wurden durchstochen, erste durchgehende Deichsysteme entstanden. Der Strom floß schneller und grub sich tiefer in den Boden ein — um rund einen Zentimeter pro Jahr, insgesamt also um anderthalb bis zwei Meter.

Der Grundwasserspiegel sank ebenfalls, doch in den tieferliegenden Teilen des Riedes war es für Ackerbau und Besiedlung immer noch viel zu feucht. Weitläufige Grabensysteme und Pumpwerke entwässerten die Flußebene, und in der ersten Hälfte dieses Jahrhunderts entstanden Ortschaften wie Hessenaue oder Riedrode.

Nach dem Zweiten Weltkrieg wurden bis zum kleinsten Rinnsal alle Nebenflüsse des Rheins, die durch das Hessische Ried führen, „ausgebaut" — sie wurden begradigt, eingedeicht, tiefergelegt und mit Rückhaltebecken versehen. All dies geschah mit der Absicht und der Folge, daß das Wasser auf dem schnellsten Weg in den Rhein floß und nur noch wenig zur Grundwasserneubildung beitragen konnte. Die „Versiegelung" der Landschaft durch neue Siedlungen, Fabriken und Straßen tat ein übriges — das Grundwasser sank rapide weiter. Bald mußten Landwirte für ihre empfindlichen Sonderkulturen zur künstlichen Beregnung übergehen.

Doch der ständige Rückgang der Grundwasserneubildung ist nur eine Hälfte des Problems. Die andere ist die gewaltige Steigerung der Grundwasserentnahmen. Seit 1964 liefern Brunnengalerien Grundwasser en gros aus dem Ried. Weil hier Wasser leicht zu gewinnen und deshalb billig ist, fanden sich auch schnell Abnehmer: Die Städte des Rhein-Main-Ballungsraumes wie etwa Frankfurt, Mainz und Wiesbaden beziehen große Mengen Wasser und verkaufen es teilweise sogar weiter. Entsprechende Lieferverträge und (genehmigte) Entnahmen über das ursprünglich zugelassene Maß hinaus sorgten während der Trockenheit im Jahr 1976 für die paradoxe Situation, daß in den Städten Wasser in jeder gewünschten Menge vorhanden war, im Feuchtgebiet selbst dagegen knapp wurde. Der Bund Umwelt und Naturschutz Deutschland (Kürzel: BUND) brachte diese Politik auf die Formel: „Frankfurt auf Wasserraub."

Als Anfang der siebziger Jahre eine Reihe von trockenen Sommern das Grundwasser im ganzen Ried etwa anderthalb Meter absenkte, fiel der Pegel im Bereich der Brunnen sogar bis zu neun Meter. Das bis dahin übliche System der Feldbewässerung — mobile, mit dem Traktor betriebene Pumpen — funktionierte nicht mehr. Die Landwirtschaft erlitt große Einbußen, etwa dreihundert Hektar Eichenwald wurden ebenso in Mitleidenschaft gezogen wie 250 absackende Gebäude, ein Bahndamm und der Sportplatz von Großrohrheim, der nicht mehr bespielbar war.

Dabei behaupteten offizielle Stellen vor dem Beginn der Grundwassergewinnung (und einige Zeit danach) immer wieder, wesentliche Einflüsse auf das oberflächennahe Grundwasser seien nicht zu erwarten, weil es nämlich zwei Grundwasser-„Stockwerke" gebe: Werde nur das untere angebohrt, bleibe das obere unbeeinflußt. Inzwischen ist offensichtlich, daß sie eben doch miteinander verbunden sind.

Die jährliche Grundwasserneubildung im Ried schätzen Hydrologen auf etwa 180 bis 210 Millionen Kubikmeter. Zur Zeit zapfen Brunnen davon 150 bis 160 Millionen Kubikmeter ab, und der Bedarf an billigem Riedwasser wird bis zur Jahrhundertwende sicher noch steigen. Dabei bleibt offen, ob diese Nachfrage unabwendbar ist oder ob das bereitgestellte Wasser die Verbraucher erst anlockt. Fachleute rechnen für 1985 mit einer zusätzlichen Nachfrage von 25 Millionen Kubikmeter pro Jahr, für das Jahr 2000 mit fünfzig Millionen Kubikmeter. Dann würde also mehr entnommen als neu gebildet. Was fehlt, soll aus dem Rhein kommen. Das Stichwort heißt „Infiltration".

In der Nähe von Biebesheim wird nach den derzeitigen Plänen bis 1984 ein großes Wasserwerk entstehen, das dem Rhein pro Jahr etwa vierzig Millionen Kubikmeter Wasser entnehmen soll, im Endausbau sogar sechzig Millionen. Das ist rund ein zehntel Prozent der gesamten Wasserführung des Stroms. Dieses Rheinwasser, wahrlich eine Dreckbrühe, soll fast auf Trinkwasserqualität gereinigt und dann in das Grundwasser eingebracht werden, indem es — einfach versickert. Etliche Kilometer „abgedeckte Sickerschlitzgräben" sollen diese Aufgabe übernehmen. Nach einem mehr oder weniger langen Weg durch den Untergrund wird das Wasser dann als

„Grundwasser" wieder gefördert. Die ersten Ergebnisse einer Versuchsanlage sind recht vertrauenerweckend.

Die ersten sechzig Millionen Kubikmeter infiltrierten Rheinwassers sollen den Grundwasserspiegel im Bereich der „Trichter", die sich in der Umgebung der Wasserwerke ausgebildet haben, wieder etwas anheben. Später dürften voraussichtlich weitere zehn Millionen Kubikmeter jährlich zur „Stabilisierung" der Trichter nötig sein. Fast das ganze übrige infiltrierte Wasser von rund 25 (später 45) Millionen Kubikmetern jährlich kann wieder abgepumpt und durch riesige Rohrleitungen in die Ballungsgebiete geliefert werden. Ein Rest von etwa fünf Millionen Kubikmetern pro Jahr soll über ein ausgedehntes Leitungsnetz Felder bewässern, wodurch die Landwirtschaft im Bereich der Trichter vom Grundwasser gänzlich unabhängig würde. Dann ließe sich der Untergrund wie ein normales Reservoir bewirtschaften, dem je nach Bedarf Wasser entnommen oder zugeleitet wird. Zumindest sieht es der Plan so vor — Verluste hat bis heute noch niemand eingerechnet. Das Wasserspiel soll nach Preisen von 1978 etwa 150 Millionen Mark kosten; bis es vollendet ist, kann es doppelt so teuer sein.

Ganz unproblematisch sind diese großen Pläne aber nicht. Die Aufbereitung des Rheinwassers mag noch so gut sein, völlig frei von Fremdstoffen wird es nie werden. Wieweit dies erforderlich ist, darüber streiten sich die Gelehrten. Die zuständige Behörde, das Regierungspräsidium Darmstadt, will sich lieber an die weitestgehenden Forderungen halten. Sechs Gutachten gab der Regierungspräsident bisher in Auftrag — und alle bescheinigen dieser Art der Grundwasseranreicherung Unbedenklichkeit.

Verschmutzungen, die mit dem Rheinwasser in den Untergrund gelangen, werden entweder im Boden festgehalten, reichern sich also auf lange Sicht dort an — oder sie werden mit dem zurückgewonnenen Wasser wieder ans Tageslicht gepumpt.

Ein Beispiel für den ersten Fall könnten die radioaktiven Stoffe aus den rheinaufwärts gelegenen Kernkraftwerken sein. Biebesheim liegt ein paar Kilometer unterhalb von Biblis. Die Gutachter Professor Georg Mattheß von der Universität Kiel und Professor Karl Aurand vom Bundesgesundheitsamt in Berlin kommen zum Schluß, eine Gefahr sei überhaupt nicht zu erwarten.

Zu erwarten ist dagegen, daß diese nur teilweise veröffentlichten Studien nicht unumstritten bleiben werden. Die Anreicherung von Radionukliden ist nicht erst seit den aufsehenerregenden Arbeiten einer Heidelberger Ökologengruppe Gegenstand heftiger Auseinandersetzungen. Manche Annahmen der Gutachter scheinen in der Tat etwas optimistisch, so etwa, daß auch bei einem Unfall („Störfall") in einem Kernkraftwerk mit der Abgabe von radioaktivem Wasser in den Rhein nicht zu rechnen sei: Radioaktivität könne allenfalls in die Luft und von dort in den Fluß gelangen. Ein Alarmplan sei notwendig, aber auch ausreichend.

Als Beispiel für einen Stoff, der sich auch bei sorgfältigster Aufbereitung nicht aus dem Wasser entfernen läßt und auch nicht im Boden bleibt, kann das Chlorid gelten. Es ist durch die Abwässer der elsässischen Kaligruben reichlich im Rheinwasser enthalten, soll aber selbst dann unbedenklich sein, wenn „auf lange Sicht im wesentlichen das infiltrierte Wasser wieder gefördert" wird (Gutachter Mattheß). Begründung: Der Rhein enthält zur Zeit grob gerechnet nur halb soviel Chlorid wie von der Weltgesundheitsorganisation für Trinkwasser als Obergrenze empfohlen wird (0,2 Gramm pro Liter). Die deutsche Trinkwasserverordnung sieht eine Obergrenze gar nicht vor, die Geschmacksgrenze liegt bei etwa 0,35 Gramm pro Liter Wasser.

Selbst wenn das Wasser ohne Murren von Menschen konsumiert würde, könnte es auf den Feldern durch seinen Salzgehalt im Extremfall Wachstumsminderungen von zehn bis fünfzehn Prozent bewirken. Dieses Salz ließe sich dann vielleicht durch sogenannte „Spülberegnungen" mit besserem Wasser wieder aus den oberen Bodenschichten nach unten waschen. Ein weiteres Gutachten zu diesem Thema ist in Arbeit. Es wird wahrscheinlich nicht das einzige bleiben.

So wartet der „sehr verunsicherte" BUND Hessen ungeduldig darauf, Einsicht in die einschlägigen Studien der Hessischen Landesregierung zu erhalten. Sollte das Wiesbadener Umweltministerium seine Zusage nicht bis in zwei oder drei Wochen erfüllen, wollen die Naturschützer für 40 000 Mark eine eigene Studie bei der Aachener „Arbeitsgruppe Hydrogeologie" in Auftrag geben.

Überhaupt hat der BUND von zweckmäßiger Wasserwirtschaft etwas andere Vorstellungen: Er fordert, von der Wasserentnahme aus wenigen großen Anlagen lieber wieder zu dezentralen Brunnen zurückzukehren (wovon die Wasserwirtschaftsverwaltung nun wieder gar nichts hält); er fordert, Grundwasser auch dort zu erschließen, wo es schwieriger zu gewinnen und deshalb teurer ist. Außerdem müßte der Trinkwassergewinnung aus Oberflächenwasser eine konsequente Reinigung der Flüsse vorangehen. Und schließlich erinnert der BUND an eine uralte Methode für schlechte Zeiten — Wasser sparen!

chen Gebieten das Grundwasser abzuziehen. So wird etwa dem Hessischen Ried das Wasser für Frankfurt, Mainz und Wiesbaden geraubt – mit katastrophalen Folgen für die Umwelt.

So fiel in den siebziger Jahren das Grundwasser um etwa anderthalb Meter, Land- und Forstwirtschaft wurden in Mitleidenschaft gezogen,

Gebäude sackten ab, und selbst der Sportplatz von Großrohrheim war nicht mehr bespielbar ...

Trinkwasser ist kostbar

Es gibt also drei gute Gründe, Wasser zu sparen:

 Die Gewinnung von sauberem Trinkwasser wird immer schwieriger. Je mehr Wasser verbraucht wird, um so mehr muß

 auf verschmutztes Oberflächenwasser zurückgegriffen werden. Der «Fernverkehr» des Grundwassers (s. o.) ist ökologisch bedenklich.

 Beim Wasserverbrauch müssen Sie gleich zweimal blechen:
einmal den Trinkwasserpreis,
einmal die Abwasserabgabe.

Wasser sparen – das hört sich verkniffen, freudlos an. Ist es aber nicht.

Save energy – shower with a friend.

21

Bei einer Dusche wird nur etwa ein Viertel soviel Wasser und Energie gebraucht wie bei einem Vollbad. Es ist auch hygienischer, weil man nicht im eigenen Dreck badet. Zum Höhepunkt des Wassersparens gehört das gemeinsame Duschen ...

Wer schon öfter auf Campingplätzen geduscht hat, wo das Wasser per Münzzähler rationiert ist, oder wer einen Warmwasserboiler mit beschränkter Leistung hat, ist natürlich schon Profi: Nach dem Einseifen Wasser abstellen, usw. Es gibt auch eine Reihe von technischen Möglichkeiten, Wasser zu sparen, wie etwa den Einhandmischer, Sparduschköpfe usw. Wenn Sie mehr darüber wissen wollen, dann radeln Sie am besten zum nächsten Sanitärgeschäft und quetschen den Meister aus.

Anrüchige Geschäfte mit der DIN-Norm 19542

In jedem guten Agentenfilm (und nur schlechte Agentenfilme sind gut!) eilt der Verfolgte auf die Herrentoilette,
◇ um den Mikrofilm wasserdicht verpackt die Toilette runterzuspülen (der Komplice wartet beim Klärwerk!)
◇ oder um die Herrentoilette perücken- und bartbewehrt zu verlassen
◇ oder um etwas vergleichbar Unsinniges zu tun.

Niemals aber, *niemals* muß der Agent pinkeln, obwohl es doch wirklich so spannend zugeht und auch das ganze Kinopublikum schon 'ne volle Blase hat vor lauter Aufregung.

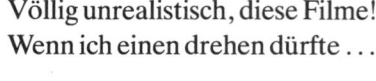

Völlig unrealistisch, diese Filme!
Wenn ich einen drehen dürfte ...

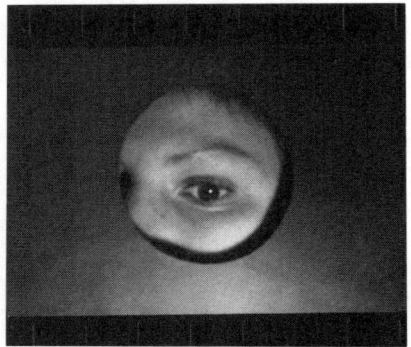

Hier Agent «00». Ich rufe Zentrale.
Hier Zentrale.
Was können Sie beobachten?

22

Ein verdächtig aussehender Typ
betritt gerade das Klo, er hat irgendwas in der Hand. Da – er

öffnet den Spülkasten, packt die
beiden Scharniere ...
Zentrale: Welche Scharniere?
Die aus Plan H_2O-Min.

Er umwickelt die beiden Scharniere mit Draht, ich weiß nicht,
was soll es bedeuten?

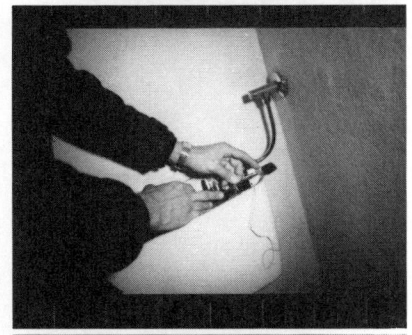

Jetzt macht er den Spülkasten zu
und, äh ...

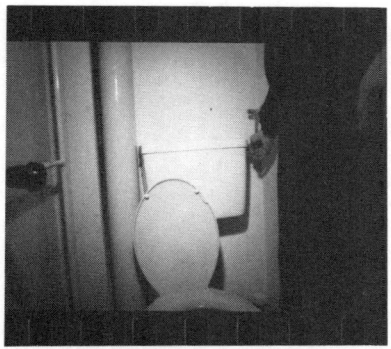

... und pinkelt. Jetzt drückt er die Spülung ... Irgendwas ist nicht in Ordnung. Es kommt viel weniger Wasser als normal?!

Jetzt geht er raus ...
Zentrale (aufgeregt): Mann, sofort ihm nach. Haben Sie's denn nicht kapiert? Einer von den Wassersparern! Wenn das Schule macht, können wir unser Wasserwerk dichtmachen. Schließlich leben wir davon, daß die Leute möglichst viel Wasser verschwenden.

Agent (murmelt): Komische Mafia, diese Wasserwerke, in der Öffentlichkeit faseln sie doch immer vom Wassersparen. Ich versteh überhaupt nichts mehr!

Ja, Agent «00» ist nicht der einzige, der das mit der Wasserverschwendung nicht versteht. Nach jedem Pipi rauschen neun bis fünfzehn Liter Trinkwasser aus dem Spülkasten die Toilette hinunter – vorgeschrieben nach der DIN-Norm 19542, ohne daß die Wassermenge steuerbar ist. In der Schweiz gibt es schon den Zweikammerspülkasten mit Wahlmöglichkeit zwischen drei und neun Litern.

Wenn Sie pro Jahr an die 10 000 Liter Trinkwasser (je nachdem, wie oft Sie pinkeln) sparen wollen, dann verfahren Sie am besten wie der Agent im Film – Sie kennen ja jetzt das Drehbuch ...

Zum Schluß möchte ich Ihnen noch den ominösen Plan H_2O-Min. verraten:

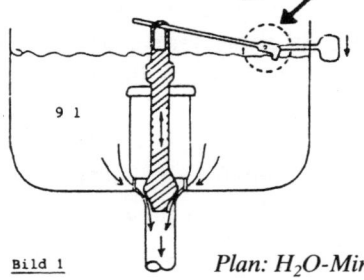

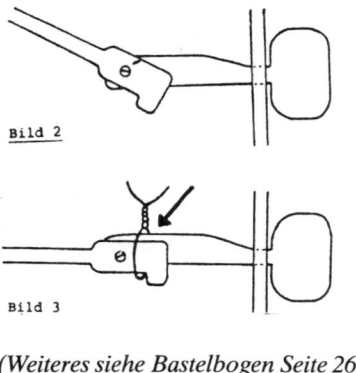

Bild 2

Bild 3

Bild 1   *Plan: H_2O-Min.*   *(Weiteres siehe Bastelbogen Seite 26 f)*

Spülend Wasser sparen –
vom Tellerwäscher zum Millionär

Bei Geschirrspülern gibt es große Unterschiede im Wasser- und Energieverbrauch. Wenn Sie sich also unbedingt eine Geschirrspülmaschine kaufen wollen, dann bevorzugen Sie die sparsamen Geräte! Vergleichen Sie *test extra* 1/80. Ehrensache, daß die Geschirrspülmaschine nur randvoll in Betrieb gesetzt wird.

Bei einem Spülgang in der Spülmaschine werden rund 50 Liter Wasser, das sind etwa eine Million Wassertropfen (!) verbraucht.

Großaufnahme eines Wassertropfens (Foto: J. Kaltenbach)

25

1. Durchflußbegrenzer

Durch den Einbau von Durchflußbegrenzern verringert sich die abfließende Wassermenge um rund die Hälfte (und damit auch die Kosten). Ein Industriefachmann hat nachgerechnet, was gespart werden könnte, wenn die gesamte Bevölkerung der Bundesrepublik die kleinen Zusatzgeräte benutzen würde: rund drei Milliarden DM (!).

a) Wenn der Wasserhahn ein Gewinde aufweist, kann der Durchflußbegrenzer direkt eingeschraubt werden (vgl. Bild). Vor dem Kauf muß man den Durchmesser des Gewindes ausmessen, da es bei alten Hähnen Abweichungen vom Normgewinde geben kann.

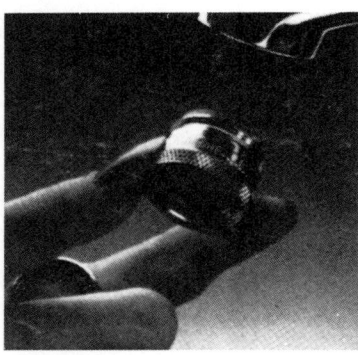

Der Durchflußbegrenzer hilft Energie und damit Geld sparen.

Aus: Sonderdruck aus Grohe, *Die Blaue Post*, Nr. 5/1979

b) Wenn der Wasserhahn *kein* Gewinde aufweist, kann man ggf. das Rohr selbst oder den ganzen Hahn ersetzen, wenn diese veraltet sind.

2. Sparduschkopf

Am einfachsten montieren Sie den alten Duschkopf mit der Klempnerzange vom Zuleitungsschlauch ab, kaufen im Sanitärgeschäft einen entsprechenden neuen Sparduschkopf und schrauben den neuen an.

3. Toilettenspülkasten

a) *Verringerung der Gesamtspülwassermenge*

Wenn Ihre Toilette einen guten und schnellen Abfluß hat

(keine Verstopfungsgefahr), dann können Sie die Wassermenge durch einen einfachen Trick verringern: Spülkasten öffnen, Ziegelstein reinlegen und Spülkasten schließen. Fertig!

b) *Regulierungsmöglichkeit des Spülwassers*

Das Drehbuch für den Agentenfilm und der Plan H_2O-Min. haben es schon verraten:

Sie öffnen den Spülkasten (einfach Deckel hochziehen), umwickeln die beweglichen Scharniere mit Draht, so daß eine starre Verbindung hergestellt ist, und schließen den Spülkasten wieder (Deckel einfach draufdrücken). Zeitaufwand: fünf Minuten.

In Zukunft können Sie dann den Wasserfluß wie gewohnt durch Drücken auf die Taste starten und durch Hochziehen der Taste vorzeitig beenden.

4. Austausch von Armaturen

Begabte Heimwerker können den Armaturenwechsel bzw. den Einbau von Einhandmischern oder Thermostatmischern selbst vornehmen (ich selbst habe dazu den Handwerker kommen lassen).

Die Kosten für einen Einhandmischer an der Dusche bzw. Badewanne, für den Sparduschkopf und die Durchflußbegrenzer betragen insgesamt 150,– bis 200,– DM.

Die Einsparungen an Wasser und Energie (beim Wasserbetrieb) sind stark von den individuellen Gebrauchsgewohnheiten abhängig. Sie dürften sich aber bereits in etwa zwei Jahren amortisiert haben!

Im Vergleich: Thermostat und Einhandmischer

Ich gehöre ja immer noch zu den altmodischen Leuten, die glauben, daß beim Geschirrspülen mit der Hand weniger Wasser, weniger Energie, weniger aggressive Spülmittel, weniger Geld und auch nicht mehr Zeit «verbraucht» wird.

Es gibt zudem noch einige Kniffe, die das Spülen erleichtern und gleichzeitig die Umwelt schonen:

In meinem Hause werden nach dem Essen – je nach Lust und Laune – die feinen Soßenreste entweder mit Brot aufgestippt oder – der alte Knigge würde sich im Grabe umdrehen – ausgeschleckt. Dadurch wird das Spülen erstaunlich erleichtert und die Abwasserbelastung mit organischen Stoffen reduziert. Außerdem werden weniger Spülmittel benötigt. Man kann auch direkt nach dem Essen mit kaltem Wasser kurz abspülen.

Ich sehe auch gar nicht ein, wieso ich das fertiggekochte Essen aus den heißen Töpfen in die kalten Schüsseln leeren soll, um nach dem Essen noch tausend Schüsseln zu spülen.

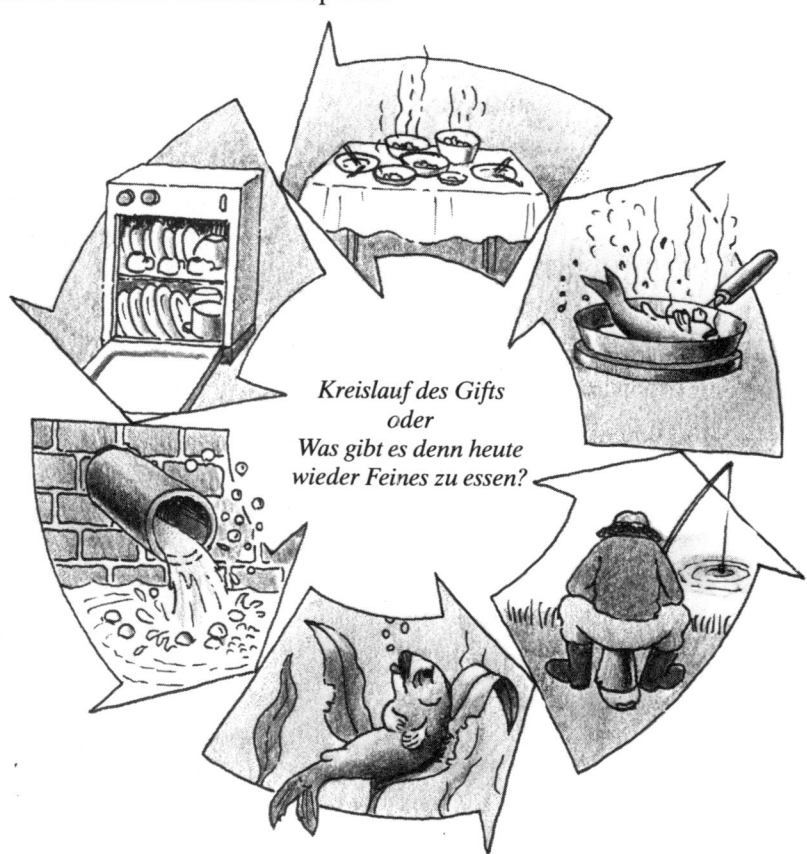

*Kreislauf des Gifts
oder
Was gibt es denn heute
wieder Feines zu essen?*

Ratgeber Umweltfragen

(aus der *Grünen Illustrierten*)

Sie fragen, Dr. Ökoknigge antwortet

Hausfrau *H. O. H. Spar* aus Ludwigshafen fragt:
  Ich bin von Zweifeln gepackt. Mein Sohn wirft mir vor, ich sei
  eine Wasserverschwenderin und würde mich gegen die Umwelt
  versündigen. Ich habe daraufhin Wasser gespart, wo ich
  konnte, selbst beim Kochen. Jetzt weiß ich nicht mehr weiter:
  Soll ich das Eierwasser gleich zum Kaffeeaufgießen nehmen
  oder abkühlen lassen und damit die Blumen gießen? Bitte helfen Sie mir!
Dr. Ökoknigge: Liebe Frau Spar, mit dieser Frage stehen Sie nicht
  allein. Tausende haben dieselben Zweifel wie Sie. Einerseits
  setzt sich beim Wasserkochen der Kalk etwas ab, und das kalk-
  arme Wasser mögen die Blumen besonders gerne. Andererseits
  könnte man das kochende Eierwasser energie- und wasserspa-
  renderweise gleich zum Kaffeeaufgießen verwenden. Letzteres
  sollten Sie wegen der Salmonellengefahr unterlassen. Es gibt
  übrigens noch weit mehr Möglichkeiten, beim Essenzubereiten

Wasser und Energie zu sparen. Das reicht vom Dampfkochtopf bis hin zum Wasser, mit dem Sie Salat und Gemüse waschen und mit dem Sie ebenfalls die Blumen gießen können. Geben Sie nicht auf, Frau Spar! Sicherlich fallen Ihnen sogar noch weitere Möglichkeiten ein.

Mit umweltfreundlichen Grüßen
Ihr

(Dr. Ökoknigge)

P. S.: Lassen Sie sich von Ihrem neunmalklugen Sohn nicht so fertigmachen. Packen **Sie** ihn das nächste Mal, wenn er wieder mit dem Auto die 400 Meter zum Zigarettenautomaten fährt, oder lassen Sie ihn beim Ratespiel EWG (s. S. 37) reinrasseln . . .

Trinkwassergewinnung und -qualität

Der (Trink-)Wasserverbrauch ist in der Bundesrepublik seit Jahren gestiegen. Die öffentlichen Wasserwerke entnehmen fast zwei Drittel ihres Bedarfs aus dem Grundwasser (2,9 Milliarden Kubikmeter) und mehr als ein Drittel aus verschmutzteren Oberflächengewässern (1,8 Milliarden Kubikmeter). Die Gesamtförderung der Industrie und der Elektrizitätswerke liegt bei etwa 23 Milliarden Kubikmeter, davon mehr als 3 Milliarden Kubikmeter Grundwasser. Während die Industrie allein aus Kostengründen in den letzten Jahren den Wasserverbrauch senkte, steigt er in Privathaushalten weiterhin munter an.

Die Trinkwassergewinnung wird zunehmend schwieriger und teurer, weil

◇ die Oberflächengewässer wie etwa der Rhein stark verschmutzt sind und regional auch schon das Grundwasser belastet ist (vor allem mit chlororganischen Verbindungen und mit Nitrat);

◇ der ehemals natürliche Wasserkreislauf durch «Versiegelung» (Verbauung, Betonierung) der Landschaft und durch Kanalisierung der Gewässer gestört ist (Grundwasserabsenkung u. a.);

◇ Industrie und öffentliche Wasserwerke um sauberes Grundwasser konkurrieren (die Industrie verbraucht weit mehr Grundwasser für ihre Produktionsprozesse als die öffentlichen Wasserwerke für die Trinkwasseraufbereitung!);

◇ Grundwasservorkommen und Verbrauchsschwerpunkte in der Bundesrepublik ungleich verteilt sind. Das in den Ballungszentren durch Industrie und private Haushalte verschwendete Wasser wird durch «Grundwasserklau» in der Umgebung wiedergeholt, z. T. über Fernleitungen.

Dadurch kommt es in den «ausgeraubten» Gebieten zu Grundwasserabsenkungen bis zu zehn Meter und teilweise zur Versteppung der Landschaft. Solche Probleme gibt es, wenn auch in unterschiedlichem Ausmaß, im Hessischen Ried, am Vogelsberg, in der Kölner Bucht, bei Hannover, in der Nordheide und im Loisachtal.

Vorrangig müßte eine Beschränkung des industriellen Wasserverbrauchs durch Kreislaufführung, gekoppelt mit individuellen Sparmaßnahmen in den Haushalten, sowie eine generelle Trennung von Trink- und Brauchwasser erfolgen. Zur «ökonomischen» Unterstützung müßten die Mengenrabatte für Großverbraucher, die zur Wasserverschwendung verleiten, entfallen und eine Grundwasserabgabe für Industriebetriebe erhoben werden.

Auch in bezug auf den Wasserverbrauch müßten Produkte, vor allem langlebige Produkte wie Waschmaschinen, entsprechend gekennzeichnet werden.

Noch wichtiger als die Senkung der Verbrauchsmenge ist derzeit die Verbesserung der Wasserqualität:

Wie krank ist unser Wasser?

Phosphate im Bodensee, Chlornitrobenzol im Rhein, Nitrat im Trinkwasser, Ölverschmutzung in der Nordsee – das Lebenselement Wasser ist gefährdet. Jahrzehntelang *ver*brauchten wir Wasser wie einen unerschöpflichen Rohstoff, ohne zu bedenken, daß wir Wasser nur *ge*brauchen können und daß es in einem Kreislauf wieder zu uns zurückkehrt. Zur Zeit werden *täglich* 9,2 Millionen Kubikmeter Abwasser aus Haushalten abgeleitet, hinzu kommen 1,6 Millionen Kubikmeter aus öffentlichen Einrichtungen, aus Industrie und Gewerbe 29,5 Kubikmeter und aus Kraftwerken 48,3 Millionen Kubikmeter (Kühlwasser). Das Abwasser ist mit den verschiedensten Schadstoffen belastet:

1. *mit (leicht) abbaubaren organischen Stoffen und Salzen* wie etwa Fäkalien, Dünger wie Nitrat und Phosphat aus der Landwirtschaft, Phosphaten aus Waschmitteln, Abwässern aus der Zellstoffindustrie, Kalisalzen aus Salzminen und anderem mehr.
   Die meisten dieser Stoffe sind bis zu einer bestimmten Konzentration Nährstoffe für Pflanzen und Tiere im Wasser und können durch die «Selbstreinigung» der Gewässer biologisch abgebaut werden. Bei zu hohen Konzentrationen ist die Selbstreinigung überfordert, es kommt zu einer Sauerstoffverknappung im Wasser, die Tier- und Pflanzenwelt droht abzusterben. Der

Effekt kann auch dadurch eintreten, daß es zu einer «Überer-nährung» von Algen kommt und diese stark wachsen (Eutrophierung). Beim Absterben der Pflanzen führt dies dann ebenso zu Sauerstoffarmut, bis hin zum völligen «Umkippen» der Gewässer.

Probleme mit solchen Stoffen gab es vor allem in den fünfziger und sechziger Jahren, wie etwa die bedenkliche Phosphatbelastung des Bodensees oder die Sauerstoffarmut des Rheins zeigte.

Durch den zunehmenden Bau von Kläranlagen und die Beschränkung des Phosphatgehalts in Waschmitteln wurde diese Wasserbelastung etwas eingedämmt.

In den zweistufigen, mechanisch-biologisch arbeitenden Kläranlagen können 80 bis 95 % der abbaubaren Stoffe entfernt werden, aber nur etwa 35 % der Phosphate. Nur wenige Kläranlagen (etwa 2 %) verfügen über eine dritte Reinigungsstufe, die bis zu 90 % des Phosphats abbaut.

Von den häuslichen Abwässern werden nur 50 % zufriedenstellend vollbiologisch behandelt.

Der Phosphateintrag durch Dünger, Waschmittel u. a. bereitet nach wie vor Schwierigkeiten und muß weiter reduziert werden.

Verschärft hat sich in den letzten Jahren das Nitratproblem. Durch übermäßige und nicht vorschriftsgemäße Düngung in der Landwirtschaft hat die Nitratkonzentration im Trinkwasser vielerorts schon Konzentrationen über den zulässigen Grenzwerten erreicht, so daß Brunnen geschlossen werden mußten. Nitrat ist bei zu hohen Konzentrationen im Trinkwasser für Säuglinge außerordentlich gefährlich und auch für Erwachsene nicht gesund.

Hohe Nitratwerte finden sich vor allem in Weinbaugebieten und in den Hochburgen der Massentierhaltung, wo viel Gülle ausgebracht wird (vor allem in Niedersachsen).

Die Nitratkonzentrationen im Trinkwasser werden in den nächsten Jahren wahrscheinlich noch weiter zunehmen, da das Nitrat erst mit einer Verzögerung von zehn bis fünfzehn Jahren ins Grundwasser gelangt!

2. *mit schwer abbaubaren organischen Stoffen und mit Schwermetallen.*

Die Belastung der Gewässer und Sedimente mit diesen Chemikalien hat in den letzten Jahren stark zugenommen. Da solche Stoffe nicht oder nur schlecht abbaubar sind, reichern sie sich in der Umwelt immer mehr an.

Der Großteil dieser Stoffe kommt aus Industrie und Gewerbe. Zu den berühmt-berüchtigten Chemikalien zählen die chlororganischen, gesundheitsschädlichen Lösungsmittel Chloroform, Tri- und Perchloräthylen, die in vielen städtischen Bereichen schon bedenklich hohe Werte in Grund- oder Trinkwasser erreicht haben.

Bei den Schwermetallen bereitet vor allem das Kadmium Sorgen, das bei vielen technischen Prozessen und über Produkte freigesetzt wird.

Im Rhein finden sich die höchsten Kadmium-Werte zwischen Ludwigshafen und Kleve. Hochbelastet ist auch die Elbe. Die Giftstoffe landen letztlich – soweit sie nicht im Schlick gebunden werden – in der Nordsee.

Der Rhein ist einer der am höchsten belasteten Flüsse Europas, in seinem Einzugsgebiet sind allein 20 % der westlichen Chemieunternehmen konzentriert. Gleichzeitig ist der Rhein Trinkwasserlieferant für etwa 20 Millionen Menschen.

Die größten industriellen Abwassereinleiter in den Rhein sind an der Schweizer Grenze Ciba-Geigy, Hoffmann-La Roche und Sandoz, im Elsaß Rhône Poulenc und die Zellstofffabrik Straßburg. Die nächsten Großeinleiter sind dann die Zellstofffabriken Maxau (Karlsruhe) und Mannheim sowie die BASF. Auch im Ruhrgebiet kommt eine geballte Abwassermenge: aus den Werken der Bayer AG in Leverkusen, Dormagen und Uerdingen, aus der Erdölchemie in Dormagen, aus der Rheinischen Preßhefe- und Spritfabrik in Monheim sowie der dortigen Zuckerfabrik. Hinzu kommen noch das Klärwerk Emschermündung (Ruhrgebiet) und die weiteren Großeinleitungen in die Nebenflüsse des Rheins.

Eine niederländische Forschungsgruppe hat nachgewiesen, daß

das Rheinwasser hinter der deutsch-niederländischen Grenze erbgutschädigend und vermutlich krebserzeugend ist.

Die Rheinwasserqualität hat sich in den letzten Jahren nur bei den leicht abbaubaren Stoffen und bei den Schwermetallen etwas verbessert, wobei hier die erhöhte Wasserführung des Rheins (entspricht einer Verdünnung!) mithalf.

Auf dem Gebiet der gesundheitlich bedenklichen, schwer abbaubaren chlororganischen Verbindungen hat sich die Wasserqualität eher noch verschlechtert.

Auch der Zustand der Nordsee hat sich laufend verschlechtert. Hauptquellen der Nordseeverschmutzung sind die einmündenden Flüsse mit etwa 40 % und direkte Einleitungen von den Küsten mit etwa 20 %. Der Rest entfällt auf Ölverschmutzung durch Schiffe, Schiffsabfälle und Verklappungen.

Durch den beständigen Eintrag von schwer oder nicht abbaubaren Stoffen ist die Ökologie der Nordsee direkt gefährdet. So werden das Aussterben der Seehunde und bestimmte Fischkrankheiten auf das Vorhandensein von polychlorierten Biphenylen (PCB) zurückgeführt.

Weitere Gefahren drohen der Nordsee bzw. dem Watt durch Ölverschmutzung und Ölunfälle, durch Eindeichungen und industrielle Großprojekte.

Die bisherige Wasserschutzpolitik hat sich auf die Bekämpfung der schlimmsten Auswüchse und auf eine Symptombehandlung konzentriert. So nimmt etwa durch den Zubau von Klärwerken die Menge des anfallenden Klärschlamms zu: Derzeit sind es jährlich 34 Millionen Kubikmeter aus öffentlichen Klärwerken (bei ca. 50 Millionen an Kläranlagen angeschlossenen Einwohnern), 30 Millionen Kubikmeter aus Industrie-Kläranlagen und 10 Millionen Kubikmeter aus Hausklärgruben. Von dem Klärschlamm kann aber nur rund ein Drittel landwirtschaftlich genutzt werden, der Rest ist so mit Schwermetallen oder schwer abbaubaren organischen Stoffen vergiftet, daß er nur noch deponiert oder verbrannt werden kann. Nun werden schon die Deponien knapp, die Problemverlagerung stößt auch hier an ihre Grenzen.

Unabdingbar notwendig ist im gesamten Wasserbereich eine Bekämpfung der Einleitungen an der Quelle. Der Industrie müssen niedrigere Grenzwerte vorgeschrieben werden sowie die Hinwendung zu emissionsarmen Produktionen oder zur Kreislaufführung.

Gesetzlich notwendig ist auch eine drastische Erhöhung der Abwasserabgabe, die zu vermehrten Eigenanstrengungen der Industrie führen wird, sowie eine schärfere Kontrolle der Industrie.

Im Bereich der *Landwirtschaft* muß die Verwendung von (Kunst-)Dünger eingeschränkt und auf eine sachgemäße Ausbringung des Düngers geachtet werden. In Wasserschutzgebieten müssen noch schärfere Sonderregelungen gelten, ebenso für Massentierhaltungen.

In *privaten Haushalten* muß der Verbrauch von Wasch- und Reinigungsmitteln verringert werden sowie die gedankenlose Benutzung des Spülsteins und der Toilette als «flüssiger Mülleimer» für Sonderabfälle wie Lösungsmittel, Arzneien usw.

Generell sollten vorrangig nur noch Produkte gekauft und verbraucht werden, die bei der Produktion und beim Verbrauch nur geringe Wasser- bzw. Umweltbelastungen hervorrufen.

Diese «Umweltpolitik durch Kaufentscheidung» ist aber nur möglich, wenn

◇ umweltschädliche Produkte teurer sind als umweltfreundliche Produkte, wenn also eine deutliche Umweltabgabe erhoben wird;

◇ umweltschädliche bzw. umweltfreundliche Produkte als solche erkennbar sind. Dies bedeutet eine detaillierte Kennzeichnungspflicht auf den Produkten und eine vermehrte Auszeichnung von (wirklich) umweltfreundlichen Produkten mit dem Umweltzeichen.

Und nun wieder unser beliebtes Ratespiel – EWG Einer wird gewinnen – der Umweltschutz

Liebe Kandidaten, vor sich sehen Sie drei Bilder. Auf welchem wird das Auto richtig gewaschen? Bild 1, 2 oder 3? Gong – die Uhr läuft, Sie haben zehn Sekunden Zeit . . .

1

2

3

Verloren, verloren, verloren! Auch Bild 3! Selbstverständlich darf das Auto nur in einer Werkstätte bzw. Waschanlage gewaschen werden, die das schmutz- und ölhaltige Wasser in einem Ölabscheider etwas vorreinigt.

Und nun gleich zu unserer nächsten Frage:
Wieviel Liter Wasser kann durch einen Liter Öl verdorben werden?
1000? 10 000? Oder 1 000 000 Liter? Gong – die Uhr läuft!
Kandidatin Maier: 1 000 000 Liter.
Quizmaster: Genau, Sie haben gewonnen. (Tusch, Applaus.) Ihre Reise
wird Sie in die Bretagne führen, wo Sie die letzten Spuren der riesigen
Ölverschmutzung durch die «Amoco Cadiz» besichtigen dürfen!
Applaus. (Kandidatin geht ab.)

Wir machen weiter:
Wieviel Liter Wasser verbraucht eine Autowaschstraße pro Auto?
100 bis 200, 300 bis 400, oder ...
Kandidat Müller: 300 bis 400 Liter.
Kandidat Häberle (gleichzeitig): Ich wasche mein Auto sowieso nur vor
dem TÜV ...
Quizmaster: Herr Müller, Sie haben gewonnen! 300 bis 400 Liter! Ihre
Reise wird Sie quer durch Deutschland führen, entlang den beein-
druckendsten Umweltzerstörungen und Schauplätzen gewaltiger um-
weltgeschichtlicher Auseinandersetzungen. Rhein-Main-Donau-Ka-
nal, Startbahn West, Brokdorf ... Wir lassen nichts aus.
Kandidat Müller: Ooch, da war ich doch schon überall!
Quizmaster: Als Planer oder Ingenieur?
Kandidat Müller: Nee, demonstrieren.
Quizmaster: Hahaha, ein herrlicher Scherz, aber wir müssen jetzt wei-
termachen. Wir kommen zu ... (Rrrr ...) Ah, das Telefon. Unsere
Jury meldet sich zu Wort. Ja, Herr Dr. Ökoknigge ... Ja, ich verstehe.
Unser wissenschaftlicher Berater Herr Dr. Ökoknigge hält die Antwort von Herrn Häberle, unserem sparsamen Schwaben, für richtig,
auch wenn er damit nicht genau auf die Frage geantwortet hat. Er
meint, so oft bräuchten wir unsere blechernen Vierbeiner gar nicht zu
waschen! Herr Häberle, Sie bekommen einen Extrapunkt. Das bedeutet, daß Sie von allen auf dem Markt befindlichen Produkten, die
das Umweltzeichen tragen, ein Exemplar bekommen ... Sie brauchen nicht so bleich zu werden, Herr Häberle, so viele Produkte mit
dem Umweltzeichen gibt es ja gar nicht!

Wir kommen nun zu unseren Höreranrufen ... (Assistent bringt das
grüne Telefon.) Wen haben wir denn am Apparat? Herr Faustmann,

ja? ... Was wollen Sie uns denn über Wassersparen beim Auto erzählen? ... Ah, das ist ja interessant. Herr Faustmann ist stolzer Besitzer einer Autowaschanlage mit Kreislaufführung des Abwassers, die nur etwa 10% des Wassers verbraucht, verglichen mit einer normalen Waschanlage. Das ist ja wunderbar. Herr Faustmann hat mich auch eingeladen, mein Auto einmal bei ihm waschen zu lassen. Vielen Dank, Herr Faustmann! Aber wie finde ich denn so eine Anlage, die so wenig Wasser verbraucht? ... Da werde ich das nächste Mal nicht übers Wetter reden, sondern den Tankwart danach fragen. Ist ja mal was ganz Neues! Vielen Dank fürs Mitmachen, Herr Faustmann. Auf Wiedersehen bis zum nächstenmal!

Vergleichsweise mehr Wasser als beim Autowaschen (etwa 84 Liter pro Person und Monat) wird beim Wäschewaschen verbraucht (etwa 500 Liter pro Monat).

Da lohnt es sich erst recht, sparsam zu wirtschaften:

1983 – der neue Trend. Auf solche Werbungen mußte man jahrzehntelang warten.

Sie brauchen jetzt nicht gleich ihre ein Jahr alte Waschmaschine auf den Sperrmüll zu stellen, denn auch bei der Herstellung von Waschma-

Waschvollautomaten (Schmalbauweise) *test* 2/79

Fabrikat	Mitt-lerer Preis in DM	Fas-sungs-ver-mögen in kg	Dauer des Koch-wasch-pro-gramms in Min.	Spar-pro gramm	Verbrauchswerte				test-Quali-täts-urteil
					Wasser in l		Strom in kWh		
					pro Koch-wasch-gang	pro kg Trok-ken-wäsche	pro Koch-wasch-gang	pro kg Trok-ken-wäsche	
AEG Lavamat 885 RS	1190,–	4,5	117	ja	150	37	2,39	0,59	gut
BBC Rondonet 888	1240,–	4,5	124	nein	141	35	2,47	0,61	gut
Zanker 428 S	1323,–	4,5	123	nein	142	35	2,47	0,61	gut
AEG Lavamat 1085 RS	1290,–	4,5	123	ja	144	36	2,76	0,68	gut
Ignis WA 17 ELT Best.-Nr. 172/611	1198,–	4,5	134	nein	136	34	2,81	0,69	gut
Quelle Privileg Super Automatik S 850 Best.-Nr. 009.653	998,–	4,5	129	nein	181	45	3,05	0,75	gut
Siemens Siwamat 707 WV 7070 weitgehend baugleich mit Bosch V 950	1448,–	4,5	114	ja	129	32	3,03	0,75	gut
Cordes 662	1248,–	4,0	106	nein	119	33	2,73	0,76	gut
Hoover Automatic 858	1048,–	4,5	129	nein	182	45	3,21	0,79	gut
Siemens Siwamat 704 WV 7040 weitgehend baugleich mit Bosch V 940 und Constructa CV 831	1348,–	4,5	123	ja	138	34	3,18	0,79	gut
Philips WA 343 AWB 104/1	1298,–	4,5	145	ja	147	36	3,26	0,80	gut
Miele W 484	1550,–	4,3	121	ja	171	44	3,17	0,81	sehr gut
Miele W 481	1400,–	4,3	135	ja	163	42	3,29	0,84	gut
Thomson WA 851	1075,–	4,5	153	nein	149	37	3,95	0,97	gut

Waschvollautomaten (Untertischmodelle) *test 7/79*

Fabrikat	Mittlerer Preis in DM	Fassungsvermögen in kg	Dauer des Kochwaschprogramms in Min.	Sparprogramm	Verbrauchswerte				testQualitätsurteil
					Wasser in l		Strom in kWh		
					pro Kochwaschgang	pro kg Trokkenwäsche	pro Kochwaschgang	pro kg Trokkenwäsche	
AEG Lavamat 865 RS	1148,–	4,5	123	ja	138	34	2,53	0,63	gut
BBC Rondonet 868	1100,50	4,5	123	ja	142	35	2,58	0,64	gut
AEG Lavamat 1065 RS	1237,–	4,5	123	ja	145	36	2,59	0,64	sehr gut
Zanker 427 S	1220,–	4,5	123	ja	141	35	2,74	0,68	gut
Bosch V 920	1198,–	4,5	112	nein	126	31	2,78	0,69	gut
Neckermann Brillant Super UL Best.-Nr. 343/137	798,–	4,5	122	ja	134	33	2,83	0,70	gut
Siemens Siwamat 371 WV 3710 weitgehend baugleich mit Constructa CV 0841	1153,–	4,5	110	nein	128	32	2,90	0,72	gut
Neckermann Brillant Super 850 U Best.-Nr. 594/601	998,–	4,5	120	ja	130	32	2,90	0,72	mangelhaft
AEG Lavamat 664	898,–	4,5	118	ja	118	29	2,94	0,73	zufriedenst.
Bosch V 910	948,–	4,5	117	nein	125	31	2,96	0,73	gut
Siemens Siwamat 357 WV 3570 weitgehend baugleich mit Constructa CV 0836	932,–	4,5	116	nein	125	31	2,96	0,73	gut
Hoover 658 Modell A 1022	993,–	4,5	123	nein	161	40	3,04	0,75	gut
Karstadt 640 e weitgehend baugleich mit Horten 865 K	998,–	4,0	118	nein	124	34	2,79	0,78	gut
Cordes 660	1148,–	4,0	103	ja	114	32	2,80	0,78	gut
Hertie Atlas WS 658 weitgehend baugleich mit Blomberg Ministar 865 WK 865	998,–	4,0	120	nein	123	34	2,82	0,78	gut
Cordes 632 L	798,–	4,0	115	ja	127	35	2,85	0,79	gut
Kaufhof «elite» 465	768,–	4,0	120	nein	133	37	2,85	0,79	gut

Waschvollautomaten (Untertischmodelle) *test* 2/79 (Forts.)

Fabrikat	Mittlerer Preis in DM	Fassungsvermögen in kg	Dauer des Kochwaschprogramms in Min.	Sparprogramm pro gramm	Verbrauchswerte				testQualitätsurteil
					Wasser in l		Strom in kWh		
					pro Kochwaschgang	pro kg Trokkenwäsche	pro Kochwaschgang	pro kg Trokkenwäsche	
Quelle Privileg Best.-Nr. 002.214	828,–	4,5	120	nein	160	40	3,26	0,80	**gut**
Karstadt 640 (5350) weitgehend baugleich mit **Horten 465 K, Kaufhof «elite» 400 U, Otto hanseatic 400 U, Blomberg Minimat 465, Hertie Atlas WS 650**	778,–	4,0	122	nein	131	36	2,94	0,82	**gut**
Kaufhof «elite» 765	998,–	4,0	117	ja	132	37	2,97	0,82	**gut**
Quelle Privileg Best.-Nr. 002.514	998,–	4,5	130	nein	164	40	3,48	0,86	**zufriedenst.**
Bild und Ton Expert 865 S	1023,–	4,0	119	ja	125	35	3,12	0,87	**mangelhaft**
Karstadt 5355	998,–	4,0	130	ja	125	35	3,33	0,93	**mangelhaft**

schinen und Geräten aller Art wird die Umwelt durch Rohstoff-, Wasser-, Energieverbrauch usw. belastet. Aber beim nächstenmal ...

Sie können aber trotzdem schon anfangen, auf andere Weise – ohne «Technik» – Wasser zu sparen, wenn Sie waschen. Etwa, indem Sie die Waschmaschine wirklich nur dann anstellen, wenn sie optimal gefüllt ist. Falls Sie vorher schon frische Wäsche brauchen, dann fragen Sie doch einfach Ihren Nachbarn / Ihre Nachbarin, ob Sie von ihm / von ihr was mitwaschen können (oder umgekehrt). Das ist konkrete Nachbarschaftshilfe, und Sie können auch ein bißchen dabei plaudern.

Die Wahl des Waschmaschinenprogramms hat ebenfalls kräftige Auswirkungen auf den Wasser- bzw. Energieverbrauch: ca. 80 Liter bei 30°C, bis zu 170 Liter bei der Kochwäsche.

Auch die Art der Wäsche bestimmt die Häufigkeit des Waschens und damit den Wasserverbrauch. So führen Synthetic-Pullis oft schon nach kurzem Tragen zu dem «Achselschweiß-macht-einsam»-Gefühl, während gute Wollpullis vergleichsweise länger getragen (und auch in der Waschmaschine gewaschen) werden können.

Beim Wäschewaschen wird die Umwelt neben dem hohen Wasser- und Stromverbrauch noch durch Hunderttausende Tonnen an Waschmitteln, Weichspülern, Enthärtern usw. belastet, die zu 100 % ins Abwasser gelangen. Hinzu kommen weitere Haushaltmittel, die man eigentlich alle richtig «Haushalt*schemikalien*» nennen sollte. Aber das würde vielleicht den Verbrauch mindern ...

Die industrielle Produktion ausgewählter Branchen der Bundesrepublik Deutschland

nach Angaben vom Statistischen Bundesamt Wiesbaden, W. Kohlhammer-Verlag

1981

Melde-Nr.	Erzeugnis	Einheit	Menge			Wert in 1000 DM		
			1979	1980	1981	1979	1980	1981
	Seifen							
4961 11	Feinseifen	t	74 078	85 732	86 109	310 340	350 628	358 546
4961 15	Medizinalseifen	t	920		526	1 717		2 194
4961 20	Haushaltskernseifen	t	4 251	4 224	3 048	9 505	9 322	7 273
4961 31	Rasierseifen	t	199	208	249	2 381	2 745	3 082
4961 51	Schmierseifen	t	18 800	17 815	17 799	43 533	43 873	41 268
4961 55	Flüssige Seifen	t	8 274	8 002	7 051	20 531	19 740	19 214
4961 70	Seifenflocken, -späne, -nadeln	t	6 424	6 001	5 597	9 827	9 171	9 009
4961 80	Industrieseifen	t	2 513	2 622	2 200	3 856	3 863	3 493
4961 90	Sonstige Seifen	t	1 209	1 232	1 577	2 717	2 566	3 888
4961	insgesamt	t	116 638	125 835	124 140	395 407	441 908	447 785
	Wasch-, Spül- und Reinigungsmittel Vollwaschmittel überwiegend							
4965 13	für den Hausgebrauch	t	477 856	518 926	502 130	1 094 856	1 195 191	1 157 889
4965 17	für gewerbliche Zwecke	t	35 603	32 901	28 624	54 176	51 123	49 595
	Hauptwaschmittel bis 60° C überwiegend							
4965 21	für den Hausgebrauch	t	136 210	128 934	150 228	331 911	326 578	362 299
4965 25	für gewerbliche Zwecke	t	7 481	7 013	8 301	10 408	9 962	14 387
4965 30	Spezial- und Feinwaschmittel	t	68 918	67 182	62 373	232 838	234 831	224 447
	Waschhilfsmittel (ohne Leder-, Pelz- und Textilhilfsmittel)							
4965 41	Wäscheweichspülmittel	t	401 064	413 370	416 055	436 941	450 168	444 052
4965 49	Sonstige Waschhilfsmittel	t	12 619	11 330	11 095	35 206	27 134	28 779
4965 52	Handgeschirrspülmittel	t	142 043	133 955	135 932	266 723	261 143	261 363
4965 55	Maschinengeschirrspülmittel	t	82 542	78 120	75 679	194 310	199 223	195 623
	Andere Haushaltsreinigungsmittel auf der Basis grenzflächenaktiver Stoffe							
4965 61	flüssig	t	123 432	124 715	115 979	222 008	222 355	244 300
4965 69	andere	t	7 206	10 417	5 492	22 661	33 267	20 800
4965 70	Scheuerpulver	t	39 170	41 503	34 519	67 098	79 847	63 606
4965 90	Handreinigungsmittel	t	19 848	22 099	22 436	37 858	40 359	41 298
	insgesamt	t	1 553 992	1 590 465	1 568 843	3 006 993	3 131 181	3 088 438

Melde-Nr.	Erzeugnis	Einheit	Menge 1979	Menge 1980	Menge 1981	Wert in 1000 DM 1979	Wert in 1000 DM 1980	Wert in 1000 DM 1981
	Alkoholische Duft- und Hygienewässer (ohne ätherische Öle und Riechstoffe)							
4971 10	Duftwässer	t	4 738	4 637	3 478	281 326	287 767	279 964
4971 51	Gesichtswässer	t	1 397	1 460	1 322	51 165	57 073	50 763
4971 55	Rasierwässer	t	2 518	2 872	2 760	132 008	159 530	151 338
4971	insgesamt	t	8 653	8 969	7 561	464 499	504 370	482 065
4972 00	Parfüms (einschl. Riechkissen, -blätter, -salze und Duftkarten)	t	207	271	224	42 649	47 161	47 936
	Hautpflegemittel							
4973 10	Sonnenschutzmittel	t	4 284	4 305	3 753	108 781	122 532	91 640
4973 90	Sonstige Hautpflegemittel	t	34 848	36 967	32 280	854 404	932 512	881 103
4973	insgesamt	t	39 132	41 272	36 033	963 185	1 055 044	972 743
4974 00	Puder (ohne medizinische)	t	1 455	1 390	621	38 975	37 627	33 523
	Mundpflegemittel							
4975 10	Zahnpasten, -seifen, -pulver	t	23 803	24 523	27 643	338 045	349 852	369 455
4975 50	Zahn- und Mundwässer (auch Mittel zur Reinigung und Befestigung von künstlichen Gebissen)	t	5 272	5 326	5 725	90 881	112 069	115 871
	insgesamt	t	29 075	29 849	33 369	428 926	461 921	485 326
	Haarpflegemittel							
4975 10	Kopf- und Haarwässer	t	5 167	4 653	5 027	81 329	73 718	80 937
	Haarwaschmittel							
4976 21	flüssige	t	41 830	47 346	56 395	295 679	302 441	379 476
4976 29	andere	t	144	160	280	4 002	4 599	5 837
4976 41	Haarsprays	t	25 028	26 140	24 715	206 151	199 442	243 976
4976 45	Haarfestiger (auch tönend)	t	10 911	11 052	9 231	214 813	215 094	222 597
4976 70	Haarfarbe, -bleichmittel, -tönungen	t	5 693	5 706	6 376	156 008	157 516	177 739
4976 91	Dauerwellmittel	t	3 457	3 444	3 751	62 782	64 363	73 637
4976 99	Fixier- und sonstige Haarpflegemittel	t	13 641	15 365	13 782	252 679	286 597	232 969
	insgesamt	t	105 871	113 866	119 556	1 237 443	1 303 770	1 417 168
	Schönheitspflegemittel							
4977 10	Lippenpflegemittel	t	520	464	325	62 130	61 276	83 684
4977 91	Nagelpflegemittel	1	1 295	1 370	1 313	47 859	61 899	73 468
4977 95	Augenpflegemittel	t	733	704	583	85 820	80 397	79 263
4977	insgesamt	t	2 547	2 538	2 221	195 809	203 572	236 415
4978 00	Badezusatzmittel	t	79 453	75 980	72 476	364 277	413 418	429 903
	Andere Körperpflegemittel							
4379 10	Desodorantien für die Körperpflege					234 335	246 855	263 622
4879 50	Rasiercremes, auch in Aerosolform	t	1 625	1 851	1 813	24 920	29 641	28 814
4979 90	Sonstige Körperpflegemittel					70 378	67 798	85 743
4979	insgesamt					329 633	344 294	378 179
	Putz- und Pflegemittel							
4991 11	Ausputzmittel und Appreturen für Leder und Schuhe	t						

Melde-Nr.	Erzeugnis	Ein-heit	Menge 1979	1980	1981	Wert in 1000 DM 1979	1980	1981
4991 15	Schwärzen und Tinten für Leder und Schuhe	t	1 721	1 706	1 906	5 497	5 510	6 196
	Schuhpflegemittel							
4991 21	Schuhcreme	t	3 325	2 847	2 551	68 449	61 860	59 683
4991 29	Andere Schuhpflegemittel	t	3 078	3 255	3 220	51 548	51 687	68 990
4991 30	Sonstige Lederpflegemittel	t	2 223	1 822	2 160	17 439	15 360	17 737
4991 40	Fußbodenreinigungsmittel	t	42 767	41 133	40 632	87 952	93 313	92 968
	Fußbodenpflegemittel							
4991 51	Bohnerwachs	t	4 332	4 465	3 774	15 017	16 515	16 320
4991 55	Selbstglänzende Fußboden-pflegemittel	t	22 659	21 383	22 057	87 643	85 132	92 220
4991 59	Andere Fußbodenpflegemittel	t	5 196	5 535	4 681	10 306	12 343	9 681
4991 60	Möbelpflegemittel	t	1 200	1 114	929	10 636	11 130	9 890
	Autopflegemittel							
4991 71	Autowaschmittel	t	3 168	3 489	3 595	8 240	8 684	9 605
4991 73	Autolackpflegemittel	t	6 289	6 033	6 252	38 700	36 877	34 648
4991 75	Autochrompflegemittel	t	473	305	357	3 816	2 317	3 036
4991 77	Defroster und Antibeschlag-mittel	t	14 352	8 760	8 113	42 641	30 931	22 106
4991 79	Sonstige Autopflegemittel	t	8 812	8 250	8 324	39 657	35 978	40 558
4991 81	Fensterputzmittel	t	21 624	20 358	21 441	63 129	62 683	65 856
4991 84	Herdputzmittel	t	3 774	3 734	3 532	32 670	31 546	31 185
4991 87	Rohr- und WC-Reiniger	t	53 754	55 283	56 578	145 570	159 369	163 730
4991 90	Sonstige Putz- und Pflegemittel	t	25 258	27 453	29 565	123 438	118 941	134 154
4991	insgesamt	t	224 005	216 925	219 667	852 348	840 176	878 563

Bei dem jährlichen Verbrauch ist zweierlei bemerkenswert: Die riesige jährliche Menge an Chemikalien, die hauptsächlich ins Abwasser gelangt, und der seit Jahren zunehmende Verbrauch. Mit Sauberkeit und Hygiene hat das nicht mehr viel zu tun, wohl aber mit gezielter Werbung. Oder sind Sie der Meinung, daß Sie vor zehn Jahren ein Dreckspatz waren, nur weil Sie halb soviel Haushaltsmittel verbraucht haben wie heute?

Beim Gebrauch von Haushaltsmitteln sollten Sie sich an drei Grundregeln halten, die die Umwelt und Ihren Geldbeutel schonen:
◇ sowenig Haushaltschemikalien wie möglich verwenden, mechanische Reinigung bevorzugen;
◇ so sparsam wie möglich dosieren;
◇ soweit bekannt, umweltfreundliche Produkte verwenden.

Haushaltsmittel = Haushaltschemikalien

Der Einsatz von Chemikalien im Haushaltsbereich stellt geradezu ein Paradebeispiel für die weitgehende Industrialisierung unserer Lebensbedingungen dar. Das Schrubben beim Handspülen ist der ätzenden Chemie der Geschirrspülmaschinen gewichen, die Fliegenklatsche dem chemischen Spray.

Vor 20 bis 30 Jahren waren Haushaltschemikalien auf ein notwendiges Minimum beschränkt, heute bilden sie einen Markt mit rund 4 Milliarden DM Umsatz und mehr als 2 Milliarden Kilogramm Chemikalien!!

Pro Vier-Personen-Haushalt sind das im Jahr mehr als 140 Kilogramm Chemikalien. Einerseits Haushaltsmittel: Seifen, Kosmetika, Waschmittel, Bodenreiniger, Abflußreiniger, Farben, Lacke, Autopflegemittel. Andererseits Chemikalien: Umweltschädliche Phosphate und organische Lösungsmittel, krebserregendes Formaldehyd, gesundheits- und wassergefährdende Abflußreiniger, Desinfektionsmittel, gefährliche Pflanzenbehandlungsmittel und anderes mehr.

Für den Gebrauch dieser Chemikalien bzw. Haushaltsprodukte sind wir als Verbraucher *direkt* verantwortlich. Bei anderen Produkten (wie etwa metalliclackierte Autos, Asbestplatten, Küchengeräte mit Kadmiumfarben) sind wir *indirekt* – über den Kauf – für die Umweltbelastung bei der Produktion und bei der Müllentsorgung mitverantwortlich.

Die folgenden Beispiele zeigen die Umwelt- und Gesundheitsgefährdungen, die von Haushaltsprodukten (= Haushaltschemikalien) ausgehen können, und die Möglichkeiten der *direkten* Einflußnahme durch uns als Verbraucher.

1. *Wasch-, Reinigungs- und Pflegemittel* gelangen bei Gebrauch praktisch zu 100 % ins Abwasser. Die Hauptbestandteile dieser Mittel sind Phosphate und Tenside, die das Wasser und die darin lebende Tier- und Pflanzenwelt stark beeinträchtigen. Teilweise führen Inhaltsstoffe dieser Produkte zu Allergien, andere können bei Verwechslungen zu Vergiftungen führen, von denen insbesondere Kinder betroffen sind.

◇ Auf einen Teil dieser Produkte kann getrost verzichtet werden, etwa auf Weichspüler und Enthärter.

◇ Ein weiterer Teil kann durch andere, weniger gefährliche Produkte oder Verhaltensweisen ersetzt werden, etwa Abflußreiniger durch die mechanisch wirkende Saugglocke, stark phosphathaltige Waschmittel durch phosphatarme oder -freie Waschmittel.

◇ Generell kann die Verbrauchsmenge ohne Einschränkung der Wirksamkeit dieser Stoffe halbiert werden (über den Daumen gepeilt). So werden beispielsweise Waschmittel meist überdosiert, die Wäsche dadurch aber keineswegs sauberer.

2. Luftbelastende Haushaltmittel

Farben, Lacke, Verdünner, Klebstoffe, Sprays usw. werden größtenteils auf Gegenstände aufgetragen, wobei Lösemittel oder Treibgase in die Luft entweichen.

Insbesondere die Lösemittel können akute oder chronische Gesundheitsstörungen hervorrufen und die Umwelt belasten: jährlich geraten allein aus Haushalten an die 100000 Tonnen Lösemittel in die Luft und tragen zur Smogbildung und zum Waldsterben bei.

◇ Wiederum kann auf einen Teil dieser Haushaltmittel, gerade bei Sprays, ohne weiteres verzichtet werden (z. B. Intimsprays, Luftverbesserer).

◇ Andere Stoffe können durch Alternativmittel ersetzt werden, etwa umweltgefährdende Spray-Treibgase wie die Fluorchlorkohlenstoffe durch Stickstoff, Kohlendioxid, Propan oder Butan oder gar durch mechanische Pumpensprüher. Oder stark lösemittelhaltige Lacke durch lösemittelarme Lacke, die das Umweltzeichen tragen.

◇ Sparsamer Gebrauch ist auch hier generell zu empfehlen, besonders bei den lösemittelhaltigen Produkten.

3. Recycling-Produkte und (Sonder-)Müll

Neben Altpapier und Altglas gibt es eine Reihe weiterer Produkte, die gesondert gesammelt werden sollten und zum Teil ins

Recycling gelangen können. Dazu zählen vor allem Batterien jeglicher Art, Aluminiumprodukte, Arzneimittel u. a.

◇ Durch bewußten Einkauf kann man der Umwelt einige Mühe ersparen. So ist der Kauf bzw. die Verwendung von Mehrwegflaschen besser als Glasrecycling. Und statt der batteriebetriebenen Taschenlampe kann man sich mit einer handbetriebenen Dynamo-Taschenlampe helle machen.

◇ Statt Wegwerfbatterien kann man wiederaufladbare Nickel-Kadmium-Batterien verwenden, statt Normalpapier Umweltschutzpapier. Man erspart der Umwelt dadurch einiges an Energieverbrauch und Wasserbelastung.

◇ Durch Recycling (Glas, Papier, Alu, Kompost) und getrennte Müll-Entsorgung (Batterien, Fieberthermometer, Arzneimittel) lassen sich der Müllanfall insgesamt und die Giftigkeit des Hausmülls verringern.

4. Chemikalien im Garten- und Hofbereich

Hierzu zählen vor allem Pflanzenbehandlungsmittel (Pestizide) und Kunstdünger sowie Streusalz.

Die Pflanzenbehandlungsmittel sind durchweg stark umwelt- und gesundheitsgefährdend. Streusalz führt zu Pflanzen- und Bodenschäden sowie zur Wasserbelastung.

◇ Der Einsatz von Pflanzenbehandlungsmitteln (altdeutsch: Unkrautvernichter) im Kleingarten ist schlicht und einfach unnötig und sollte verboten werden.

◇ Kunstdünger kann weitgehend durch Kompost ersetzt werden, Streusalz durch alternative Streumittel wie Granulat u. a.

Stufenplan

Wenn Sie den Gebrauch von Haushaltschemikalien nach dem Stufenplan

◇ Verzicht auf unnötige Mittel

◇ Ersatz durch alternative umweltfreundliche Mittel und Verhaltensweisen

◇ sparsamer Einsatz

vermindern, dann helfen Sie der Umwelt, Ihrer Gesundheit und Ihrem Geldbeutel.

Abwasser-Einleitungen aus Haushalten

Zur Zeit werden *täglich* 9,2 Millionen Kubikmeter Wasser aus privaten Haushalten über die Kanalisation in die Flüsse und Seen eingeleitet.

Zum Vergleich: von öffentlichen Einrichtungen sind es 1,6 Millionen, von Industrie und Gewerbe 29,5 Millionen, und von Kraftwerken 48,3 Millionen (hier vorwiegend nur Kühlwasser).

Etwa 50 % des Abwassers werden zufriedenstellend vollbiologisch geklärt, etwa 19 % werden nicht geklärt. Mit der Abwasserklärung ist jedoch keineswegs das Problem aus der Welt geschafft: Mit der Intensivierung der Abwasserreinigung nimmt die Menge des anfallenden Klärschlamms zu, jährlich etwa 34 Millionen Kubikmeter aus kommunalen Kläranlagen, pro Person rund zwei Drittel Kubikmeter!

Da der Klärschlamm oft hohe Mengen an Schwermetallen oder anderen giftigen Stoffen enthält, kann er nur zu etwas mehr als einem Drittel landwirtschaftlich verwertet werden. Der Rest der giftigen Klärschlämme wird deponiert, verklappt oder verbrannt. Man/frau sollte also auch im privaten Haushalt dafür sorgen, daß weniger und weniger belastetes Abwasser bzw. Klärschlamm entsteht.

Frühjahrsputz mit den «praktischen Haushaltshelfern». Blitzschnell blitzblank. Auch der Geldbeutel ist schnell blank ... Im Hause weht ein «frischer Frühlingswind», in der Natur sterben die Fische. Die Mengen an Haushaltsmitteln bzw. -chemikalien, die jährlich verbraucht werden, sind immens.

Alles nur Gewäsch?

Niemand wird bestreiten, daß es heute wesentlich angenehmer ist, Wäsche zu waschen, als etwa vor fünfzig Jahren: Waschmaschine und neue Waschmittel haben mühsames Schrubben und Seife abgelöst. Die Inhaltsstoffe der neuen Waschmittel wie Phosphate, Tenside und Bleichmittel belasten aber die Umwelt erheblich.

*Eutrophierter Bach
(Foto: J. Kaltenbach)*

So sind beispielsweise Seen und Flüsse vergleichsweise hoch mit Phosphat belastet. Bei stehenden Gewässern kann es dadurch zu vermehrtem Algenwachstum und zu Sauerstoffnot kommen: Der See ist übersättigt (eutrophiert) und wird nach einiger Zeit so sauerstoffarm, daß die Fische sterben und der See «umkippt», faulig wird.

Seit einiger Zeit ist der Phosphatgehalt im Waschmittel gesetzlich eingeschränkt, jedoch reicht diese Maßnahme nicht aus. Man sollte daher möglichst nur phosphatfreie oder phosphatarme Waschmittel verwenden. Es gibt aber noch einen weiteren Weg, die Verwendung von Phosphat bzw. Waschmittel insgesamt zu reduzieren:

Was fällt Ihnen an diesem Meßbecher auf?

Wahrscheinlich gar nichts – wenn es Ihnen so geht, wie es mir jahrelang ging!

Beim genauen Hinsehen können Sie jedoch feststellen, daß

1. dieser Becher ein Meßbecher ist, daß man also Waschmittel so dosieren sollte wie die täglichen Herztropfen (so man welche nehmen muß),

2. die «Voll»-Markierung sich unterhalb des Becherrandes befindet, daß also der Becher *übervoll* ist, wenn er *randvoll* gefüllt ist.

Neben allen anderen Möglichkeiten, sparsam zu waschen, können Sie mit gezielter Handhabung des Bechers Waschmittel sparen. Falls Sie es bisher noch nicht bemerkt haben:

Auf jeder Waschmittelpackung *muß* eine Dosiervorschrift vorhanden sein, gegliedert nach dem Härtebereich des Wassers. Daran sollten Sie sich unbedingt halten.

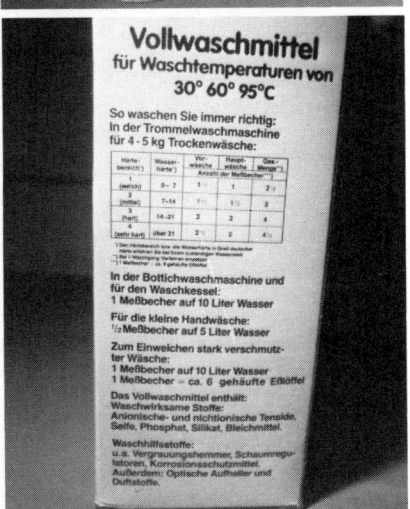

51

Sie fragen,
Dr. Ökoknigge
antwortet

Frau *H. O. H. Schon* aus Kalkhausen fragt:

Heute habe ich zum erstenmal eine Waschmittelpackung genauer angesehen und eine Dosierempfehlung nach Härtebereichen gelesen. Was ist ein Härtebereich, und wie wird er ermittelt? Hat er was mit Enthärtern zu tun?

Dr. Ökoknigge antwortet:

Liebe Frau Schon, der Härtebereich bzw. die Wasserhärte geben im Prinzip den Kalkgehalt des Wassers an. Hartes Wasser enthält viel gelösten Kalk, der die Waschwirkung von Seife oder anderen waschaktiven Stoffen herabsetzt. Um die volle Waschwirkung erzielen zu können, müssen Stoffe (bisher meist Phosphat) beigefügt werden, die den Kalk «binden». Weiches Wasser enthält weniger Kalk und benötigt entsprechend weniger Waschmittel. Der Härtegrad des Wassers wird analytisch bestimmt. Durch einen Anruf im Wasserwerk können Sie den Härtebereich Ihres Leitungswassers erfahren (er unterscheidet sich oft schon von Stadtteil zu Stadtteil). Erzählen Sie ihn auch Ihren Nachbarn weiter: Bei weichem Wasser brauchen Sie weit weniger Waschmittel. Da die Waschmittel auf den jeweiligen Härtebereich dosiert sind, können Sie auf einen zusätzlichen Enthärter getrost verzichten.

Mit umweltfreundlichen Grüßen
Dr. Ökoknigge

Helle ohne Aufheller?

Auf Waschmittel mit «Weißmachern» können Sie getrost verzichten. Diese Mittel haben eine rein ästhetische Funktion (selbst darüber könnte man noch streiten), manche sind wassergefährdend und hautreizend.

Also, wer helle ist, verzichtet auf optische Aufheller.

Und nun wieder die bekannte Frage: Was ist auf dem Bild ungewöhnlich?

Erraten, der Mann tankt einen Diesel mit Benzin!

Ist doch klar, daß man ein Dieselauto normalerweise mit Diesel tankt, einen VW-Käfer mit Normalbenzin und den BMW-Schlitten mit Super. Beim Auto ist es tatsächlich klar, was für einen Treibstoff man nimmt.

Beim Wäschewaschen gibt es ähnliche Unterschiede mit Feinwaschmitteln, Hauptwaschmitteln und Vollwaschmitteln. Viele Leute nehmen aber nur *ein* Waschmittel, bevorzugt Vollwaschmittel für *jede* Art

Die zehn Saubermänner in Vollwaschmitteln und ihre Folgen für ...

Inhaltsstoffe und ihre Bedeutung	chemische Bezeichnungen/ Wirkstoffgruppe	Gewässer	Gesundheit	Wäsche
Waschaktive Substanzen «entspannen» das Wasser, machen es «flüssiger»	Detergentien, Tenside (anionische und nicht-anionische)	schwer abbaubar, bei hoher Konzentration giftig	können bewirken, daß der Darm gefährliche Stoffe, wie DDT, aufnimmt	allein unvollständige Waschwirkung, Phosphat und andere Stoffe sind nötig
Enthärter (Komplexbildner) binden den Kalk	Phosphat	Überdüngung, Edelfische, Wasserpflanzen und -vögel sterben aus		Unterdosierung macht Wäsche hart und schädigt die Waschmaschine
Schmutzträger (Vergrauungsinhibitoren) verhindern die Ablagerung des ausgewaschenen Schmutzes auf der Wäsche	Phosphate CMC-Carboxymethylcellulose (kleisterähnlicher Stoff)	siehe unter Phosphat (Enthärter)	dto.	
Bleichmittel bleichen die Wäsche	Natrium-Perborat (volle Wirkung erst über 80° C)	hoher Bor-Gehalt schädigt Wasserpflanzen und Bewässerung		greift Fasern und Farbe an
Eiweißlöser lösen eiweißhaltige Flecken	Enzyme, Proteasen		Verursachen bei manchen Menschen Allergien	
Weißmacher (optische Aufheller) färben die Wäsche an, so daß sie heller erscheint	Fluoreszenzstoffe (z. B. Stilben-, Pyrazolinderivate)		krebsverdächtig, menschliche Haut kann röntgenisiert werden	verfälscht wirkliches Waschresultat, Wäsche kann in der Sonne gelb werden
Duftstoffe überdecken den Waschlaugengeruch	synthetische Parfums	Stören das Zusammenleben der Fische und Wassertiere	Starker Verdacht auf Hautreizungen und Allergien	
Füll-, Stell-, Ballaststoffe schaffen Gewicht, Volumen, Rieselfähigkeit des Pulvers	Natriumsulfat, Glaubersalze und andere Salze	sind größtenteils unnötige Gewässerbelastungen mit Salzen		sind ein Grund, warum Weichspüler zugesetzt werden müssen, machen Wäsche hart
Desinfektionsmittel verhindern Bakterienentwicklung bei niedrigen Waschtemperaturen u. a.	verschiedene synthetische Stoffe	schwer abbaubar, giftig für Wasserorganismen		

Inhaltsstoffe und ihre Bedeutung	chemische Bezeichnungen/ Wirkstoffgruppe	Gewässer	Gesundheit	Wäsche
Weichspülmittel, Weichmacher Wäsche wird anti-statisch und «flauschig»	kationische Tenside	zum Teil schwer abbaubar, des-infizierend, giftig für Wasser-organismen, bleiben im Klärschlamm	Begünstigung von Haut- und Pilzkrankheiten	setzen Saugfähigkeit der Wäsche herab, Entwicklung von Bakterien

Mit diesen zehn problematischen Inhaltsstoffen sind noch Waschalkalien und Schaumregulatoren den Vollwaschmitteln beigemischt.

(Quellen: Arbeitsgruppe Ökologisches Waschen Zürich, April 1982)

von Wäsche. Dabei enthalten die Vollwaschmittel normalerweise Bleichmittel, die erst oberhalb von 60° C wirksam werden. Bei 30° oder 60° nützen diese Bleichmittel nichts, Sie haben sie umsonst mitgekauft. Nicht ganz: die Fische werden dafür etwas gebleicht ...

Feinwaschmittel enthalten meist keine optischen Aufheller und normal keine Bleichmittel.

Generell ist es sinnvoll, die Waschtemperatur so niedrig wie möglich (und so hoch wie nötig) zu wählen, um Energie und Wasser zu sparen. So kann kaum verschmutzte Unterwäsche auch bei 60° gewaschen werden, während verschmutzte Windeln natürlich in die Kochwäsche kommen.

Weich zu sich – hart zu der Umwelt?

Neulich schaute ich mit meiner Mutter zusammen Werbefernsehen an, und ich fragte meine Mutter: «Die fünfziger Jahre müssen doch beknackt gewesen sein. Kein Weichspüler, die Hemden haben gekratzt, Vati hat sicher immer mißmutig am Kragen herumgenestelt, und du hast permanent ein schlechtes Gewissen gehabt. Wie war denn das?» – «Nee», sagte meine Mutter, «damals gab's das nicht, und es hat sich auch nie jemand beklagt.»

Das waren also die Zeiten, als es noch keine Weichspüler gab! Man wußte gar nichts von seinem Unglück!

Im Ernst – abgesehen davon, daß die Weichspüler normal zu über 95% aus Wasser bestehen und der Rest das Wasser gehörig belastet, spätestens nach ein paar Minuten Tragen der Kleidung spüren Sie sowieso keinen Unterschied mehr. Außer halt im Geldbeutel, aber zu irgendwas müssen die Weichspüler ja nütze sein ...

Geschirrspülmittel

Woran ist der Fisch wohl gestorben?
Sauerstoffmangel, Quecksilber, E 605?

Der Fisch starb nach 100 Stunden an einem Tropfen Spülmittel (!) in der Badewanne. Bei einer 1:1000-Lösung stirbt der Fisch schon nach wenigen Minuten.

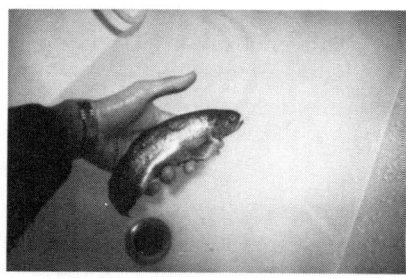

Das Foto ist gestellt; die Forelle wurde von mir im Fischladen gekauft und nach dem Fotografieren verspeist. Keine unnötigen Tierversuche!

Mit diesem Experiment soll *nicht* behauptet werden, daß Spülmittel *extrem* giftig sind, aber darauf hingewiesen werden, daß die jährlich rund 100 000 Tonnen Tenside, die in das Wasser gelangen, nicht gerade das Beste für die Umwelt sind. Tenside sind übrigens auch in Waschmitteln und in den meisten Reinigungsmitteln enthalten. Man/frau sollte also zumindest sparsam mit solchen Mitteln umgehen.

Ein kleiner Tip: Wenn Sie die Spülmittelflasche oben nur ein klein wenig aufschneiden, kommt bei Druck nur sehr wenig Spülmittel. Sie müssen dann zwei-, dreimal drücken, bis genug herauskommt. Und weil das so lästig ist, drücken Sie bestimmt kein viertes Mal.

Haben Sie schon einmal überlegt, wie eine Geschirrspülmaschine funktioniert? Wie etwa der mechanische Druck erzeugt wird, den man/frau beim Handspülen mit der Bürste ausübt? So richtig kann die Maschine das nicht nachmachen, deshalb wird die mechanische Reibung abgelöst durch die chemische Keule.

Geschirrspülmaschinen brauchen deutlich mehr und «härtere» Chemie als Handspülmittel.

Wenn Sie unbedingt darauf bestehen, dann schließen Sie wenigstens die Mittel vor Ihren Kindern weg, um Unfälle zu vermeiden.

Schmierseife
Machen Sie einen Test: Kaufen Sie sich in einem nachfüllbaren Behälter in der Drogerie Schmierseife. Bitte vergewissern Sie sich, daß es die echte, alte Schmierseife ist und nicht so neumodisches Zeugs, in dem andere Tenside drin sind.

Damit putzen Sie das nächste Mal die Wohnung und verzichten auf Universalreiniger, Allzweckreiniger und was es sonst noch gibt. Wenn Sie keinen Unterschied sehen, dann bleiben Sie dabei. Sie schonen damit das Wasser und Ihren Geldbeutel, und zudem entsteht weniger Abfall durch Verpackungen.

Ein anrüchiges Thema: die Toilette

Manche Leute haben schon vergessen, daß Pinkeln und Scheißen natürliche Körperfunktionen sind (ich traue mich ja kaum, in so einem seriösen Buch diese Begriffe zu schreiben). Also: ganz natürlich. Genauso natürlich ist, daß die Toilette sauber sein soll und muß.

Wenn ich mir aber die C-Waffen-Sammlung anschaue, mit denen manche Leute die Toilette bekämpfen, beschleicht mich doch der Verdacht, daß hier mehr der eigene Ekel bekämpft werden soll als irgendwelche Bakterien oder Viren (wobei man den letzteren *erwiesenermaßen* sowieso nicht mit diesen Mitteln den Garaus machen kann).

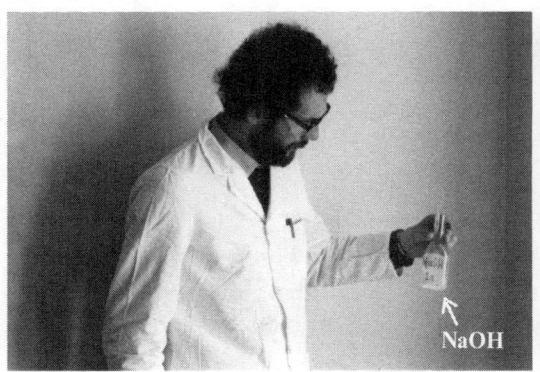

Während meines Chemiestudiums mußte ich oft in Praktika im Labor arbeiten, wo Schutzbrille Pflicht ist. Viele meiner Mitstudenten handhaben diese Regelung recht riskant und großzügig, aber nie habe ich einen Chemiker gesehen, der mit konzentrierter Natronlauge vor seinen Augen rumgefuchtelt hätte, ohne eine Schutzbrille anzuziehen. Konzentrierte Lauge gehört zu den Stoffen, mit denen man sich in Sekunden die Augen ruinieren kann: bis zur Blindheit.

In Abflußreinigern ist meist genau der gleiche Stoff, nämlich Ätznatron, in Wasser aufgelöst gibt das *Natronlauge*.

Im eigenen Interesse sollte man mit solchen Stoffen nicht oder nur mit Schutzbrille und Gummihandschuhen hantieren. Unfälle mit laugenhaltigen Mitteln kommen im Haushalt recht oft vor, durch Unfälle und bei Kindern durch Verschlucken.

Noch Schlimmeres kann passieren, wenn man verschiedene Abflußreiniger zusammenkippt: dann kann sogar Chlorgas entstehen. Der *Spiegel* witzelte: Trifft Domestos auf einen Konkurrenzreiniger, kommt Kampfgas aus dem Klo. So weit war die obenstehende Bezeichnung C-Waffen also gar nicht hergeholt.

Gegen die «Verstopfung» helfen drei Mittel:

1   2   3

1. Am einfachsten ist das Vorsorgeprinzip: Zigarettenkippen, Wattestäbchen, Tampons, Binden, Tempos und ähnliches gehören nicht ins Abwasser, sondern in einen Abfalleimer. Essensreste auf den Kompost. Damit lassen sich schon die meisten Verstopfungen verhindern.

2. Sollte es doch zu einer solchen kommen, können Sie versuchen, diese mit einer Saugglocke mechanisch zu beheben.
3. Bei Abflüssen von Waschbecken ist es am einfachsten, das Rohr aufzuschrauben und die Verstopfung auszuleeren. Wenn Sie sich davor ekeln, ziehen Sie einfach Gummihandschuhe an. Die Fische ekeln sich übrigens vor Abflußreinigern, aber *sie* können keine Gummiflossen anziehen ...

Glatze durch Klo-Reiniger

Wer Bad und Toilette allzu gründlich putzt, kann glatzköpfig werden. In dem Fachblatt «Ärztliche Praxis» berichtet Günter Stüttgen, Hautarzt am West-Berliner Rudolf-Virchow-Krankenhaus, über Patienten, denen nach dem Umgang mit Abfluß- und Sanitärreinigern die Haare ausfielen. Dämpfe von Mitteln wie Domestos, Dan Klorix oder Multikron, die Natriumhypochlorid oder Natriumhydroxid enthalten, hatten den Hornstoff der Haare so stark geschädigt, daß sie büschelweise oder auch gänzlich ausfielen. Ein junger Mann beispielsweise, der den Kopf beim Säubern der Badewanne in die Dunstzone des Putzmittels getaucht hatte, bemerkte zwei Wochen später, daß ihm die Kopfhaare ausgingen; ein 52jähriger Angestellter verlor Kopf- und Schamhaare vollständig. Immerhin wuchsen die Haare – spätestens in einem Jahr – wieder nach, manchmal sogar, wie der Arzt berichtet, «angeblich voller als vor dem Unfall».

Aus: *Der Spiegel*

WC-Deodorants oder Siebenfingersystem?

Gegen den «Geruch» gibt es ein bewährtes Mittel als Alternative: das Siebenfingersystem.

Kennen Sie nicht? Geht ganz einfach: Mit zwei Fingern der rechten Hand halten Sie sich die Nase zu, und mit der linken Hand öffnen Sie das Fenster und lüften ordentlich. So ersparen Sie der Umwelt einiges an wassergefährdendem Paradichlorbenzol und anderen Stoffen.

Das aktuelle Interview: Desinfektionsmittel

Wir sprachen mit
Herrn Dr. Ökoknigge

Grüne Illustrierte: Herr Dr. Ökoknigge, müssen wir im Haushalt Desinfektionsmittel verwenden, um Hygiene und Sauberkeit zu erzielen?

Dr. Ökoknigge: Normalerweise nicht. Hygiene, Sauberkeit und spiegelblanke Flächen werden den Verbrauchern besonders durch die Werbung als unabdingbar dargestellt. Dabei gilt oftmals auch das Freisein von schädlichen Mikroorganismen als erstrebenswertes Ziel. Unerwähnt bleibt jedoch meist, daß der Mensch ständig von verschiedensten Mikroorganismen umgeben ist, sowohl in seiner Umwelt als auch am eigenen Körper, ohne zwangsläufig daran zu erkranken. Viele Keime der Haut und der Schleimhäute haben sogar eine ausgesprochene Schutzfunktion für den Menschen, man denke nur an die Bakterienflora der Vaginalschleimhaut, die durch ihre Stoffwechseltätigkeit in diesem Bereich den Säuremantel aufrechterhält, der seinerseits die Ansiedlung von unerwünschten Pilzen erschwert. Ziel von Hygienemaßnahmen im häuslichen Bereich kann also nicht sein, blind alle Bakterien, Pilze, Viren abtöten zu wollen. Eine übermäßige Furcht vor diesen Mikroorganismen ist sicherlich unangebracht und eine Desinfektion von Gegenständen, Flächen oder Körperteilen mit chemischen Desinfektionsmitteln oder durch Einwirkung von Hitze häufig nicht erforderlich.

Grüne Illustrierte: Und wie ist es mit der Toilette?

Dr. Ökoknigge: Eine Desinfektion in der Toilette erscheint vielen als notwendig, da man sich einer gängigen Meinung zufolge dort vieles «holen» kann. Jedoch werden die im Genitalbereich relevanten Erkrankungen durch Erreger hervorgerufen, die ein Eintrocknen auf der Toilettenbrille selten überleben (z. B. Gonorrhöe-Erreger). Eine Übertragung von Erregern auf diesem Wege ist somit sehr unwahrscheinlich. Bei Pilzerkrankungen, wie z. B. Candida albicans, und Trichomonaden-Infektionen im Genitalbereich sollte den strengen Anweisungen des Arztes Folge geleistet werden. Vorbeugende Desinfektionsmaßnahmen haben in diesen Fällen wenig Sinn.

Grüne Illustrierte: Und wie steht es mit Desinfektionsmitteln in der Säuglingspflege?

Dr. Ökoknigge: Es ist sicherlich ohne weiteres einleuchtend, sich im Umgang mit Säuglingen häufig die Hände zu waschen. Bei Säuglingen, die mit der Flasche ernährt werden, hat es sich bewährt, die Flaschen und Sauger – zusätzlich zur Reinigung nach jedem Gebrauch – einmal pro Tag fünf bis zehn Minuten lang auszukochen. Eine Desinfektion von Flaschen und Saugern mit chemischen Mitteln, die zu diesem Zweck von verschiedenen Firmen angeboten werden, bietet weder hinsichtlich des Arbeitsaufwandes noch der desinfizierenden Wirkung entscheidende Vorteile. Zudem konnte festgestellt werden, daß, wenn nach Gebrauchsanweisung einiger dieser Mittel vorgegangen wird und man Flaschen und Sauger nach dem Herausnehmen aus dem Bad nicht mehr mit Trinkwasser nachspült, Rückstände zurückbleiben können, die mit Trinkwasser- und Säuglingsnahrungsbestandteilen unter bestimmten Umständen giftige Stoffe bilden.

Grüne Illustrierte: Eine letzte Frage: Was würden Sie unseren Lesern generell raten?

Dr. Ökoknigge: Aus dem Vorangehenden wird ersichtlich, daß die Verwendung von Desinfektionsmitteln im Haushalt auf ein Minimum beschränkt werden kann: Oft werden Mikroorganismen allein schon durch Reinigen unter fließendem Wasser zu einem großen Anteil mechanisch entfernt oder z. B. beim Händewaschen durch das alkalische Seifenmilieu geschädigt. Hohe

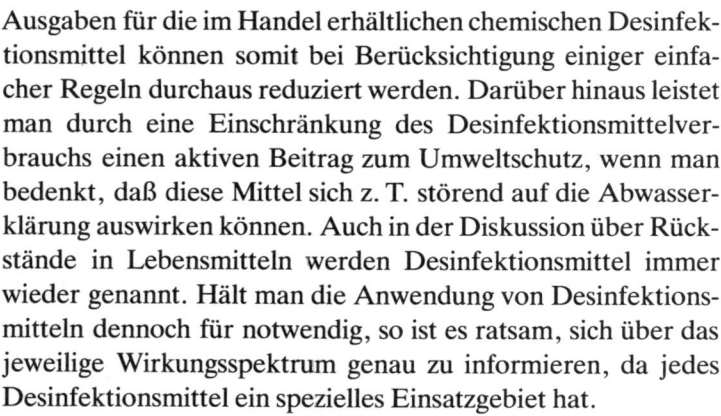

Ausgaben für die im Handel erhältlichen chemischen Desinfektionsmittel können somit bei Berücksichtigung einiger einfacher Regeln durchaus reduziert werden. Darüber hinaus leistet man durch eine Einschränkung des Desinfektionsmittelverbrauchs einen aktiven Beitrag zum Umweltschutz, wenn man bedenkt, daß diese Mittel sich z. T. störend auf die Abwasserklärung auswirken können. Auch in der Diskussion über Rückstände in Lebensmitteln werden Desinfektionsmittel immer wieder genannt. Hält man die Anwendung von Desinfektionsmitteln dennoch für notwendig, so ist es ratsam, sich über das jeweilige Wirkungsspektrum genau zu informieren, da jedes Desinfektionsmittel ein spezielles Einsatzgebiet hat.

Grüne Illustrierte: Herr Dr. Ökoknigge, wir danken Ihnen für das Gespräch.

Der Clou: umweltfreundliches Toilettenpapier

An ihrem Klopapier sollt ihr sie erkennen. Ob das Klopapier gelb, rot oder ungefärbt ist, ist ja wirklich sch…egal. Nicht aber für das Wasser. Man sollte auf jeden Fall farbloses Klopapier kaufen, am besten noch aus Recycling-Papier.

Wie man sieht, gibt es viele Möglichkeiten, das Wasser zu schonen. Eines sollte man nie vergessen:

 Das Abwasser von heute ist das Trinkwasser von morgen, Wasser wird nicht *ver*braucht, sondern *ge*braucht, es befindet sich in einem ständigen Kreislauf.

Schreckliche Vorstellung, daß das Abwasser einmal direkt zurückfließen könnte:

Stellt euch vor,
der Rhein fließt rückwärts ...

Eine Glosse aus dem schweizerischen *Tagesanzeiger*
(26. 9. 1981), umgeschrieben auf bundesrepublikanische
Verhältnisse

Es war an einem schönen Oktobertag im Jahre 1983, ein Tag
wie jeder andere: Auf der Welt verhungerten an diesem Tag
über 35000 Kinder, für die Rüstung wurden mehr als 3 Milliarden DM ausgegeben. In der Bundesrepublik erkrankten
10000000 Waldbäume neu, und der Rhein führte 30000
Tonnen Salz, 3 Tonnen Arsen und 450 Kilogramm Quecksilber über die holländische Grenze.
  In Rotterdam fand ein Wassertribunal statt, auf dem die
europäischen Umweltschutzorganisationen die Chemie-Fa-
briken in West und Ost anklagten, die Gewässer zu ver-
schmutzen. In den Zeitungen erschienen ausführliche Be-
richte über das Wassertribunal, meist unter der Rubrik «Aus
aller Welt». Schließlich haben vor allem die Niederländer
große Probleme mit ihrer Wasserversorgung und nicht so
sehr die Deutschen. Aber das sollte sich an diesem Tag
ändern.
  Am Abend gab es ein kleines weltpolitisches Versehen:
  Die Amerikaner und die Sowjets führten gleichzeitig un-
terirdische Atombombenversuche durch, und die Franzo-
sen zündeten im Pazifik ihre bisher größte Atombombe. Es
gab ein kleineres Erdbeben und eine größere Flutwelle im
Meer. Sonst war nichts geschehen. Lediglich der Rhein floß
an diesem Tag aufwärts.
  Die Rotterdamer schauten erstaunt auf die breite Fluß-
mündung. Das Wasser war nicht mehr stinkig braun, sondern frisch, und im einströmenden Meerwasser konnte man
erstmals wieder Fische ohne Krebsgeschwülste erkennen.
  Der Druck des zurückfließenden Rheinwassers war so
groß, daß auch das Wasser der Nebenflüsse und das Abwas-

ser der vielen Kanalisationen und Einleitungsrohre sich umkehrte.

Zurück zu den Anfängen.

Das Klärwerk Emschermündung drohte zu platzen, und erst als der Klärwärter im letzten Augenblick die Klappen hochzog, schoß die braune Flut weiter und zurück in die Haushalte und Betriebe des Ruhrgebiets.

Gurgelnd wälzte sich das Abwasser durch die Kanalisation in jedes Haus, schoß durch die Spülsteine und die geöffneten Waschmaschinen, und in jedem Haushalt starrten die Menschen entsetzt auf den Unrat, den ihnen die Natur vor die Füße schwemmte: das Toilettenwasser, dazwischen ölige Flecke von Lösungsmitteln, halb ausgebrauchte Arzneimittel, Waschmittelschäume, Zigarettenkippen, Küchenabfälle, Spülmittel und kleine glänzende Quecksilberkügelchen aus zerbrochenen Fieberthermometern.

Es war eine einzige Katastrophe, und auch die Weichspüler und Glanztrockner konnten daran nichts ändern.

Der Bayer AG in Leverkusen, Dormagen und Uerdingen erging es nicht besser. Auch bei der BASF in Ludwigshafen sah es übel aus, wenngleich das Wasser mit den Farbstoffen immerhin hübsch gefärbt war.

Bei den größten Abwassereinleitern war die Hölle los. Bei den Zellstoffabriken Maxau und Mannheim platzten die Rohre, und Millionen von Kubikmeter stinkiger Abwässer mit Sulfit und organischen Stoffen ergossen sich über die sauberen Westen der Fabrikherren.

Am nächsten Tag hatte sich die Natur wieder beruhigt. Der Rhein floß wieder in die richtige Richtung, die Reinigungsmittel in den Geschäften wurden in einem einzigen Ansturm leergekauft, und die Amerikaner und Sowjets beteuerten ihren Abrüstungswillen.

Auf der Welt verhungerten wieder über 35 000 Kinder, für die Rüstung wurden mehr als 3 Milliarden DM ausgegeben. In der Bundesrepublik erkrankten 10 000 000 Waldbäume neu, und der Rhein führte 30 000 Tonnen Salz, 3 Tonnen Arsen und 450 Kilogramm Quecksilber über die holländische Grenze.

Es war wieder ein Tag wie jeder andere.

Die Glosse bringt es wieder ans Licht: Hauptwasserverschmutzer ist sicherlich die Industrie und sind nicht die privaten Haushalte.

Davon will der Öko-Knigge auch gar nicht ablenken.

Zur Schonung der Gewässer, des Grundwassers und des Trinkwassers muß in erster Linie tatsächlich die Industrie beitragen: durch weitgehende Reinigung der Abwässer, durch Kreislaufführung des Wassers bei der Produktion und anderes mehr.

Doch auch als einzelner hat man darauf Einfluß:

1. Steter Tropfen höhlt den Stein
Über die Mitarbeit oder Unterstützung von Bürgerinitiativen, Parteien usw. kann man Mißstände aufdecken, Forderungen aufstellen und manchmal auch durchsetzen ...

2. Reden ist Silber, Schweigen ist falsch
Bei der Arbeit in der Fabrik, als Handwerker und in vielen anderen Bereichen kann man durch Gedankenlosigkeit oder Fahrlässigkeit an Wasserverschmutzungen oder anderen Umweltbelastungen beteiligt sein: im Umgang mit Lösemitteln, Lacken und Farben usw. Hier läßt sich mit Nachdenken und Konzentration oft viel mehr für die Wasserreinhaltung erreichen, als dies im privaten Bereich möglich ist.

Problematisch wird es bei Mißständen, die firmenintern bekannt sind und geheimgehalten werden sollen. In diesem Fall sollten Sie den Betriebsrat einschalten oder der örtlichen Zeitung / Bürgerinitiative einen wertvollen Tip geben. Eine kleine Indiskretion zur rechten Zeit ... (vgl. unten).

Lörrach (Basel)
Trinkwasserverseuchung durch Lösungsmittel

Freiburg (taz), 20.7. Die alltäglichen Gepflogenheiten der industriellen Abfallbeseitigung, insbesondere bei Kleinbetrieben, erregten bisher nur wenig Aufsehen. Und doch ist der Umgang mit Chemikalien auch in solchen Betrieben so verbreitet, daß es verwundert, nicht häufiger von solchen wie dem nachfolgenden Fall zu hören. Die Reparaturwerkstatt Greiner in Lörrach bei Basel beseitigte entstandene Ölflecken durch Lösungsmittel wie Trichloräthylen (Tri), welches mit anderen Abfällen in einen Container wanderte, dessen Abfluß ins Grundwasser geleitet wird. Im Januar wurden unterhalb Lörrachs größere Mengen an halogenierten Kohlenwasserstoffen im Trinkwasser gefunden. Bei der Fahndung nach dem Verunreiniger wurde Greiner als Quelle aufgedeckt. Jetzt wird das Grundwasser in diesem und einem zweiten verschmutzenden Betrieb abgepumpt und ungefiltert in den Rhein geleitet. Die Gemeinde konnte angeblich keine Aktivkohle für Filter beschaffen. Halogenierte Kohlenwasserstoffe sind schon in kleinsten Mengen krebserregend. Inzwischen mußten auch drei Trinkwasserbrunnen in Basel geschlossen werden.

Wie üblich begann es mit einem kleinen Skandälchen: Im Januar dieses Jahres fand das Basler Wasserversorgungswerk hohe Werte halogenierter Kohlenwasserstoffe im Trinkwasserbrunnen unterhalb von Lörrach (in der BRD sind $25 \, mg/m^3$ erlaubt) und alarmierte die Lörracher Behörden, damit diese nach den Verursachern auf Lörracher Gemarkung fahnden sollten. Bis Ende Mai erfuhr die Öffentlichkeit nichts. **Durch eine Indiskretion bekam das Öko-Institut aus Freiburg Wind davon,** fragte beim Umweltschutzamt in Lörrach nach.

Vor der Presse gaben die Behörden zu, daß man im Lörracher Industriegebiet hohe Konzentrationen gefunden habe, die gegen Ende Juni weiter anstiegen. Auf Nachfragen wurde ein Verschmutzungswert von 2,4 Millionen mg/m^3 bestätigt, der selbst über eine Sättigung der Grundwasserquellen mit halogenierten Kohlenwasserstoffen ($500\,000 \, mg/m^3$) weit hinausgeht.

Der Verschmutzer

Der Mercedes-Reparaturbetrieb Greiner verschmutzt sein Gelände immer wieder mit Öl. Da es sich aber um einen anerkannt sauberen Betrieb handelt, werden die Ölflecken mit Lösungsmitteln aufgelöst, mit Sägemehl bestreut und das Ganze fein säuberlich zusammengekehrt. Der Dreck wandert in einen Abfallcontainer. Nur – der Container ist nicht abgedeckt, und damit das Regenwasser ablaufen kann, befindet sich im Container ein Abfluß – ins Grundwasser.

In unmittelbarer Nähe des Containers befinden sich Wohnblocks für Ausländer, Kinder spielen direkt neben dem Container. Da Lösungsmittel leicht flüchtig und schwerer als Luft sind, bilden sie bodennahe Dampfschwaden. Ob Kinder oder Anwohner geschädigt wurden, hat bislang niemand untersucht.

Jetzt wird das Grundwasser bei Greiner für voraussichtlich ein Jahr abgepumpt – in den Trinkwasserspender Rhein.

Was sich wie eine Provinzposse liest, zieht jedoch immer weitere Kreise. Kaum war der erste Verschmutzer überführt, mußte bereits nach einem zweiten gesucht werden. Inzwischen wird nach einem dritten gefahndet. Außerdem wurden auch in einigen der weiter talaufwärts gelegenen Lörracher Trinkwasserbrunnen erhöhte Konzentrationen gefunden. Ein Brunnen gar mußte von der Trinkwasserversorgung abgekoppelt werden.

Die Verharmlosung und die Uninformiertheit über die Gefährlichkeit der Lösungsmittel Tri und Per spiegelt sich im häufigen Gebrauch dieser Gifte wider. In jeder Drogerie, in jedem Kaufhaus kann man sich mit dem Gift eindecken. Tri, Per in Reinigungsmitteln, in Lösungsmitteln, Lacken, Klebstoffen, in Kosmetika, Desinfektionsmitteln, Holzschutzmitteln und Chemikalien in der Landwirtschaft – sogar im Tipp-Ex. Hauptverbraucher sind die Textil- und Metallindustrie und die chemischen Reinigungen.

Und dabei sind halogenierte Kohlenwasserstoffe bereits bei minimalem «Genuß» gefährlich. Tri und Per führen in hoher Konzentration zum Tod durch Atemlähmung oder Herzstillstand. Selbst in kleinsten Mengen können sie Krebs erzeugen, Zeugungsunfähigkeit nach sich ziehen und Erbschäden hervorrufen. Auch der in der BRD zur Zeit geltende Grenzwert von 25 mg/m^3 ist keine Garantie gegen ein gewisses Gesundheitsrisiko. Nach Abschätzungen des National Academy's Safe Drinking Water Committee der USA ist bei lebenslanger Aufnahme von durchschnittlich zwei Liter Wasser mit einem Gehalt von 20 mg/m^3 Tri mit einem Krebstoten auf 750000 Personen zu rechnen.

Nicht von ungefähr fordert daher die EG-Trinkwasserrichtlinie vom 15.7.1980 einen Wert von 1 mg/m^3 für die Summe aller halogenierten Kohlenwasserstoffe.

Handelt es sich bei der Trinkwasserverseuchung um ein langfristiges Krebsrisiko, so bedeutet die Art und Weise, wie Tri und Per heute in den meisten Betrieben angewandt werden, eine akute Gefährdung vieler Beschäftigter. Es gibt zwar Vorschriften der Berufsgenossenschaft, sie werden jedoch in den seltensten Fällen voll eingehalten. Ein Lörracher Betrieb beispielsweise bläst pro Jahr Tri und Per in der Größenordnung von Tonnen in die Luft.

Behörden tun ahnungslos

Die Problematik in der Abfallbeseitigung ist überhaupt noch nicht erkannt. Halogenierte Kohlenwasserstoffe reichern sich, da fettlöslich, nicht nur in der Nahrungskette an, sie sind auch schwer abbaubar. Tri hat im Wasser z. B. eine Halbwertzeit von 2,6 bis 3 Jahren. Ihrer Gefährlichkeit nach gehören Reste oder benutzte Lösungsmittel auf Sondermülldeponien, soweit sie nicht wieder aufbereitet werden können. In Baden-Württemberg gibt es jedoch nur eine einzige. So werden die meisten Abfälle ins Abwasser oder in den gewöhnlichen Müll gegeben.

Man/frau wundert sich vielleicht, warum bisher noch nicht an vielen anderen Orten entsprechende Trinkwasserverseuchungen bekanntgeworden sind. Die Messung von halogenierten Kohlenwasserstoffen im Trinkwasser ist durch die Trinkwasserverordnung nicht vorgeschrieben. Nur so können andersortige Verseuchungen unaufgeklärt bleiben. Der Lörracher Skandal ist somit ein allgemeiner Skandal. Umweltschutzgruppen in den verschiedensten Orten sollten Trinkwasseruntersuchungen auf halogenierte Kohlenwasserstoffe verlangen. Unbedingt notwendig ist jedoch eine Einschränkung des Verbrauchs giftiger Lösungsmittel und die Einrichtung eines engmaschigen Netzes zur Beseitigung der Abfälle.

Aus: *taz* vom 20.7.1982

oder dem Bundesverband Bürgerinitiativen Umweltschutz:

3. Das Produkt zahlt der Verbraucher
Bei aller notwendigen Kritik an der Industrie sollte man eines nicht vergessen: Die Produkte der Industrie – vom Auto bis hin zum Arzneimittel
– werden vom Verbraucher gekauft und genutzt. Damit ist auch jeder
einzelne indirekt für industrielle Wasserverschmutzung mitverantwortlich. Bei der Produktion eines Autos werden beispielsweise etwa
400 000 Liter Wasser gebraucht! Die Opel AG in Hessen verbraucht täglich 85 000 000 Liter Wasser!
   Als Verbraucher sollte man daher schon beim Kauf von Produkten
auf deren Umweltgefährdung bei der Produktion achten und generell
möglichst wenig neue Produkte kaufen, lieber die alten reparieren.
(Siehe Kapitel: Was lange währt, ist unendlich gut.)

 Die grüne Tat

Wäschewaschen
◇ beim Kauf einer Waschmaschine auf niedrige Wasser-
und Energieverbrauchswerte achten (*test extra* 1/80)
◇ nur bei wirklich voller Trommel waschen, falls unbedingt
nötig: was von den Nachbarn mitwaschen oder Sparpro-
gramm wählen

◇ Vorwäsche nur bei stark verschmutzter Wäsche

◇ wenig verschmutzte Kochwäsche ohne Flecken bei 60°
(und mit Waschmittel ohne Bleichmittel) waschen

◇ wenig verschmutzte Buntwäsche bei 30° waschen

◇ umweltfreundliche *und* gebrauchstaugliche Waschmittel
verwenden (vgl. *test*-Hefte und Studie «Haushaltchemikalien» des Öko-Instituts Freiburg, 1984)

◇ *keine* Enthärter und *keine* Weichspüler verwenden

◇ Härtebereich des Wassers beim Wasserwerk erfragen
und die auf der Waschmittelpackung abgedruckte Dosiervorschrift einhalten

◇ darauf achten, daß der Meßbecher nur bis zur Markie-
rung und nicht randvoll gefüllt ist

◇ möglichst spätabends oder nachts – mit Zeitschaltuhr –
waschen

Spülen

◇ Teller und Salatschüsseln nach dem Essen mit etwas Brot
ausstippen

◇ Essen direkt in den Töpfen servieren und nicht in Schüsseln umfüllen

◇ möglichst handspülen und nicht mit der Geschirrspülmaschine

◇ Spülmittel sparsam dosieren

falls Sie doch mit der Geschirrspülmaschine spülen:

◇ beim Kauf auf niedrige Wasser- und Energieverbrauchswerte achten (vgl. *test extra* 1/80)

◇ nur voll beladen in Gang setzen, ggf. Geschirr in der Maschine sammeln, bis sie voll ist

◇ möglichst spätabends oder nachts – mit Zeitschaltuhr –
Spülmaschine anstellen

Duschen – Baden – Waschen

◇ Durchflußbegrenzer und Sparduschköpfe installieren

◇ möglichst Einhandmischer oder Thermostatmischer installieren (lassen)

◇ Wasser sparsam verwenden

◇ während des Einseifens Wasser abstellen

◇ zusammen duschen
◇ bei größeren Umbauten/Neubauten möglichst Brauch-
wassersystem installieren lassen (Nutzung des Abwassers
zur Toilettenspülung)

Toiletten / Abflüsse

◇ WC-Spülkasten: bewegliche Scharniere im Spülkasten
mit Draht umwickeln, so daß die Wassermenge regulier-
bar wird
◇ möglichst Klopapier mit Umweltzeichen verwenden
◇ Tampons, Binden, Papiertaschentücher, Zigarettenkippen usw. in den Mülleimer und nicht in die Toilette werfen
◇ statt chemische Abflußreiniger mechanische verwenden:
Saugglocke oder Klempnerzange
◇ möglichst keine Desinfektionsmittel und «Luftverbesserer» verwenden

Reinigungsmittel und andere (chemische) Haushaltsmittel

◇ sowenig wie möglich, soviel wie nötig verwenden
◇ soweit vorhanden, Produkte mit dem Umweltzeichen
verwenden
◇ (echte) Schmierseife (in nachfüllbarem Behälter) ausprobieren

Wasserwiederverwendung

◇ Eierwasser zum Blumengießen nehmen (natürlich abge-
kühlt)
◇ Regentonne aufstellen und zum Gartengießen benutzen

Autowäsche

◇ nicht zu oft
◇ nur in einer Waschanlage, möglichst mit Kreislaufführung des Abwassers

Literatur

Uwe Lahl u. Barbara Zeschmar, «Wie krank ist unser Wasser?», Öko-Instituts-Bericht Nr. 18, Dreisam-Verlag, Freiburg 1983

Umweltbundesamt, «Was Sie schon immer über Umweltchemikalien wissen wollten», Kohlhammer-Verlag, Stuttgart 1980, erhältlich beim Umweltbundesamt, Bismarckplatz 1, 1000 Berlin 33

Rat von Sachverständigen für Umweltfragen, Rheingutachten, Stuttgart 1978

Rat von Sachverständigen für Umweltfragen, Umweltgutachten 1980: «Umweltprobleme der Nordsee», Stuttgart 1980

H. Bossel, H. J. Grommelt u. K. Oeser (Hg.): «Wasser – wie ein Element verschmutzt und vergeudet wird», Frankfurt 1982

Öko-Institut u. a., «Haushaltchemikalien», im Druck

Adressen

Bremer Umweltinstitut, Colmarer Straße 22 a, 2800 Bremen

AG Hydrogeologie und Umweltschutz, Brabantstraße 73, 51 Aachen

AK Wasser des BBU, Bahnhofstraße 7, 6521 Dorn-Dürkheim

AK Wasser des Öko-Instituts, Hindenburgstraße 20, 7800 Freiburg

Schutzgemeinschaft Deutsche Nordküste e. V., Postfach 1580, 2960 Aurich

Mein zärtliches Verhältnis zum Müll

Vom Beginn einer Liebesgeschichte

Während eines mehrmonatigen Aufenthalts in Neuseeland machte ich mehrere Wanderungen in Naturschutzgebieten, von Hütte zu Hütte.

Für die oft mehrtägigen Wanderungen galten zwei Regeln: Erstens mußte man das Essen für die ganze Wanderung mitnehmen (da es keine Würstchenbuden in der Wildnis gibt), und zweitens mußte man allen Abfall wieder mit heraustragen und durfte ihn erst in der «Zivilisation» wieder wegwerfen.

Diese Wanderung und das sorgfältige Auswählen von verpackungsarmen Lebensmitteln haben mein Verhältnis zu Einkäufen/Müll mehr beeinflußt als viele kluge Artikel, die ich vorher gelesen hatte.

Zum erstenmal bekam ich zu *meinem* Müll ein Verhältnis, ein geradezu zärtliches Verhältnis, schließlich trug ich ihn mehrere Tage spazieren. Nie hatte ich vorher so sorgfältig darauf geachtet, meinen Müll in der Menge und im Volumen zu begrenzen.

Müll ist die Kehrseite unserer Zivilisation. Es ist das, was wir wegschmeißen, wertloses Zeug.

Aus den Augen, aus dem Kopf.

Später lesen wir dann so interessante Sachen in der Zeitung, daß die Müllberge in den Himmel wachsen, daß es bei der Müllverbrennung Probleme gibt, und vielleicht engagieren wir uns in einer Bürgerinitiative gegen eine neue Deponie in unserer Umgebung.

Der jährliche Müllberg ist etwa so hoch wie das Matterhorn – beeindruckend. Aber wir sprechen vom Müllberg wie vom EG-Butterberg oder Milchpulverberg. Alles Berge, die wir nicht besteigen können und die eigentlich nichts mit uns zu tun haben.

Etwas konkreter wird der Müllberg, wenn wir uns unseren eigenen Hügel basteln. Wir schütten den Mülleimer unseres Haushaltes auf den Boden und stellen uns vor, daß jetzt noch rund hundert weitere Mülleimer darüber ausgeleert werden – dann haben wir unseren jährlichen Müllhügel (bei zwei Leerungen pro Woche).

Und bevor ich Sie jetzt wieder mit Statistiken und wissenschaftlichen Erkenntnissen langweile, entführe ich Sie in die Welt der angewandten Wissenschaft mit der Möglichkeit, zum Dr. hm. (hausmüll) zu promovieren:

Versuch 1: Bestimmung des Müllvolumens und des Müllgewichts

In einer Ihnen «rein abfallmäßig» normal erscheinenden Woche nehmen Sie Ihren Mülleimer, bevor Sie ihn zur Müllabfuhr geben, und erklären ihn zum Versuchsobjekt. (Sie können es auch hundertmal tun und dann mitteln, dann ist es etwas exakter...)

73

a) Ermittlung des Müllvolumens
Wenn Sie Glück haben, geht es ganz einfach: Der Mülleimer ist voll und das Volumen des Mülleimers auf dem Deckel angegeben.
 Ansonsten müssen Sie leider etwas rechnen:

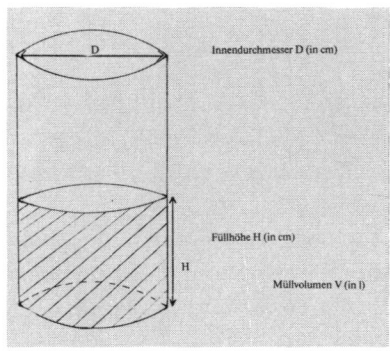

Tragen Sie in untenstehende Tabelle Ihre Meßergebnisse ein.

D = _____

H = _____

Sie sollten mehrmals messen, um sich zu vergewissern, daß sich kein Fehler einschleicht.

In «erster Näherung» betrachten Sie Ihren Mülleimer als einen Zylinder (so arbeiten die Wissenschaftler!!), dann bekommen Sie das Müllvolumen durch die

$$\text{1. Ökokniggerische Formel:}\quad V = \frac{3{,}14 \cdot D^2 \cdot H}{4000}$$

Alles klar? Ach so, Sie können kein Kopfrechnen, nur Mengenlehre. Also nehmen Sie sich den Taschenrechner, den Sie sich vor einem Dreivierteljahr bei Neckermann gekauft haben, weil er nur 19,50 DM (mit Batterie!) gekostet hat, und den Sie bisher nie brauchen konnten.
 (Anmerkung: Falls inzwischen die Batterie ausgelaufen ist und Sie dieselbige in den Mülleimer werfen wollen, verändern Sie die Müllmenge und stoßen dabei auf ein schwieriges Grenzproblem der Naturwissenschaft: Wie weit greift der Wissenschaftler durch die Messung in das ein, was er mißt?)
 Ganz unter Freunden kann ich Ihnen noch anvertrauen, daß man mit einem sogenannten Rechenschieber (einem vorsintflutlichen Recheninstrument aus der Vor-Computer-Zeit, ggf. im Antiquariat erhältlich) das Ganze viel schneller rechnen kann, genausogut wie im Kopf, aber schließlich leben wir ja in der Computerzeit und sind modern.
 Kurzum, Sie messen Innendurchmesser D (in Zentimeter), Füllhöhe H (in Zentimeter), setzen dies in die 1. Ökokniggerische Formel ein und haben *Ihr* Müllvolumen V (in Liter).

b) Ermittlung des Müllgewichts

Diesen Versuch dürfen Sie erst nach Abschluß aller anderen Versuche anstellen, weil sonst nämlich der Müll weg ist!

Sie nehmen den vollen Mülleimer und stellen ihn auf eine Personenwaage. Damit haben Sie das Bruttogewicht B (in Kilogramm) ermittelt. Sodann übergeben Sie den Mülleimer dem Müllmann, den Sie damit heimlich zu Ihrem Laboranten machen.

Ohne daß er die geniale Versuchsanordnung kennt, wird er – wie gewohnt – den Mülleimer leeren. Bitte versichern Sie sich aber, daß der Mülleimer wirklich ganz leer ist. Wenn was hängengeblieben ist, werfen Sie es vorübergehend in den Küchenmülleimer.

Sodann stellen Sie den leeren Mülleimer auf die oben benutzte Personenwaage (gnade Gott, wenn sich jemand inzwischen gewogen hat und den Nullpunkt verstellt hat ...) und ermitteln so das Leergewicht L (in Kilogramm).

Sodann setzen Sie B (in Kilogramm) und L (in Kilogramm) in die 2. Ökokniggerische Formel ein, und schon haben Sie das Müllgewicht M (in Kilogramm).

$$\text{2. Ökokniggerische Formel: } M = B - L$$

So spannend kann Wissenschaft sein.

Ihr jährliches Müllvolumen bzw. Müllgewicht erhalten Sie durch Multiplikation mit der Anzahl der wöchentlichen Leerungen (W), der Anzahl ihrer Mülleimer (A) und der Zahl 52! Sollten Sie verschieden große Mülleimer, Gemeinschaftsmülleimer o. ä. haben, wird alles komplizierter. Für diese Fälle wird derzeit die 3. Ökokniggerische Formel entwickelt und getestet ...

Womöglich sind Sie schon einer dieser aufgeklärten Zeitgenossen, die Altglas, Altpapier, Sperrmüll etc. getrennt sammeln bzw. recyclen. Dann müssen Sie das Volumen bzw. Gewicht jeweils entsprechend dazuzählen.

Versuch 2: Analyse der Hausmüllzusammensetzung
Sie kippen den gesamten Mülleimer (samt wöchentlichem Altglas, Altpapier usw.) auf den Boden (!) und betrachten in Ruhe, was da so drin ist: Glas, Papier, Küchenabfälle, Batterien, kaputter Teller, Kunststoffe usw. Wenn Sie große Lust haben, dann trennen Sie diese einzelnen

Stoffe und wiegen Sie diese. Damit können Sie die prozentuale Zusammensetzung ermitteln.

Da ich annehme, daß Sie dazu zu faul sind (ich wäre es auch), können Sie die unten abgebildete «Gewichts-Hitparade» anschauen.

Die «Gewichts-Hitparade» unseres Hausmülls sieht ungefähr so aus:

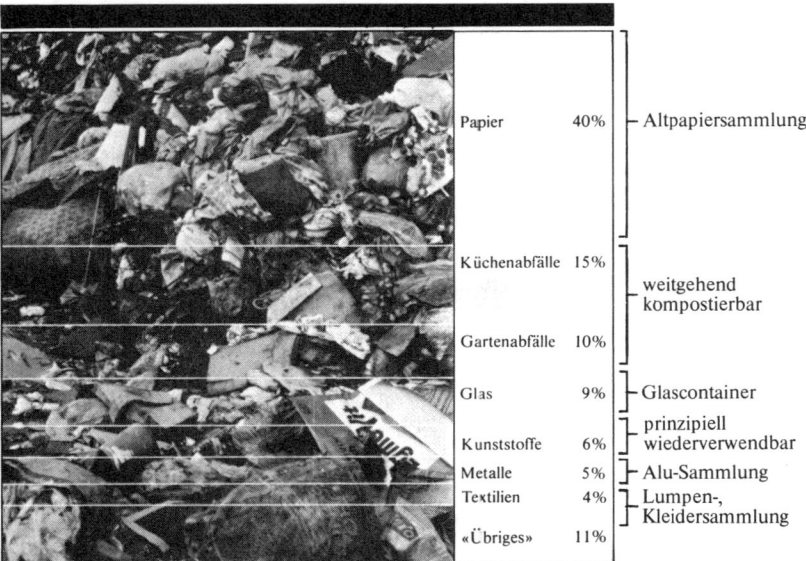

Papier	40%	Altpapiersammlung
Küchenabfälle	15%	weitgehend kompostierbar
Gartenabfälle	10%	
Glas	9%	Glascontainer
Kunststoffe	6%	prinzipiell wiederverwendbar
Metalle	5%	Alu-Sammlung
Textilien	4%	Lumpen-, Kleidersammlung
«Übriges»	11%	

aus: Christoph Schweizer, *Goldgräber im Müll-Berg,* Aarau (Schweiz) 1982

Auffällig ist der hohe Anteil an Verpackungen (Papier, Pappe, Glas, Kunststoffe usw.) und an wiederverwertbarem Material.

Versuch 3:
Wenn Sie Spaß daran haben, können Sie jetzt mal alles aussortieren, was wiederverwendungsfähig ist, und das Restvolumen/Restgewicht bestimmen. Sie brauchen dann in Zukunft nur noch einen ganz kleinen Mülleimer!

Die Versuche 1 bis 3 lassen sich auch gut als «Umweltspiel» mit älteren Kindern durchführen.

Recycling ist gut –
weniger Wegwerfprodukte sind besser

In der Bundesrepublik fallen jährlich über 250 Millionen Tonnen
Abfall an (zusätzlich noch ca. 260 Millionen landwirtschaftliche
Abfälle), der jährliche Volumenzuwachs des Mülls beträgt 3 bis
4%. Der Müllberg ist eine Errungenschaft des «Wirtschaftswun-
ders» und der Massengüterproduktion nach dem Zweiten Welt-
krieg. Das Beispiel von Stuttgart zeigt, daß das Müllvolumen pro
Einwohner drastisch angestiegen ist und daß ein beträchtlicher
Teil des Wirtschaftswunders bzw. der Massenprodukte billigen
Plunder enthalten muß: Wegwerfprodukte, nutzlose oder zu

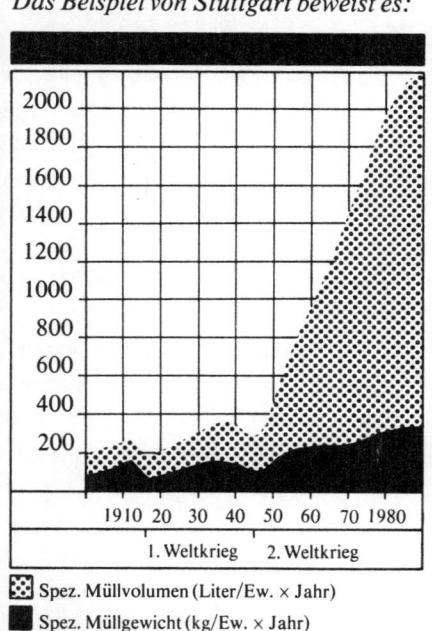

Das Beispiel von Stuttgart beweist es:

1. Weltkrieg   2. Weltkrieg

▒ Spez. Müllvolumen (Liter/Ew. × Jahr)

■ Spez. Müllgewicht (kg/Ew. × Jahr)

Aus:
Christoph
Schweizer, *Gold-
gräber im Müll-
Berg*, Aarau
(Schweiz) 1982

große Verpackungen usw.

In den sechziger Jahren führte die Müllawine zu sichtbaren Aus-
wüchsen, zu Autowracks in der Landschaft, wilden Müllkippen
und Ablagerungen usw.

Im Zuge des Abfallbeseitigungsgesetzes und des Abfallwirtschaftsprogramms wurden Anfang der siebziger Jahre die wilden Müllkippen beseitigt und die ungeordneten Deponien schön brav geordnet. Sehr bald stellte sich jedoch heraus, daß man damit das *eigentliche* Problem nicht in den Griff bekam: Geordnete Müllentsorgung und Recycling sind notwendig und sinnvoll, aber zweitrangig gegenüber der *Vermeidung* von Müll und Sondermüll.

Heute stoßen in vielen Kommunen die Deponien an die Grenze ihrer Kapazität, sie sind schlicht und einfach voll, und es wird immer schwieriger, geeignete Plätze für neue Deponien zu finden.

Dies gilt erst recht für Sondermüll: Für diesen hochgiftigen Müll gibt es nur wenig wirklich geeignete Plätze für Deponien, und die Entsorgung ist recht teuer. Dies ist der Hauptgrund dafür, daß Sondermüll in der Vergangenheit vielerorts einfach stillschweigend zusammen mit Normalmüll entsorgt und unsachgemäß deponiert wurde. Die Folgen für die Umwelt und speziell die Wasserversorgung durch diese giftigen Ablagerungen (sogenannte «Altlasten») sind bedrohlich, aber schlecht abzuschätzen: Tausende der Giftmülldepots sind versteckt oder zumindest den Behörden unbekannt, Tausende sind sehr wohl bekannt, aber mit einer dünnen Erdschicht und dem Mantel des Schweigens zugedeckt: Wir Bürger könnten unruhig werden, wenn wir wüßten, welche chemische Zeitbombe unter uns tickt ...

Daß es heute mit der Sondermüllbeseitigung immer noch nicht so recht klappt, zeigt nicht nur die abenteuerliche Irrfahrt der Seveso-Giftfässer, sondern auch die Tatsache, daß in der EG jährlich 20 Millionen Tonnen Sondermüll anfallen, aber die Sondermüllanlagen jährlich nur etwas mehr als die Hälfte entsorgen können!

Auch die Müllverbrennung, die zunehmend praktiziert wird, kann das Müllproblem nicht lösen, nur hinausschieben. Und sie ist zudem selbst problematisch, da bei der Müllverbrennung umweltschädliche und giftige Gase freigesetzt werden.

Die prinzipielle Lösung muß darin bestehen, bereits die Entstehung von Abfall und Sondermüll soweit wie möglich zu verhindern und den dennoch entstehenden Müll optimal zu entsorgen:

Die Industrie muß daher

◇ die Produktionsprozesse vermehrt darauf ausrichten, daß weniger (Sonder-)Abfall entsteht, daß dieser wiederverwertet werden kann und daß rohstoffschonend produziert wird;

◇ die Produkte und die Verpackung entsprechend verändern (keine Wegwerfprodukte, sondern langlebige Produkte, keine unnötigen Verpackungen usw.).

Da sie dazu offensichtlich nicht willens ist, muß sie dazu vom Gesetzgeber oder von den Verbrauchern gezwungen werden.

So muß endlich im Abfallbeseitigungsgesetz ein *Verwertungsgebot* eingeführt werden, daß also vor der eigentlichen Müllentsorgung alle möglichen Verwertungen (wie Recycling) ausgelotet bzw. praktiziert werden. Ebenso müssen bestimmte Produktionen und Verpackungen vom Gesetzgeber verordnet werden, beispielsweise die Pflicht, statt Einwegflaschen Mehrwegflaschen zu verwenden. Aber hier kneifen die Politiker wieder einmal vor der Industrie.

So bleibt es an uns Verbrauchern hängen:

Durch Boykott bestimmter Produkte und durch gezielten Kauf umweltfreundlicher Waren können wir selbst unseren Beitrag im kleinen leisten und im Verein mit vielen anderen bewirken, daß die Industrie sich auf die veränderten Kaufwünsche einstellt.

Generell sollten nur noch Waren gekauft werden, die

◇ eine hohe «Umweltfreundlichkeit» (keine schädlichen Inhaltsstoffe, keine schädlichen Emissionen bei der Produktion)

◇ eine lange Lebensdauer

◇ eine leichte Reparierbarkeit

◇ eine hohe Gebrauchstauglichkeit

◇ keine unnötige Verpackung

aufweisen.

Des weiteren kann der anfallende Müll durch Recycling (wie Papier, Glas, Aluminium, Altkleider, Kompost, Speermüll) und getrennte Müllverwertung (wie Batterien, Arzneimittel, Sonderabfälle) auf ein nur geringes Volumen und Gewicht gebracht und relativ giftfrei gehalten werden.

Recycling

Altpapier

Es ist sinnvoll, Altpapier wiederzuverwerten, weil dadurch
1. weniger Müll anfällt (1980 betrug der Altpapier«berg» 6 Millionen Tonnen),
2. Umweltschutzpapier produziert werden kann, bei dessen Produktion weniger Holz, weniger Energie und weniger Frischwasser benötigt wird als bei der Produktion von normalem Papier.

Wichtig für den einzelnen ist, daß nicht nur Zeitungen, sondern auch andere Papierabfälle gesammelt werden, und daß man selbstverständlich auch Recycling-Papier kaufen/benutzen sollte, um diesem eine Marktchance zu geben.

Eine weitgehend unbeachtete Recyclingmöglichkeit besteht darin, die Rückseite von benutztem Papier als Konzeptpapier wiederzuverwenden. Aber das erinnert wohl zu viele an Krieg und Notstandszeiten.

Altglas

Einweg = Irrweg: Wenn Sie stolz darauf sind, daß Sie viel Altglas sammeln und recyclen, dann sind Sie etwas auf dem Holzweg. Ein *echter* Kreislauf besteht im Benutzen von Mehrwegflaschen und nicht im Wieder*verwerten* von Altglas durch Einschmelzen.

1977 wurden in der Bundesrepublik 980 Millionen Einwegflaschen verkauft.

Nachdem schon der Gesetzgeber vor der Industrie kneift und die Verwendung von Mehrwegflaschen *nicht* gesetzlich vorschreibt (was nach § 14 des Abfallbeseitigungsgesetzes möglich wäre), sollte wenigstens der Privatverbraucher die Konsequenz ziehen und möglichst wenig Einwegflaschen kaufen.

Da es viele Produkte nur in Einwegflaschen gibt, wird man auf geraume Zeit nicht umhinkommen, doch einige zu kaufen.

Durch Benutzung der Mehrwegflasche und durch Recycling der Altglas-(Einweg-)Flaschen läßt sich die Abfallbelastung verringern, die jährlich etwa 2,5 Millionen Tonnen beträgt. Für die Nutzung der Mehrwegflasche spricht aber eindeutig deren Minderverbrauch von Energie und Rohstoffen. Bei 25 Umläufen – das ist die Mindestlebensdauer von Mehrwegflaschen – verbraucht diese sechzehnmal weniger Energie als die Alu-Dose und fünfmal weniger als Einwegglas und Weißblechdose.

Also:
Wenn's geht – Mehrweg.
Wenn nicht – Einweg
und dann Recycling!

Aluminium

Das Flugblatt, das in einem Volkshochschulkurs erarbeitet wurde, gibt einen umfassenden Überblick darüber, warum Aluminium nicht in den Hausmüll wandern sollte:

Halt

Aluminium ist unmagnetisch, ziemlich leicht und hat einen hellen, oft matten, metallischen Glanz.
Aluminiumfolien reißen glatt, ist der Riß aber faserig: papierbeschichtet z.B. Zigarettenpapier, nicht reißbar: plastikbeschichtet z.B. Getränkebeutel.

Aluminium nicht in den Müll !

Nur reines Aluminium darf in die Sammlung
z.B.
- Deckel von Joghurt, Sahne, Dickmilch etc. (abgeleckt)
- Haushaltsalufolie (sauber gespült)
- Alufolien von Aufwärmgerichten (sauber gespült)
- Schokoladenfolien
- Cremedosen und Tuben (gut ausgedrückt)
- ausgediente Alutöpfe, Pfannen, Kessel, Geschirr, Besteck
- Alu-Felgen

Aber achten Sie darauf, daß Sie nicht vor lauter Sammeleifer einen erhöhten Aluverbrauch haben.
Bedenken Sie schon beim Einkaufen :

RECYCLING IST GUT - WENIGER VERBRAUCH IST BESSER !

Aluminiumsammeln ist ein sinnvoller Beitrag zum Energiesparen und zum Umweltschutz

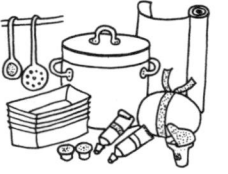

denn :

- Zur Herstellung von Aluminium aus Bauxit werden Riesenmengen von Elektrizität benötigt
  (In der BRD entspricht das der Energie eines mittleren Kraftwerkes)
- Dabei entstehen giftige Abgase, Staub und viel Rotschlamm
- Beim Wiedereinschmelzen von Altaluminium benötigt man nur 5% der Energie und es entstehen kaum umweltbelastende Stoffe

Altmetallhändler nehmen Mengen ab 1kg entgegen

Und damit das auch
schnell genug zusam-
menkommt, rühren Sie
die Werbetrommel

Achtung, Leute
bringt mir all
Euer Alt-Alu

V.i.S.d.P.
VHS - Kurs Umweltbedingungen im Kreis Böblingen
Hiltrud Bleicher, Obere Straße 34b, 7403 Ammerbuch-1

Das Flugblatt hat übrigens schon zu einigen Alu-Sammlungen geführt! In der Schweiz wurde ein Aluminium-Zeichen für Verpackungen geschaffen, das es erleichtert, rezyklierfähige Verpackungen zu identifizieren. Würde in der Bundesrepublik auch nichts schaden!

Altöl

Jährlich fallen in der Bundesrepublik 550 000 Tonnen Altöl an. Was für den Motor gut ist, ist für die Umwelt schädlich (vgl. EWG-Test S. 38).

Da ist es oberstes Gebot, das Altöl zur nächsten Sammelstelle / Tankstelle zu bringen. Das gesammelte Altöl wird entweder verbrannt oder zweitraffiniert.

Übrigens sollte auch altes Bratöl gesammelt und an Motorölsammelstellen abgegeben werden!

Altreifen

Jährlich werden etwa 30 Millionen abgefahrene Reifen ausgetauscht, von dieser Menge wird nur ein Viertel runderneuert, der Großteil wird verbrannt oder deponiert – beides erzeugt Umweltprobleme. Ehrensache, daß Reifen nicht weggeschmissen werden, schon gar nicht irgendwo in die Landschaft, und daß beim nächstenmal runderneuerte Reifen gekauft werden, die das Umweltzeichen tragen.

Auch Fahrradreifen bzw. -mäntel sollte man nicht wegschmeißen.

Batterien

Erinnern Sie sich noch an die schrecklichen Zeiten, wo es keine Taschenrechner gab, wo man die Armbanduhren aufziehen mußte, wo man sich beim Spazierengehen noch eigene Gedanken machen mußte, statt sich vom «Walkman» einlullen zu lassen? Wo es keinen Reiserasierer gab, keine elektrische Zahnbürste, kein tragbares Elektronikspiel?

In diesen Notstandszeiten gab es dafür sehr wenig Batterien, allenfalls für Taschenlampen oder mal ein Kofferradio.

Da diese elektrischen Heinzelmännchen einen Faustschen Pakt mit der Chemie, insbesondere den giftigen Schwermetallen Kadmium, Blei und Quecksilber geschlossen haben, versuche ich, weitgehend auf sie zu verzichten. Ich brauche nur noch welche für die Kamera und für die

Armbanduhr (da habe ich beim Kauf nicht aufgepaßt). Taschenrechner gibt es übrigens auch mit Solarzellen!

Eine Taschenlampe brauche ich eigentlich nur im Urlaub, und da habe ich mich früher immer geärgert, daß die Batterie beim nächsten Urlaub ausgelaufen war oder genau dann leer wurde, wenn ich fernab jeden Ladens in der Wildnis weilte. Seit letztem Jahr bin ich auch glücklicher Besitzer einer handbetriebenen Taschenlampe. Jetzt mache ich meinen Strom selber ...

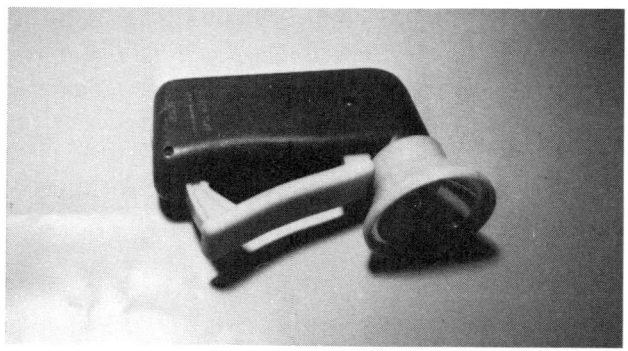

Wenn Sie aber Ihr Geld lieber für batteriebetriebene Geräte und für die Batterien verplempern, dann sollten Sie wenigstens die Batterien an eine Sammelstelle geben, so daß sie wiederverwertet oder auf einer Sondermülldeponie gelagert werden können.

In der Bundesrepublik werden jährlich rund 450 Millionen Rund-, Stab- und Blockbatterien (Quecksilbergehalt 0,01 bis 3 %) und 50 Millionen Knopfzellen (Quecksilbergehalt bis zu 30 %) verbraucht.

Die Batterien enthalten zusammen rund 55 Tonnen Quecksilber. Das freigesetzte hochgiftige Quecksilber kann sich in der Umwelt und über Nahrungsketten anreichern, und so brauchen Sie sich – bildlich gesprochen – nicht wundern, wenn Sie Ihre weggeworfene Quecksilberknopfzelle im nächsten Fischfilet wiederfinden. Mahlzeit!

Womöglich bekommen Sie dann Zittern, Übererregbarkeit usw. nicht von Ihrem schlechten Gewissen, sondern von einer Quecksilbervergiftung ...

Die Quecksilberoxid-Knopfzellen sind erkenntlich an der Aufschrift «Mercury», «Mercurie» oder einfach «M», sie werden mittlerweile von fast allen Händlern zurückgenommen.

Auch die anderen Batterien können dem Handel, in Drogerien oder speziellen Sammelstellen zurückgegeben werden.

Falls es diese nicht gibt, eröffnet sich ein neues Feld für Ihre umweltpolitischen Aktivitäten ...

Aber hören Sie sich zuerst einmal an, wie so etwas laufen kann:

Anruf beim Amt für öffentliche Ordnung:
Hageweg: Guten Tag, hier ist Hageweg.
Beamter: Guten Tag, wen wollen Sie bitte sprechen?
Hageweg: Tja, jemand, der für Batterieabfälle zuständig ist.
Beamter: Die Müllabfuhr?
Hageweg: Nein, eben nicht. Ich möchte die Batterien nicht in den Müll werfen, sondern sie an eine spezielle Sammelstelle geben.
Beamter: Wieso, sind sie noch nicht leer?
Hageweg: Doch, aber giftig.
Beamter: Giftig? Versteh ich nicht. Da verbinde ich Sie am besten mit dem Herrn Paracelsus, der stellt hier die Giftscheine aus. Moment bitte!

klick ... klick ... klick ...

Paracelsus: Ja, hier Paracelsus.
Hageweg: Guten Tag, hier ist Hageweg. Ich möchte mich nach einer Sammelstelle für ausgebrauchte Batterien erkundigen.
Paracelsus: Ja, gibt's denn so was?
Hageweg: Das möchte ich doch gerade fragen.
Paracelsus: Und wieso mich?
Hageweg: Weil man mich mit Ihnen verbunden hat.
Paracelsus: Wer?
Hageweg: Weiß nicht, der Pförtner oder so. Wer halt so bei Ihnen den Apparat abnimmt.
Paracelsus: Ach so, also auf jeden Fall bin ich dafür nicht zuständig. Vielleicht rufen Sie am besten beim Umweltdezernat an.
Hageweg: Können Sie mich durchstellen?
Paracelsus: Ja, Moment bitte.

klick ... klick ... klick ...

Meyer: Meyer, Büro Sitzig, guten Tag.

Hageweg: Guten Tag, hier ist Hageweg, könnte ich bitte den Umweltdezernenten sprechen?

Meyer: Oh, der Herr Sitzig ist gerade in einer Besprechung. Kann ich Ihnen vielleicht helfen?

Hageweg: Also, es dreht sich um ausgediente Batterien, die ich in eine Sammelstelle bringen möchte ...

Meyer: Sammlungen? Da ist das Amt für öffentliche Ordnung zuständig. Ich verbinde ...

Hageweg: Nein! Die haben mich ja gerade an Sie verwiesen.

Meyer: Ach so, ja, das tut mir leid, dann kann ich Ihnen auch nicht weiterhelfen. Können Sie vielleicht in einer Stunde noch mal anrufen?

Hageweg: Ja, gut.

Meyer: Vielen Dank und auf Wiederhören.

Hageweg: Auf Wiederhören!
Äh, wie war denn Ihre ...

tut ... tut ... tut ...

... Nummer? (Knirsch!)
So ein Mist! Da könnte man ja die Batterie ins Klo schmeißen vor Wut!

Nach einer Stunde, etwas Blättern im Telefonbuch und zweimal Verbundenwerden:

Sitzig: Ja? Sie hatten eine Frage wegen Batterien?

Hageweg: Ich wollte mich erkundigen, ob es eine Sammelstelle gibt für gebrauchte Batterien.

Sitzig: Da brauchen Sie keine Sammelstelle, die nimmt jeder Händler entgegen. Kein Problem.

Hageweg: Doch, doch! Die nehmen nur die Knopfzellen, aber nicht die anderen.

Sitzig: Ah, ja? Die sind ja auch nicht so schlimm.

Hageweg: Ich habe aber gerade gelesen, daß die auf jeden Fall getrennt gesammelt und auf eine Sondermülldeponie gebracht werden sollen.

Sitzig: Ah, ja? Ich glaube, das ist nicht nötig. Wo haben Sie das denn gelesen?

Hageweg: In so 'nem Buch, der «Öko-Knigge» heißt es.

Sitzig: Der «Öko-Knigge»? Hahaha! Das ist gut. Aber, nein, nein. Die Batterien können Sie ruhig in den Müll werfen.

Hageweg: Ja? Machen Sie das auch?

Sitzig: Ich? Äh, ja, also, mmh. Natürlich, mache ich das auch!

Hageweg: Können Sie mir das schriftlich geben?

Sitzig: Schriftlich? Wieso denn schriftlich?

Hageweg: Na ja, daß ich das diesem Journalisten schreiben kann, der den «Öko-Knigge» geschrieben hat. Zur Korrektur.

Sitzig: JOURNALIST?? Ähm, also wissen Sie, mmh, vielleicht ... jetzt muß ich gerade mal überlegen ... vielleicht hat der doch nicht so unrecht. Rufen Sie doch in zwei Tagen noch mal an, ich werde das nachprüfen.

Hageweg: Gut, bis dann. Auf Wiederhören.

Sitzig: Auf Wiederhören.

Es gibt nichts Schöneres, als Beamte auf Trab zu bringen. Nicht, daß sie zuwenig arbeiten. Aber daß sie auch mal aus der Bevölkerung Druck kriegen, Resonanz spüren. Gleiches gilt für Gemeinderäte, Kreisräte usw.

Vielleicht kommt dann so was raus, wie im untenstehenden Artikel zu lesen ist:

<u>Auch im Haushalt und Kleingewerbe</u>

Giftstoffe sollen nicht mehr in den Mülleimer

Fuhrparkbetriebe
starten Sammlung von Sondermüll

Vom Dioxin, das aus dem italienischen Seveso quer durch Europa auf eine unbekannte Mülldeponie geschafft wurde, redet derzeit jeder. Kaum gesprochen wird indessen von jenen Giften, die mit dem täglichen Hausmüll auf die Müllkippen wandern, die zwar nicht so gefährlich wie Dioxin sind, dafür aber in beträchtlichen Mengen anfallen. Das soll sich nach dem erklärten Willen des Freiburger Fuhrparkchefs Engelbert Tröndle ändern. Er hat errechnet, was jedes Jahr allein durch moderne Batterien an Schwermetall auf Freiburgs Müllberg landet: 0,135 Tonnen Quecksilber, 0,203 Tonnen

Kadmium, 13,05 Tonnen Zink und 40,6 Tonnen Blei. Die sollen – zusammen mit anderen problematischen Stoffen – vom 30. April an auf besonderem Wege eingesammelt werden.

Hintergrund des besorgten Blicks in die Hausmülltonnen ist die Tatsache, daß Freiburgs Mülldeponie allenfalls noch acht Jahre lang aufnahmefähig ist. Dann muß man zu «höherwertiger» Müllverarbeitung übergehen – und vor allem zu platzsparender. Verfahren wie die Kompostierung setzen jedoch eine weitgehende Giftfreiheit des Ausgangsmaterials voraus, sonst wird man den Kompost anschließend nicht los.

Während giftiger Sondermüll aus Industrie und Gewerbe laut Abfallbeseitigungssatzung von der Deponie am Eichelbuck ausgeschlossen ist und auf eine Sondermülldeponie gebracht werden muß, werden Haushalte und Kleingewerbebetriebe, die die übliche Müllabfuhr nutzen, mit ihrem Problem allein gelassen. Die nächste Sondermülldeponie befindet sich in Malsch (Nordbaden) und ist damit für den Normalverbraucher unerreichbar. Zwar haben Handel und Apotheken in jüngster Zeit Rücknahme von Batterien und Arzneimitteln offeriert, doch im Normalfall dürfte das Gift im Mülleimer landen, auf dem Eichelbuck «endgelagert» werden und dort dann eines Tages Probleme bereiten.

Bislang ging man davon aus, daß es nur geringe Mengen an problematischen Stoffen sind, die in der großen Menge Hausmüll entsprechend «verdünnt» werden; diese Beseitigung von Schadstoffen wurde stillschweigend geduldet.

Die zunehmende Anreicherung des Hausmülls mit chemischen Stoffen ruft indessen nach einer Lösung des Problems. Die Liste der Stoffe, die ihre letzte Lagerstätte auf einer Sondermülldeponie finden müßten, ist lang. Sie reicht von alten Batterien und Altarzneien über Lack- und Lösungsmittelreste, Pflanzenschutz- und Schädlingsbekämpfungsmittel bis zu Altöl, Altreifen und Laborabfällen.

Diese Stoffe will der Freiburger Fuhrpark in periodischen Sammlungen – gedacht ist vorerst an zwei Termine pro Jahr – entgegennehmen. Dabei müssen die Besitzer des Sondermülls aus Haushalt und Kleingewerbe allerdings schon den Weg zu den Betriebshöfen in der Berliner Allee 29, in der Hermann-Mitsch-Straße, in der Kartäuserstraße und in der Kufsteiner Straße in Kauf nehmen. Als erster Termin für die Sammelaktion wurde der 30. April festgesetzt. Dabei werden Chemiker die Aktion überwachen und schwer bestimmbare Schadstoffe analysieren, ehe sie auf die Sondermülldeponie in Malsch gebracht werden.

Fuhrparkchef Tröndle setzt auf die Einsicht und das gestiegene Umweltbewußtsein der Freiburger Bürger und hofft, daß Appelle für einen Erfolg der Sondermüllsammlung ausreichen. Andernfalls müßte das Problem in den nächsten Jahren auf dem Verordnungs- oder Gesetzesweg geregelt werden. Verstärkte Information der Verbraucher soll zudem dazu führen, daß schon beim Kauf auf umweltfreundliche Produkte geachtet wird. Im Rahmen der Überlegungen zu einer Neufassung des Abfallbeseitigungsgesetzes rechnet man beim Fuhrpark zudem mit

Überlegungen, den Erzeuger oder Verkäufer schadstoffhaltiger Produkte zu verpflichten, diese nach Gebrauch wieder zurückzunehmen.

In diesem Zusammenhang erinnern die Fuhrparkbetriebe daran, daß es schon solche Einrichtungen für einige Schadstoffe gibt. So kann Altöl beim Kauf neuen Öls an der Tankstelle zurückgegeben werden oder zur Firma Lang in der Endinger Straße 17 gebracht werden. Altreifen nehmen der Betriebshof Nord in der Hermann-Mitsch-Straße oder die Firma Stroh, Engesserstraße 5, entgegen – allerdings nur gegen Gebühr. Batterien, vor allem die giftigen Knopfzellen, nimmt der einschlägige Fachhandel zurück; Autobatterien können beim Schrotthändler abgeliefert werden. Alte Arzneimittel werden von vielen Apotheken, aber auch von karitativen Einrichtungen entgegengenommen. rm

Aus: *Badische Zeitung* vom 12. 4. 1983

Arzneimittel

Spätestens wenn Sie das Kapitel Gesundheit lesen, wird die Haushaltsapotheke in ihrer jetzigen Form überflüssig sein. Aber auch schon ohne diese interessanten Erkenntnisse werden Sie leicht feststellen, daß der Großteil der Arzneimittel veraltet, ohne Beizettel, mit unverständlichem Beizettel und dergleichen mehr ist.

Also flugs aussortiert und in den Mülleimer oder ins Klo ...

Aber halt, mein Freund! Wer wird denn gleich zum Mülleimer gehen! Was glauben Sie, was solche hochwirksamen Chemikalien in der Umwelt alles anstellen können. Die Bakterien in den Kläranlagen gehen hops, der Fisch schluckt die Entwässerungspillen, und der Regenwurm kriegt in der Deponie die Rheumacreme ab.

Im Ernst: nach Schätzungen wandern etwa 30 000 Tonnen Medikamente jährlich in den Müll, und auch wenn die Wirkung im einzelnen umstritten ist, sollten sie – nach dem Vorsorgeprinzip – bei der Apotheke abgegeben werden.

Fragen Sie dazu ruhig noch den Apotheker aus, was *er* denn mit den alten Medikamenten macht! Sie werden staunen!

Kompost

Den organischen Bestandteil Ihres Mülls (also Küchenabfälle wie äußere Salatblätter, Obstschalen usw.) sollten Sie im Garten kompostieren (vgl. Kapitel Garten), wenn Sie einen eigenen haben. Wenn nicht, fragen Sie den Nachbarn oder regen Sie an, daß für den Wohnblock einer angelegt wird und von der Stadtgärtnerei abgeholt wird. Oder ...

Vielleicht fällt Ihnen noch etwas Besseres ein?

Der tägliche Einkauf

Nun wollen wir mal gnadenlos den Einkauf von Familie F. analysieren:

Als erstes – bevor wir auspacken – fallen uns unangenehm die Plastiktüten auf. Es braucht ja nicht die Jute-Tasche zu sein, der Personalausweis der Alternativen. Es kann auch eine ganz normale Einkaufstasche oder ein Korb sein oder zusammenlegbare Nylontaschen oder sonstwas. Plastiktüten sparen heißt Erdöl sparen und Umwelt schonen.

Also ausgeleert:

Was fällt denn da gleich ins Auge? Eine Spraydose! Skandal! Ein Deo-Spray, für den man genausogut einen Deo-Roller hätte kaufen können. Ein kurzer Blick zeigt, daß die Spraydose nicht einmal das Umweltzeichen trägt, also kein umweltfreundliches Treibgas enthält.

Und hier: der praktische elektrische Insektenschutz. «Einfach Wirkstoffblättchen einlegen und in die Steckdose stecken. Dann haben Sie für 8 bis 10 Stunden Ruhe. Die Wirkstoffe sind völlig ungefährlich.»

Eigentlich brauchte Familie F. gar nicht einen Insektenschutz, so viele Stechmücken waren es wirklich nicht in der Stadtwohnung (bei dem Abgasmief halten es meist nur Menschen in der Stadt aus). Aber immerhin war das Elektro-Insektenfrei gerade von 10,98 DM auf 9,98 DM heruntergesetzt worden, und die Wirkstoffe sind völlig ungefährlich.

Da frage ich mich nur, woran dann die Fliegen sterben sollen. Wahrscheinlich lachen sie sich tot. Und wenn die Wirkstoffblättchen ausgehen, muß man halt ein paar neue kaufen, und wenn man die nirgendwo findet, schmeißt man das Elektro-Insektenfrei halt weg. Verbraucht sowieso Strom ...

Eine Fliegenklatsche wäre billiger gewesen.

Weiter geht's mit dem Sechserpack Bier (Einwegflaschen), der Altglascontainer läßt grüßen. Pfandflaschen wären besser.

Eine Marmelade. Könnte man auch selber machen, schmeckt auch besser.

Zwei Packungen H-Milch. Leider gibt's die Milch kaum noch offen oder in Mehrwegflaschen zu kaufen. Aber zumindest sollte man Vollmilch nehmen statt der ultrahocherhitzten Industriemilch.

Ein plastikverpacktes Brot. Schüttel.

Eine Butter. Aluminiumverpackt.

Käse, Wurst – frisch eingekauft! Gut.

Die Koteletts – aufwendig verpackt.

Zwei Packungen Äpfel – aufwendig verpackt, eigentlich hätten auch acht Äpfel für Familie F. gereicht, aber es gab halt nur die Sechserpacks.

Konservendose mit Karotten und Erbsen. Wäre eher was für den Winter. Jetzt quillt der Wochenmarkt doch über mit Gemüse. Gibt auch keine Dosen als Abfall.

Reis im Kochbeutel. Teuer, verpackungsaufwendig. Besser wäre normale Reispackung (mit ungeschältem Reis).

Inzwischen kennen wir das Mittagsmahl der Familie F.:

Reis mit Koteletts, dazu Erbsen-Karotten-Gemüse. Zum Nachtisch Äpfel. Zum Trinken Bier (für Papa), Mutter trinkt gar nichts, die Kinder Cola und Capri-Sonne.

Cola in der Dose. Da der Hans nur Cola will und Carola lieber Capri-Sonne und Pfandflaschen der Mutter zu schwer sind, werden die Cola-Dosen mitgenommen und der Zehnerpack Capri-Sonne. Viel Plastik, viel Aluminium. Teuer sind sie auch.

Dann ein Duschbad. In einer eckigen, kantigen Form. (Werbepsychologie: stark, stabil, widerstandsfähig – sicher eines für den Mann.) Wenn man den Deckel abschraubt, sieht man, wie wenig Seife eigentlich drin ist und wie aufwendig die Verpackung ist.

An den Fernsehabend ist auch gedacht:

Pralinen – zu süß, extrem aufwendig verpackt!

Volumen der Pralinen = 160 Kubikzentimeter. Volumen der Packung = 600 Kubikzentimeter.

Der Sohnemann kriegt noch ein Mars. Mars macht mobil. Stimmt. In letzter Zeit muß er öfters zum Zahnarzt rennen.

Für Carola den Clearasil-Pickelstift, 5,99 DM. Das Volumen der Packung ist etwa zehnmal so groß wie die des Stiftes mit der Plastikumhüllung, und die ist ja die eigentliche Verpackung.

Dann noch eine große Spraydose «Echt Wannen-Spray». «Hochglanz im ganzen Badezimmer. Ohne Scheuern, ohne Bücken. Aufspritzen, abspülen, fertig.»

Das macht jetzt alles die Chemie. Zum Bücken fährt Familie F. auf den Trimm-dich-Pfad.

Der unnötige Weichspüler (vgl. Kapitel: Wasser, S. 55f) ist in einer beeindruckenden Flasche verpackt, die von vorne riesig groß ist und die man von der Seite nicht mehr wiedererkennt.

Ganz unten in der Tüte noch ein Einmalfeuerzeug und eine Gewürzdose Pfeffer, 35 Gramm zu 1,45 DM. Natürlich ist sie nicht nachfüllbar. Schade, denn der Gewürznachfüllbeutel hätte 100 Gramm zu 1,52 DM enthalten – und weniger Verpackung.

Und nun zum Schluß noch eine Extra-Mülltüte (2,50 DM), weil der Mülleimer mal wieder nicht langt. Wen wundert's.

Fast die Hälfte des gesamten Hausmüllaufkommens besteht heute aus Verpackungen. Für «nichts und wieder nichts», nämlich für Verpackungen, zahlen wir gleich *dreimal*:
◇ für die Verpackung des Produkts,
◇ für die Müllgebühren,
◇ für die Umweltschäden.

Tante Emma und Onkel Aldi

Es war einmal ein kleines Einkaufslädchen um die Ecke, das einem älteren Ehepaar gehörte. Die Kinder aus der Gegend nannten die beiden nur Tante Emma und Onkel Aldi. Sie waren beliebt bei den Kindern, weil sie ihnen ab und zu was schenkten, Onkel Aldi meist Bonbons, Tante Emma – leider nur – Obst, das etwas angeschlagen war. Aber auch die Erwachsenen gingen gern zu Tante Emma. Onkel Aldi saß meistens im Hinterzimmer und rechnete.

Der Laden war etwas eng, aber man konnte alles kaufen. Viele Waren standen in großen Säcken herum und wurden von Tante Emma je nach Bedarf abgefüllt. Das dauerte seine Zeit, aber sie wurde für ein Schwätzlein genutzt. Manchmal war eine ganze Runde zusammen und unterhielt sich, und einige waren fast geneigt, noch etwas mehr einzukaufen, um das Beisammensein auszudehnen. Natürlich wurde auch viel geklatscht, z. B. über diese Türkenfamilie, die in die Straße gezogen war. Aber es kam auch zu Gesprächen mit der Türkenfrau, was sie denn so kochen würde und ob ihr diese Pumphosen nicht zu warm wären. Die Türkin freute sich immer über das frische Obst und das Gemüse. Vorher hätten sie in Stuttgart gewohnt, als ihr Mann bei Daimler arbeitete. Dort gebe es nur noch große Läden, alles verpackt, nichts dürfe man in die Hand nehmen. Die Milch gebe es nicht mehr offen, und es würde sich auch kein Rahm bilden.

Den schöpft jetzt die Milchzentrale ab, sagte Onkel Aldi aus dem Hintergrund, und alle lachten. Nur Onkel Aldi nicht. So witzig hatte er das gar nicht gemeint. Die Erzählungen von dem großen Laden hatten ihn fasziniert, denn bei seinen Berechnungen kam immer wieder heraus, daß er und Tante Emma nicht so viel verdienten, wie sie in einem großen Laden verdienen könnten.

Da traf es sich eines Tages gut, daß vor der Stadt ein großer Einkaufsmarkt eröffnet wurde, bei dem Verkäufer gesucht wurden, und daß Onkel Aldi von einem Makler ein gutes Angebot für den Laden bekam. Schnell wurden sie handelseinig, nur Tante Emma wollte wochenlang nicht mitmachen, aber schließlich willigte sie ein, weil Onkel Aldi ganz böse wurde.

Kurz darauf entstand in dem alten Laden eine «Spielecke». Am Eingang waren Bonanza-Türen, innen drin zwei Flipper, zwei Tischfußballspiele und neue, elektronische Spiele.

Jetzt kamen fast noch mehr Kinder als früher, und am Anfang tauften sie den einen Flipper auf Tante Emma, den anderen auf Onkel Aldi. Bald aber vergaßen sie die Spitznamen, denn bei den Apparaten gab es nie etwas umsonst.

Onkel Aldi arbeitete nun allein als Verkäufer in dem Supermarkt. Tante Emma hatte eine Stelle als Kartenverkäuferin im Schwimmbad gefunden. Mehr Geld als früher hatten sie auch nicht, denn Onkel Aldi mußte sich ein Auto kaufen, weil der Supermarkt so weit draußen lag.

Tante Emma war nicht gerne dort. Alles war so abge-

packt, steril, und sie fand sich nie zurecht. Den Leuten aus
der Straße ging es anfangs auch so. Jedesmal war eine andere Verkäuferin an der Kasse, und man kannte niemanden
mehr. Aber billiger war es schon als bei Tante Emma, und so
gewöhnte man sich daran.

Etwas umständlich war die Verbindung zu dem Supermarkt. Es ging stündlich nur ein Bus in diese Richtung, und
umsteigen mußte man auch. Da mußten oft die Männer mit
zum Einkaufen, bis das Zweitauto gekauft wurde. Die
Frauen machten den Führerschein, das war etwas teuer, dafür konnte man schnell zum Supermarkt rausfahren. Bis auf
samstags und abends und morgens oder bei schlechtem Wetter. Da gab es immer Stau. Auch an der Tankstelle beim
Supermarkt mußte man warten, dafür war das Benzin einen
Pfennig billiger.

Ganz toll – außer samstags – war es mit dem Parken: 4000
Gratis-Parkplätze gab es. Einfach toll. 90000 Quadratmeter
im Grünen zum freien Parken.

Tante Emma traf einmal den Bauern, der das Land verkauft hatte. Von dem Geld hatte er sich neue Geräte und
eine Spritzmaschine gekauft. «Brauche ich auch», sagte er,
«früher habe ich auf der Fläche jährlich 360000 Kilo Kartoffeln geerntet. Jetzt habe ich viel weniger Land, da muß ich
halt mehr rausholen. Mehr düngen, mehr spritzen.» – «Ach
so», sagte Tante Emma.

Abends erzählte sie das Onkel Aldi. «Die Leute reden
nicht miteinander, der Bauer hat kein Land mehr, aber
spritzt zuviel, die Gegend ist verschandelt, alle fahren mit
dem Auto. Es stinkt.»

«Unsinn», sagte Onkel Aldi, «dir stinkt der Fortschritt.
Es ist doch alles rationeller und hygienischer.» – «Hat sich
bei uns im Laden vielleicht jemand mal angesteckt?» fragte
Tante Emma und wurde richtig böse. «Nein, nein, so habe
ich das nicht gemeint», beschwichtigte sie Onkel Aldi.
«Aber billiger ist es auf jeden Fall, jetzt führen sie sogar so
neue elektronische Kassen ein, die gleichzeitig die Bilanz
machen und die Nachbestellung erleichtern.» – «Soso»,
sagte Tante Emma einsilbig.

Am nächsten Tag sprach Onkel Aldi kein Wort, als er heimkam. Erst nach einer Stunde bekam Tante Emma heraus, was passiert war. Er war entlassen worden – wegen der neuen elektronischen Kassen, damit konnte man nämlich auch Leute einsparen.

Seit dem Tag schwärmte Onkel Aldi nie mehr vom Fortschritt. Da er keine Arbeit mehr fand und schon über sechzig war, konnte er früher in Rente gehen. Viel war es nicht, denn er hatte ja jahrelang selbständig gearbeitet. Vielleicht lag es daran, daß Tante Emma lange brauchte, bis sie in den «Bioladen» ging, der inzwischen die «Spielecke» in ihrem alten Geschäft abgelöst hatte. Im Bioladen war nämlich alles sehr teuer, und das konnte Tante Emma nicht bezahlen. Sie war inzwischen auch arbeitslos, weil das Schwimmbad für teures Geld einen automatischen Eingang bekommen hatte.

Eines Tages hing aber ein Schild im Schaufenster: «Verkäufer(in) gesucht – wir kriegen Nachwuchs.»

Als Tante Emma sich den jungen Leuten im Bioladen vorstellte und von früher erzählte, waren diese hellauf begeistert. «Ich brech zusammen», sagte der Mann, «Tante Emma, wie sie leibt und lebt.»

Tante Emma war noch etwas skeptisch, weil ihr alles so teuer vorkam. Die junge schwangere Frau erklärte aber, daß die anderen Produkte so billig seien, weil die Kosten für Schäden durch Spritzmittel, die Müllkosten für die Verpackungen usw. letztlich die Steuerzahler zahlen müßten. Wie den EG-Butterberg. Und weil es noch zu wenige Bioläden gebe und zu wenige Kooperativen. Aber das würde alles noch zunehmen.

«Ja», sagte Tante Emma und schaute etwas träumerisch in einen Sack mit Weizenkeimen, «das ist gut angelegt.»

 **Die grüne Tat**

◇ oberstes Gebot: Müll vermeiden
◇ den dennoch anfallenden Müll,
   wenn möglich, recyclen,
   wenn nötig, in Sondermüll/getrennte Sammlungen geben, den Rest in den Mülleimer
◇ bewußt einkaufen: keine unnötigen Verpackungen,
   keine Plastiktüten, möglichst keine Spraydosen, Mehrwegflaschen statt Einwegflaschen, auf Reparierbarkeit
   der Produkte achten
◇ Papierflut eindämmen:
   • Werbeprospekte ablehnen (entsprechenden Hinweis
     an den Briefkasten)
   • einseitig beschriebenes oder bedrucktes Altpapier zu-
     erst noch als Schmierpapier nutzen
◇ Altpapier bündeln und in die Sammlung geben
◇ Umweltschutzpapier verwenden
◇ Einwegflaschen in den Altglascontainer bringen (aber:
   Glassammeln ist gut, Mehrwegflaschen sind besser!!)
◇ Altkleider für die nächste Altkleidersammelaktion auf-
   bewahren
◇ Küchenabfälle: auf den Komposthaufen bringen
◇ Aluminiumprodukte möglichst nicht kaufen, ansonsten
   sammeln und recyclen (Joghurtdeckel, Alufolien,
   Cremedosen usw. möglichst spülen bzw. abschlecken)
◇ möglichst wenig Geräte verwenden, die batteriebetrie-
   ben sind (z. B. Dynamo-Taschenlampe statt Batterieta-
   schenlampe usw.)
◇ Batterien zum Händler bringen, nachfragen, was er damit macht
◇ möglichst wenig Arzneimittel verschreiben lassen
   bzw. kaufen, auf jeden Fall kleine Packungen bevorzugen

◇ alte Arzneimittel zum Apotheker zurückbringen, nachfragen, was er damit macht
◇ ausgediente Autoreifen und Fahrradschläuche sowie anderes Altgummi zum Reifenhandel (mancherorts auch zu Schrottfirmen) bringen
◇ Altöl und gebrauchtes Bratöl sammeln und in der nächsten Tankstelle abgeben
◇ Sondermüllabfälle (Lösungsmittel, Säuren, Quecksilber aus Thermometern usw.) nicht in den Mülleimer werfen, sondern bei einem Sondermüllbeseitiger abgeben bzw. in die Sondermüllsammlung geben (ggf. über die Stadt initiieren)
◇ defekte Haushaltsgeräte, alte Fahrräder etc. reparieren (lassen), ggf. in eine Recycling-Werkstatt bringen
◇ brauchbare Möbel etc. möglichst über Kleinanzeigen verschenken, statt auf den Sperrmüll zu stellen

Literatur

Christoph Schweizer, «Goldgräber im Müllberg», AT-Verlag, Aarau
   (Schweiz) 1982
«Was Sie schon immer über Abfall und Umwelt wissen wollten», Hg.
   Umweltbundesamt
E. Koch/F. Vahrenholt, «Umweltatlas der Bundesrepublik», *Geo* im
   Verlag Gruner und Jahr, Hamburg 1983
H. Stolpe/C. Weingrau, «Wohin mit dem Giftmüll»,
   BBU-Argumente 6, erhältlich bei: BBU, Friedrich-Ebert-Allee 120,
   5300 Bonn 1
Verbraucherzentrale Nordrhein-Westfalen, «Giftdepot Mülleimer»

Adressen

AG Hydrogeologie und Umweltschutz, Brabantstr. 73, 5100 Aachen
Verbraucherzentrale Nordrhein-Westfalen, Meintropstraße 27,
   4000 Düsseldorf 1
Umweltbundesamt, Bismarckplatz 1, 1000 Berlin 33
Informationszentrum Weißblech e. V. , Kasernenstr. 36,
   4000 Düsseldorf 1
Aluminium Zentrale, Postfach 1207, 4000 Düsseldorf 1
Bundesverband der Deutschen Rohstoffwirtschaft e. V.,
   Neumarkt 12–14, 5000 Köln 1
   (hier auch Händlerliste beziehbar)

Was lange währt, ist unendlich gut

Der Kauf langlebiger Güter

Bei fast allen Produkten entstehen bei der Produktion und bei der Müllentsorgung mehr oder weniger erhebliche Umweltbelastungen. Wenn man hier Umweltschäden gering halten will, muß man

a) innerhalb der verschiedenen Produktmarken die am wenigsten schädlichsten kaufen;

b) versuchen, die Lebensdauer des Produkts möglichst lang zu halten (durch schonenden Umgang, durch Reparieren usw.);

c) ggf. auf den Kauf des Produkts verzichten.

Umweltfreundliche Produkte

«Umweltfreundlich» ist ein riskanter Begriff, da Produktion, Verbrauch und Entsorgung aller Produkte Umweltbeeinträchtigungen hervorrufen. Unterschiede gibt es aber im Grad der Umweltbeeinträchtigung. Exakter als «umweltfreundlich» wäre «wenig umweltschädlich», ein dafür sehr umständlicher Begriff.

Lassen Sie sich auch nicht ködern von Begriffen wie «Bio-Irgendwas». Nach dem Biomüsli und dem Biowaschmittel wird es sicher bald das Bioauto geben. Ehrlich gesagt, kann ich mir unter «Bio» alles und nichts vorstellen, am ehesten noch bei Lebensmitteln, wo ich bei Bioproduktion die Hoffnung (aber nicht die Garantie) habe, daß keine chemischen Pflanzenbehandlungsmittel eingesetzt wurden.

Nachdem es nun schon schicke Biodiscounts gibt und «biologisch abbaubare» Waschmittel, die dafür krebserregenden Formaldehyd enthalten, stehe ich solchen Begriffen skeptisch gegenüber.

Zugegeben, ich habe Sie mit dem Titel «Öko-Knigge» auch angelockt, aber Sie können es wenigstens lesen, prüfen, ob hier das «Öko» berechtigt ist.

Bei einem (Bio-)Waschmittel können Sie gar nichts nachprüfen. Weder kennen Sie die Zusammensetzung noch die Waschwirkung, noch die Umweltwirkung. Kaufen Sie daher nur Waschmittel, bei denen Sie die Zusammensetzung genau kennen. «Bio» ist kein Qualitätsbegriff, Bio reicht vom Biolehrer übers Biomüsli bis hin zu den biologischen Waffen.

«Bio», «Öko» oder «umweltfreundlich» haben für mich nur dann eine Aussagekraft, wenn dahinter *nachprüfbare Kriterien* stehen.

Einen Anfang in diese Richtung hat das Umweltbundesamt mit dem «Umweltzeichen» geschaffen, das von einer unabhängigen Jury vergeben wird.

Mit dem Umweltzeichen wird dokumentiert, daß die ausgezeichneten Produkte im *Vergleich* zu konventionellen Produkten zur Verminderung der Umweltbelastung beitragen. Durch Nennung des Auszeichnungs-*grunds* (etwa: umweltfreundlich – weil lärmarm und energiesparend) wird der Verbraucher auf das Hauptkriterium und Umweltproblem hingewiesen.

Staubsauger werden beispielsweise mit dem Umweltzeichen bedacht, wenn sie im Vergleich mit anderen Modellen lärmarm sind («Saugstärke ist nicht immer eine Frage der Lautstärke!») und weniger Energie verbrauchen. Über andere Kriterien, etwa den Rohstoffverbrauch bei der Produktion des Staubsaugers, wird nichts ausgesagt.

Die Vergabebedingungen zum Umweltzeichen berücksichtigen auch Anforderungen an die *Gebrauchstauglichkeit* und die *Sicherheit* eines Produkts.

Schließlich nützt Ihnen das schönste alternative Waschmittel nichts, wenn es nicht gut wäscht. Und eine Spraydose, die umweltfreundlich ist, aber bei Gebrauch unsicher und Ihnen bei Gelegenheit um die Ohren fliegt, kann Ihnen die ganze Freude an der Ökologie vermasseln.

Also: Das Umweltzeichen garantiert verläßlich
◇ die Umweltfreundlichkeit
◇ die Gebrauchstauglichkeit
◇ die Sicherheit

eines Produkts. Das Zeichen wird immer nur für die Dauer von drei Jahren vergeben und dann erneut überprüft.

Von daher ist es Ehrensache, daß Sie bei künftigen Kaufentscheidungen Produkte mit Umweltzeichen gegenüber konventionellen Produkten bevorzugen!

Bisher haben folgende Produktgruppen das Umweltzeichen erhalten:

Kraftfahrzeuge und Zubehör:
◇ lärm- und rußemissionsarme Omnibusse und Lkw
◇ asbestfreie Bremsbeläge
◇ runderneuerte Reifen
geplant:
◇ lärmarme Straßenkehrmaschinen
◇ langlebige Kraftfahrzeug-Schalldämpferanlagen
◇ Umbausätze für den Gasbetrieb von Kraftfahrzeugen
◇ umweltfreundliche Autos

Haus- und Gartengeräte:
◇ emissionsarme Ölzerstäubungsbrenner
◇ lärmarme Motor-Rasenmäher
◇ lärmarme Staubsauger
geplant:
◇ alternative Energien zur Raumheizung und Warmwasserbereitung
◇ mechanische Unkrautbekämpfungsgeräte
◇ biologische Schädlingsbekämpfungsmethoden
◇ lärm- und verbrauchsarme Geschirrspülmaschinen

Beim

Umweltbundesamt
Bismarckplatz 1
1000 Berlin 33

können Sie die Informationsmappe «Das Umweltzeichen» bestellen. Sie wird laufend ergänzt.

Produkte müssen länger leben

Früher hielten Produkte Generationen, waren handgemacht und reparierbar.

Wenn ein Handwerker Schuhe fertigte, setzte er alle Kräfte und Fähigkeiten daran, ihnen eine möglichst lange Lebensdauer zu verleihen. Und die geschaffenen Produkte wurden vom Verbraucher so lange getragen oder gebraucht, wie sie hielten, und nicht, solange sie in Mode waren.

Heute ist in den Produkten der Verschleiß schon eingebaut und die Nichtreparierbarkeit vorprogrammiert.

Denn wer wegwirft, kauft schneller!

Psycho-Test

Es gibt viele Methoden, um Ihren Charakter festzustellen. Wahrscheinlich kennen Sie ihn selbst am besten. Wenn nicht, kann Ihnen der nachstehende Test helfen:

In der nachfolgenden Tabelle sollen Sie die durchschnittliche Benutzungszeit von Produkten (in den USA) und die technisch mögliche Lebensdauer schätzen und eintragen.

Auf Seite 106 steht die Auflösung und die Ermittlung Ihrer Testpunktzahl, aus der Sie Ihren Charakter bestimmen können.

	durchschnittliche Benutzungszeit (in Jahren)	technisch mögliche Lebensdauer (in Jahren)
Fahrräder		
Autos		
Landwirtschaftsgeräte		
Eisenbahnen		
Schiffe		

Ein kleines Rätsel:

Eine 60-W-Glühbirne (Nr. 1) hat eine Lebensdauer von 1000 Stunden und kostet 2,80 DM. Eine andere 60-W-Glühbirne (Nr. 2) kostet 5,60 DM und hat eine Lebensdauer von 2000 Stunden. Welche ist billiger?

Gleich teuer?! Fast richtig! Im Prinzip sind beide gleich teuer, wenn man nicht nur den *Anschaffungspreis*, sondern auch die *Lebensdauer* berücksichtigt. Bei der Nr. 1 entstehen Ihnen aber noch dadurch Unkosten, daß Sie schon nach 1000 Stunden des Lichts wieder in die Stadt fahren müssen und daß der Mülleimer schneller voll wird.

Gravierender könnte der Unterschied sein, wenn die *Unterhaltskosten* verschieden hoch sind. Wenn beispielsweise die Glühbirne Nr. 2 gegenüber Nr. 1 im Verbrauch Energie spart, dann ist sie deutlich billiger, obwohl sie (beim Einkauf) teurer ist.

Da staunt der Laie, und der Physiker wundert sich. Damit Ihnen ein Licht aufgeht:

Es *gibt* Glühbirnen, die gegenüber den herkömmlichen über 75 % Energie sparen und eine fünfmal längere Lebensdauer haben:

Normale Glühbirnen haben eine Brenndauer von ca. 1000 Stunden. Die «neue Lampengeneration» hat eine Brenndauer von etwa 5000 Stunden, ist aber noch recht teuer.

Dennoch lohnt sich der Kauf der neuen Lampen. Beispiel (vgl. Tabelle): Bei einer 75-W-Birne und einem Strompreis von 24 Pf/kWh haben Sie nach 5000 Brenn-Stunden 90 DM (!) gespart.

Lampe	Strom-verbrauch in 5000 h	Stromtarife in DM/kWh						
		0,20	0,21	0,22	0,23	0,24	0,25	0,26
Glühlampe 100 W	500 kWh	100,—	105,—	110,—	115,—	120,—	125,—	130,—
SL* Lampe 25 W	125 kWh	25,—	26,25	27,50	28,75	30,—	31,25	32,50
Ersparnis	375 kWh	75,—	78,75	82,50	86,25	90,—	93,75	97,50
Glühlampe 75 W	375 kWh	75,—	78,75	82,50	86,25	90,—	93,75	97,50
SL* Lampe 18 W	90 kWh	18,—	18,90	19,80	20,70	21,60	22,50	23,40
Ersparnis	285 kWh	57,—	59,85	62,70	65,55	68,40	71,25	74,10
Glühlampe 60 W	300 kWh	60,—	63,—	66,—	69,—	72,—	75,—	78,—
SL* Lampe 13 W	65 kWh	13,—	13,65	14,30	14,95	15,60	16,25	16,90
Ersparnis	235 kWh	47,—	49,35	51,70	54,05	56,40	58,75	61,10
Glühlampe 40 W	200 kWh	40,—	42,—	44,—	46,—	48,—	50,—	52,—
SL* Lampe 9 W	45 kWh	9,—	9,45	9,90	10,35	10,80	11,25	11,70
Ersparnis	155 kWh	31,—	32,55	34,10	35,65	37,20	38,75	40,30

Auflösung	I durch- schnittliche Benutzungszeit*	II Ihr Tip	III Differenz II − I = III	IV technisch mögliche Le- bensdauer*	V Ihr Tip	VI Differenz IV − V = VI
Fahrräder	4			75		
Autos	9			10		
Landwirt- schafts- geräte	15			25		
Eisen- bahnen	30			50		
Schiffe	15			80		
			Summe 1:			Summe 2:

Gesamtdifferenz (aus 1 + 2):

0–10 Punkte:
Sie sind entweder ein introvertierter Mensch, der sein Wissen versteckt, oder ein ganz übler Abschreiber, der zuerst die Lösung des Psycho-Tests anschaut und dann den Testbogen ausfüllt. Machen Sie nur weiter so!

10–40 Punkte:
Sie sind ein mittelmäßiger Mensch und trauen sich nicht aufzufallen. Bei allen Psycho-Tests liegen Sie so in der Mitte und sind auch noch stolz drauf. Nicht muh und nicht mäh. Für Sie wird der Mittelweg der richtige sein.

mehr als 40 Punkte:
Wenn Ihre hohe Punktzahl vor allem aus Summe 1 stammt und Sie die durchschnittliche Benutzungszeit immer *über*schätzt haben, weil *Sie* diese Produkte so lange gebrauchen, sind Sie der geborene Ökologe oder ein sparsamer Schwabe.

mehr als 40 Punkte:
Wenn Ihre hohe Punktzahl vor allem aus Summe 2 stammt und Sie die Lebensdauer der Produkte stets *unter*schätzt haben, dann sind Sie ein ganz ungläubiger Technikfeind. Oder Sie sind einer von denen, die daran verdienen.

* Die Zahlen stimmen übrigens !!

Schaut man bei «einmaligen» Sonderangeboten zweimal hin – nämlich auch auf *Lebensdauer* und *Reparierbarkeit*, dann ist es oft mit der Herrlichkeit vorbei.

Den Zusammenhang zur Umwelt erklären uns die Wissenschaftler Binswanger und Ginsburg in ihrem «NAWU-Report»: «Wenn alle Gebrauchsgüter eine doppelt so hohe Lebensdauer hätten, so könnte der Rohstoffverzehr (z. B. für Metalle) fast auf die Hälfte gesenkt werden. Die Umweltbelastung würde um ca. 20 %, der Energieverbrauch um 10 bis 15 %, die Abfälle würden fast um die Hälfte abnehmen.»

Um ehrlich zu sein, auch ich falle immer wieder auf Sonderangebote herein oder merke, daß ich gegen obige goldene Prinzipien verstoßen habe.

Neulich habe ich mir im Sonderangebot eine elektrische Zeitschaltuhr gekauft: 25,– DM!!! Falls es Sie interessiert: Über selbige habe ich einen Dreifachstecker angeschlossen, an diesen wiederum ein Kassettendeck und die Kaffeemaschine. Frühmorgens wurde ich so mit meinem Lieblingslied geweckt, und wenn ich das zu Ende gehört hatte, war der Kaffee schon fertig ... Oder ich nehme die Zeitschaltuhr, um nachts die Waschmaschine laufen zu lassen (vgl. Kapitel: Energie).

Nach mehreren Wochen wurde mein Lebensgenuß jäh zerstört: Einer der Stifte, die in die Steckdose hineinführen, brach ab, was dazu führte, daß der ansonsten aus der Steckdose kommende Strom unschlüssig dort verweilte und nicht weiterkam.

Eigentlich blicke ich bei solchen Geräten nicht durch, aber nachdem ich des öfteren festgestellt hatte, daß meist nur ein Kabel gelockert ist, war mein Reparaturtrieb nicht mehr zu bremsen.

Meinte ich! Denn das Plastikgehäuse der Zeitschaltuhr war nicht mit Schrauben verschlossen, sondern zugeschweißt und nicht ohne völlige Demolierung des Gehäuses zu öffnen. That's life (time).

Leider gibt es – außer dem Umweltzeichen – viel zuwenig Informationen über langlebige Gebrauchsgüter und andere Produkte. Gerade bei langlebigen Produkten wie Waschmaschinen, Autos usw. sollte man sich genug Zeit nehmen, um auch Informationen über die Umweltverträglichkeit, über Lebensdauer und Reparaturfreundlichkeit zu erhalten.

Nerven Sie den Händer, den jeweiligen Industrie- oder Verbraucherverband, lesen Sie in Testheften nach usw.

Es würde den Rahmen dieses Buches völlig sprengen, jeweils *das* umweltfreundlichste Gebrauchsgut allgemeinverbindlich vorzustellen. Es gibt Hunderte von verschiedenen Gebrauchsgütern, bei jedem Gut wieder Dutzende verschiedener Marken, und auch Sie als Leser dieses Buchs haben die verschiedensten Bedürfnisse, finanziellen Möglichkeiten usw. Und zu guter Letzt wäre die Sammlung wohl schon wieder veraltet, wenn das Buch gedruckt ist.

Dieser Mißstand hat aber einen positiven Nebeneffekt. Wenn Tausende/Zehntausende nachfragen, nachbohren und umweltfreundliche Produkte kaufen wollen, wird auch das Interesse dokumentiert, wird Druck erzeugt, wird der Handel aufmerksam.

Reparatur

Schon war's passiert: das Gewürzglas segelte vom Regal herunter, und es war keine Frage, daß es sich genau die Stelle zum Aufschlagen aussuchte, wo es am meisten kaputtschlagen konnte: die Kaffeemaschine!

Die Kaffeemaschine (Wigomat 110) ist ein älteres Erbstück aus der Familie, und es war klar, daß jeder Fachhändler eine Reparatur als unsinnig ablehnen würde, und daß ein Ersatzteil wahrscheinlich nicht mehr aufzutreiben wäre.

Andererseits gab es neue Kaffeemaschinen schon für 40 DM, und was war das schon im Vergleich zu einem teuren Ersatzteil und zeitaufwendiger Reparatur. Und dennoch ärgerte ich mich: ein bißchen gesplittertes Plastik, und wieder 40 Mäuse weg. Da fiel mir plötzlich ein Freund ein, der jeden Sperrmülltag zu einem persönlichen Freudenfest erklärt, Dutzende von elektrischen Geräten mit nach Hause schleppt und sie wieder repariert. Meine Überraschung war nicht klein, als ich bei ihm im Keller gleich zwei Kaffeemaschinen der gleichen Marke entdeckte. Eine hat er mit den Ersatzteilen der anderen repariert, und ohne viel Worte steckte er mir den Einfüllbehälter der anderen zu.

So machte ich mich nach geraumer Zeit an die Reparatur der Kaffeemaschine. Von jedwelchen öko-kniggerischen Gedanken war ich übrigens weit entfernt, bis ich zu meinem Erstaunen in der Kaffeemaschine einen elektrischen Kippschalter entdeckte, der mit etwa 10 Gramm Quecksilber gefüllt war!!!

10 Gramm des höchst umweltgefährdenden Quecksilbers entspre-

chen etwa dem Gehalt von 50 bis 100 quecksilberhaltigen Knopfbatterien (vgl. S. 84). Und das hätte ich fast weggeschmissen!

So langsam dämmerte mir, daß mein Freund und ich geradezu eine ökologische Bravourleistung vollbracht hatten: aus drei kaputten Kaffeemaschinen, die normalerweise auf dem Müll landen, zwei repariert, und aus der dritten den Quecksilberbehälter ausgebaut und zum Recycling gegeben. Die Umwelt verschont vor der Produktion zweier neuer Kaffeemaschinen, vor dem Müllanfall zweier alter Maschinen und verhindert, daß 30 Gramm Quecksilber in den Boden der nächsten Müllkippe flossen. Seither warten wir gespannt auf die Verleihung eines Umweltpreises. «Held der Umwelt» oder so ...

Mir hat diese überraschende Entdeckung bei der Reparatur eine *Ahnung* davon gegeben, wie viele Umweltbelastungen bei Produktion, Gebrauch und Verbrauch von Haushaltsgeräten, Haushaltschemikalien usw. entstehen.

Noch mehr hat mich freilich überrascht, daß *alle* Behördenvertreter aus verschiedensten Umweltämtern und Müllabfuhr, denen ich den Quecksilberschalter zeigte, noch nie von so etwas gehört hatten. Eine Kaffeemaschine als kleine Quecksilberbombe, wie viele derartige Maschinen mögen bereits auf dem Müll liegen?

Reparieren heißt: die Umwelt schützen. Leider sind meinen handwerklichen Fähigkeiten Grenzen gesetzt. Ich kann besser schreiben (bilde ich mir ein). Freunde von mir können besser reparieren, und wo ich nicht weiterkomme, helfen sie mir weiter.

«Ja, ja, jetzt wird wieder in die Hände gespuckt, wir steigern das Bruttosozialprodukt.»

Kennen Sie das Lied?

Und die alte Leier?

Kaufen = Steigerung des Bruttosozialprodukts = Wachstum?

Für viele ist die Steigerung des Wachstums und des Bruttosozialprodukts die Meßlatte von Fortschritt und Wohlergehen, geradezu ein religiöses Dogma.

Um es kurz und würzig zu sagen. Ich bin Ungläubiger. Das Bruttosozialprodukt ist mir piepegal. Ich habe zu ihm keine Beziehung, und ich halte es für eine der größten Lächerlichkeiten der westlichen «Zivilisation», das Wohlergehen am Bruttosozialprodukt festzumachen.

Wohlergehen, das proportional einer Zahl ist. Das BSP ist um 10 %
gestiegen, geht es Ihnen jetzt 10 % besser?

BSP = Summe der produzierten Güter und Dienstleistungen.

Erhard Eppler hat diese Unsinnigkeit als einer der ersten angepran-
gert: Wenn Sie mit Ihrem Wagen an einen Baum fahren und einen Total-
schaden bauen, dann haben Sie – ich gratuliere – das Bruttosozialprodukt gesteigert. Erstens wird ein Wagen mehr produziert bzw. verkauft.
Zweitens liegen Sie wochenlang im Krankenhaus, werden operiert und
gepflegt und erhalten so eine Dienstleistung nach der anderen.

Ja, ja, jetzt wird wieder in die Hände gespuckt, wir steigern das Bruttosozialprodukt . . .

Kurzum: wer mir weismachen will, das Wohlergehen unserer Gesellschaft hänge vom BSP ab und von der Anzahl der verbrauchten Güter,
den erkläre ich hiermit – schriftlich – für verrückt.

«Erst wenn
der letzte Baum gerodet
der letzte Fisch gefangen
der letzte Fluß vergiftet ist
werdet ihr feststellen
daß man Geld
nicht essen kann»
        (Hopi-Indianer)

Qualitatives Wachstum (oder Gleichgewicht) ist der Gegenbegriff.
Wohlergehen, Lebensqualität wird hier festgemacht an einzelnen Indi-
katoren: Gesundheit, Freiheit, Bildung, Rohstoffschonung, Gleichgewicht mit der Umwelt usw.

Die wirtschaftliche Ideologie des «Wohlergehens durch Kaufen» findet ihre Entsprechung in der Werbung und Mode und ist ohne diese
nicht denkbar.

Auch früher gab es Mode, gab es Werbung, die aber nicht mit dem
heutigen schnellen Wechsel der Moden und dem Kaufzwang gleichzu-
setzen ist.

Im linken Bild sehen Sie mich mit der Mode von 1972, das Hemd und
die Hose habe ich heute noch, sie sind bestens erhalten – und dennoch
ziehe ich sie nicht mehr an. Obwohl ich es einigermaßen geschafft habe,

Der Autor, 1972   *Der Autor, 1984*

mich von der neuesten Werbung und Mode freizumachen, bin ich doch nicht unbeeinflußt. Und Sie?

Widerstand gegen Wachstumsideologie, gegen Kaufzwang heißt deshalb auch, sich von der Werbung nicht einlullen zu lassen! Wenn Sie etwas wirklich brauchen, wird es Ihnen schon einfallen.

Schritt 1:

Schritt 2:

Bei Werbung in Radio und Fernsehen konsequent das Gerät abschalten, Werbung in Zeitschriften überblättern.

Schritt 3:

Schreiben Sie an die untenstehenden Adressen und bitten Sie um Streichung Ihres Namens aus Adressenlisten, weil Sie die Werbung eh nicht lesen:

Verband der Adressenverleger und Direktwerbeunternehmen
Postfach 1206
6370 Oberursel

Deutsche Postreklame GmbH
Postfach 16245
6000 Frankfurt/Main 16

Kraftfahrzeugbundesamt
Postfach 783
2390 Flensburg

Schritt 4:

Jede Werbung, die trotz Schritt 1 und 3 im Briefkasten liegt oder der Tageszeitung beiliegt, sofort – ungeöffnet – oder ungelesen ins Papierrecycling geben!

Jeder Schritt führt Sie weg aus dem «Teppichland», der «überdachten Einkaufscity», der «Welt des ungestörten Genusses» – zurück in die Natur.

Träumen Sie Ihre *eigenen* Träume.

Das neue Telespiel:
Werbung auf Information testen

Setzen Sie sich vor den Fernseher (bzw. bleiben Sie sitzen ...), nehmen Sie sich einen Zettel in die Hand, stellen Sie die Bierflasche und die Erdnüsse auf die Seite, und schreiben Sie die Werbung mit. Notieren Sie die Informationen über Umweltverträglichkeit, Gebrauchsdauer, Reparierbarkeit und andere Informationen. Ich hab's gemacht:

Ariel hat die neue Reinweichformel, wäscht porentief rein.
Ich habe Chemie studiert, kenne Formeln also bestens, von einer Reinweichformel habe ich aber nie etwas gehört.
Vielleicht von einer Reinlegformel.
Und daß ein Waschmittel rein wäscht, ist wohl das mindeste.

Duo-Pflegeschaum-Spray fürs Haar, gibt mehr Halt und auch mehr Fülle.
Spraydosen nehme ich prinzipiell nicht, höchstens mit Umweltzeichen.

Signal plus – Vorsorge gegen Karies.
Ich kauf die billigste. Mein Rezept super plus: wenig Süßigkeiten, nach jedem Essen die Zähne putzen.

Die *5-Minuten-Terrine von Maggi*, 'ne tolle Idee.
Die Werbung ist nicht schlecht, die 5-Minuten-Terrine habe ich noch nicht probiert. Allerdings ist die «Suppenterrine» aufwendig verpackt. Suppen mache ich lieber aus Essensresten vom Tag vorher.

softlan-Weichspüler: Traumweich, laß dich vom Duft und vom Traumweich umschmeicheln, jetzt auch als Superweich-Konzentrat.
Weichspüler kommen mir nicht ins Haus (vgl. S. 55), die Werbung ist nicht schlecht, aber das «Superweichkonzentrat» ist ein Bruch: Ein Konzentrat ist nicht superweich. Deshalb kriegt der Werbetexter nur die Note 2 +.

Rama – ein guter Tag beginnt mit einem guten Frühstück.
Wie wahr! Ansonsten ist die Information der Werbetexter ja recht dürftig. Wahrscheinlich haben sie jahrelang nur Rama gegessen, die Armen. Bei mir zu Hause muß auch alles schmecken, eigentlich esse ich lieber Butter. Bei Margarine probiere ich, welche von den billigen *mir* am besten schmeckt.

Johnson-Auto-Garage.
An meine (Auto-)Haut kommt nur Regenwasser, und es hat jetzt dreizehn Jahre ohne irgendwelche Polituren gehalten. Viel Geld habe ich dabei auch gespart.

o.b. – auch wegen der Reinheitsgarantie.
Daß die Tampons oder Einlagen garantiert rein sind, ist wohl das mindeste, was frau verlangen kann.

vizir nimmt den Schmutz ins Visier, so wie es kein Pulver kann.
Der Produktname Vizir (Visier) gefällt mir. Die Flüssigwaschmittel sind im Kommen. Nach meinen Informationen waschen sie auch nicht besser als Pulver-Waschmittel. Für die Zukunft besteht aber die Chance, mit veränderten Waschmaschinen die Flüssigwaschmittel besser und sparsamer dosieren zu können.

Jade sensitive line – wie pflegen Sie Ihre empfindliche Haut?
Erstens mal habe ich keine empfindliche Haut, und zweitens habe ich den bösen Verdacht, daß die Kosmetika und Pflegemittel aller Art mit dazu beigetragen haben, daß die Allergien so zunehmen. Und daß nach langem Gebrauch von Pflegemitteln die natürlichen Hautfunktionen so eingeschränkt sind, daß man/frau dafür Pflegemittel braucht ...
Mein Gott, ich hoffe, Jade sensitive line ist nicht so empfindlich gegen meine Kritik. Ich weiß auch wirklich nicht, wie gerade dieses Pflegemittel zusammengesetzt ist und wirkt, aber da ich es nicht brauche, ist es mir auch egal.

Tempo-Taschentücher: Bitte nur das Original nehmen.
Wie originell!

hanuta: Camping macht Spaß und Hunger.
Kleine Schnitte, kleine Stärkung.
Wie wahr! Camping macht Spaß und Hunger, die Schokolade ist im heißen Zelt sofort zerlaufen. Obwohl ich sonst nicht so der Müsliheini bin: beim Camping ist Müsli sehr zu empfehlen. Ich nehme zur Not auch Milchpulver dazu (!), weil die Milch meist schnell schlecht wird.

shamtu-Schaum conditioner.

Fülle und Spannkraft, die länger lebt.

Mein Englisch wird auch immer schlechter, bald werde ich keine deutsche Werbung mehr verstehen.

Conditioner, conditioner?

Also, schnell nachschlagen im «Dorian's Handwörterbuch der Naturwissenschaft und Technik» (Standardwerk):

conditioner – Konditionierapparat (m), Bodenverbesserer (m)

Also, so was kommt mir nicht ins Haar!!

Dash 3 – Vollwaschmittel und Weichspüler in einem
    1. sauber
    2. weich
    3. frisch
Weichspüler! Meine Bemerkung:
    1. unnötig
    2. umweltbelastend
    3. teuer
    daher: kein Dash 3!!!

Das waren fünfzehn Minuten der Freitagabend-Werbung.

Umweltrelevant waren die Informationen, daß zwei Weichspüler darunter waren (die man besser nicht nehmen sollte) und daß Produkte in der Spraydose eingesetzt werden, die offensichtlich *nicht* das Umweltzeichen tragen.

 **Die grüne Tat**

◇ zuallererst überlegen, ob das gewünschte Produkt wirklich gebraucht wird (ein Produkt nicht zu kaufen ist maximal umwelt- und geldbeutelschonend!)

◇ generell nur Gebrauchsgüter kaufen bzw. verwenden, die
- eine hohe «Umweltfreundlichkeit»
- eine leichte Reparierbarkeit
- eine hohe Gebrauchstauglichkeit aufweisen und
- nicht unnötig aufwendig verpackt sind

◇ da diese Informationen meist nur schwer verfügbar sind
- die Händer drängen, diese Informationen bekanntzugeben bzw. beim Produzenten nachzufragen
- vorrangig Produkte kaufen, die das «Umweltzeichen» tragen
- vor dem Kauf entsprechende Informationen bei der Verbraucherzentrale bzw. über Stiftung Warentest einholen

◇ Verbände (wie etwa die Automobilclubs) dazu drängen, die für den jeweiligen Bereich relevanten Produkte (wie etwa Autos) in einer vergleichenden Liste zusammenzufassen

Literatur

Testhefte der Stiftung Warentest (Adresse s. u.)

Verbraucherzentrale Hamburg, «Umweltfreundliche Produkte», Hamburg 1981

Öko-Institut, u. a., «Haushaltchemikalien», im Druck, 1984

Zeitschrift ÖKO-TEST (neu), Postfach 3889, 6000 Frankfurt/Main 1

B. Burger, «Haushalt ohne Chemie», Dreisam-Verlag, Freiburg 1983

Joan Davis, «Der neue Konsument», in: *Der Fischer Öko-Almanach*, Frankfurt 1980, S. 405 ff

M. Jänicke, «Wie das Industriesystem von seinen Mißständen profitiert», Opladen 1979

Bernward Joerges, «Konsum und Umwelt», Wissenschaftszentrum Berlin, II UG – Preprints 80–21

Dennis Meadows, «Die Grenzen des Wachstums», Bericht des Club of Rome zur Lage der Menschheit, dva

Adressen

Umweltbundesamt, Bismarckplatz 1, 1000 Berlin (Stichwort Umweltzeichen)

Öko-Institut, Hindenburgstraße 20, 7800 Freiburg

AGV – Arbeitsgemeinschaft der Verbraucher, Heilsbachstraße 20, 5300 Bonn-Duisdorf

Stiftung Warentest, Lützowplatz 11–13, 1000 Berlin 30

DVS – Deutscher Verbraucherschutzverband, Fichtenstraße 2, 6272 Niedernhausen

Stiftung Verbraucherinstitut, Reichpietschufer 72–76, 1000 Berlin 30

Gesundheitstraining für Gesunde

Sorge für die Gesundheit Deines Leibes und Deiner Seele; aber verzärtle beide nicht. Wer auf seinen Körper losstürmt, der verschwendet ein Gut, welches oft allein hinreicht, ihn über Menschen und Schicksal zu erheben und ohne welches alle Schätze der Erde eitle Bettelware sind. Wer aber jedes Lüftchen fürchtet und jede Anstrengung und Übung seiner Glieder scheut, der lebt ein ängstliches, nerverloses Austerleben und versucht es vergeblich, die verrosteten Federn in den Gang zu bringen, wenn er in den Fall kommt, seiner natürlichen Kräfte zu bedürfen. Wer sein Gemüt ohne Unterlaß dem Sturme der Leidenschaften preisgibt oder die Segel seines Geistes unaufhörlich spannt, der rennt auf den Strand oder muß mit abgenutztem Fahrzeuge nach Hause lavieren, wenn grade die beste Jahreszeit zu neuen Entdeckungen eintritt. Wer aber die Fakultäten seines Verstandes und Gedächtnisses immer schlummern läßt oder vor jedem kleinen Kampfe, vor jeder Art von minder angenehmer Anstrengung zurückbebt, der hat nicht nur wenig wahren Genuß, sondern ist auch ohne Rettung verloren da, wo es auf Kraft, Mut und Entschlossenheit ankommt.

Hüte Dich vor eingebildeten Leiden des Leibes und der Seele. Laß Dich nicht gleich niederbeugen von jedem widrigen Vorfalle, von jeder körperlichen Unbehaglichkeit. Fasse Mut! Sei getrost! Alles in der Welt geht vorüber; alles läßt sich überwinden durch Standhaftigkeit; alles läßt sich vergessen, wenn man seine Aufmerksamkeit auf einen andern Gegenstand heftet.

Adolph Freiherr von Knigge, «Über den Umgang mit Menschen», Frankfurt 1977

118

«Gesundheit ist nicht alles –
aber ohne Gesundheit ist alles nichts»
(Arthur Schopenhauer)

«Ich mache nicht im geringsten Anspruch auf Wissenschaft und Gelehr-
samkeit, im Gegenteil, ich möchte, wie ein einfacher Landpfarrer seinem
Volk eine praktische Predigt hält, die allgemein verständlich und nützlich
ist, so auch in diesem Buche in der einfachsten, populärsten Weise zu den
Leuten reden. Und was ich meinem Leben hindurch mittels Beobachtung
und Erfahrung gewonnen habe, das möchte ich allen Lesern dieses Buches zuwenden, indem ich ihnen zurufe: So sollt ihr leben!»

Die Einführung ist zwar nicht von mir, sondern von einem gewissen
Herrn Kneipp, aber trotzdem recht gut.

Sie hat Schnupfen.

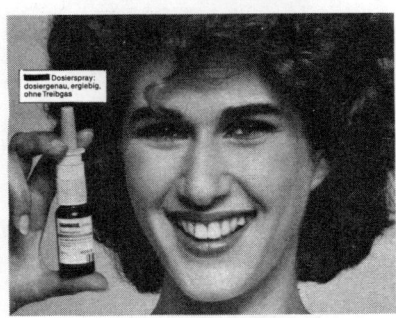

Sie hat ▆▆▆▆▆.

▆▆▆. Je früher, desto besser. Damit Sie Ihren Schnupfen vergessen können. Für 6 bis 8 Stunden.
Ihre Apotheke führt alle Formen von Nasivin: Spray, Dosierspray, Gel, Nasivinetten,
Tropfen für Säuglinge, Kinder und Erwachsene. Auch in Österreich und der Schweiz.

▆▆▆ Bei akutem Schnupfen, Nasennebenhöhlenentzündung, Tubenkatarrh, Mittelohrentzündung. Im allgemeinen
keine Nebenwirkungen; bei besonderer Empfindlichkeit gelegentlich Reizerscheinungen an der Nasenschleimhaut; in
seltenen Fällen kann nach Abklingen der Wirkung kurzfristig ein verstärktes Anschwellen der Nasenschleimhaut auftreten.
Nicht anwenden bei trockenem Schnupfen. E. Merck, Darmstadt

Mein Gott, es hat mich erwischt. Ich habe Schnupfen und
kein ▆▆▆▆.

Im Vertrauen gesagt: Früher hatte
ich ▆▆▆▆ wohl und benutzte es, bis
ich merkte, daß sich dadurch die Erkältungen noch viel länger hinzo-
gen. Aber ich wollte jetzt eigentlich
nicht der Firma E. Merck, Darmstadt, eins auswischen, sondern Sie
auf die sprachliche Beschreibung
meiner Krankheit aufmerksam
machen:
Es hat mich erwischt.
Wer ist *Es?*

119

Es kommt – wenn ich es so ausdrücke – von außen, ein unbekanntes ES bedroht mich, erwischt mich, macht mich krank.

Diese sprachliche Kennzeichnung der Krankheit zieht sich von alters her durch fast alle Sprachen der Welt, übrigens auch bei Naturvölkern.

Nun gibt es ja tatsächlich von außen kommende Krankheits«erreger», im weitesten Sinn reicht das Spektrum vom Grippevirus bis hin zum Autounfall. Es war sicher eine der größten Leistungen der Naturwissenschaft und Medizin, die früher unbekannten Krankheitserreger wie Bakterien und Viren zu entdecken und deren Wirkungsweise aufzuklären. Wir wissen inzwischen aber auch, daß es gegen fast alle Krankheitserreger körperliche Abwehrkräfte gibt und daß wir am ehesten dann krank werden, wenn wir geschwächt sind, anfällig sind.

Es hat mich erwischt.

Ich achte fast nie darauf, wenn ich gesund bin, spüre aber gleich, wenn ich krank werde. Wenn ich dann so im Bett liege, leide und über mein Kranksein sinniere, fällt mir ein, daß ich *vor* dem Kranksein offensichtlich gesund gewesen sein muß.

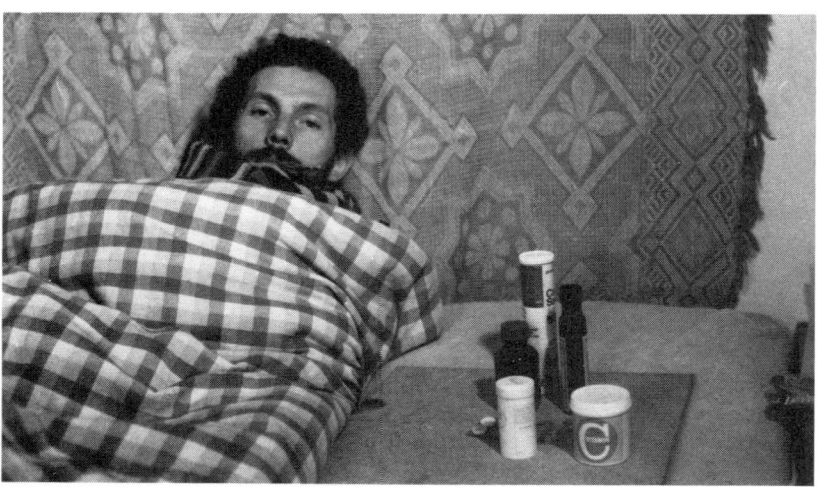

Ich sehne mich dann nach diesem Zustand – dem Gesundsein – und *genieße* es nach meiner Wiederauferstehung, gesund zu sein. Nach ein paar Tagen habe ich es wieder vergessen, bin mir dessen nicht bewußt.

Mir fällt beim Im-Bett-Liegen oft ein, daß ich die Tage davor schon etwas angeschlagen war. Altmodisch, wie ich bin, schreibe ich das ab und an ins Tagebuch, und wenn ich zurückblättere, fällt mir auf, daß Erkrankungen von mir fast zu 100 % in Perioden fallen, in denen ich recht gestresst war, zuviel gearbeitet hatte.

Seitdem bin ich etwas mißtrauischer geworden und achte mehr auf mich, meinen Körper, meine Schmerzen, meine Freuden.

Der erste Weg zum Gesundbleiben scheint mir darin zu bestehen, sich, seinen Körper zu fühlen. Stress, Anspannung und Erschöpfung zu spüren, genauso wie Spaß und Freude.

Seien Sie Ihr eigener Arzt

In der Antike wurden die Ärzte so lange bezahlt, wie ihre Schützlinge gesund waren(!). Heute könnte davon kein Arzt mehr leben.

Mein Vorschlag: Seien Sie doch Ihr eigener Arzt (kostet auch nichts). Fragen Sie sich jeden Tag: Geht's mir gut? Bin ich entspannt? Tut mir was weh? Bin ich verkrampft?

Und wenn Sie Lust haben, legen Sie sich ein «Gesundheitsblatt» an und schreiben Ihr tägliches Befinden auf.

Die folgende Risikotabelle, vor allem die Punkte 2 bis 5, kann Ihnen dabei helfen.

1. Faktoren, die als physiologische oder biochemische Körperwerte gemessen werden können
- Alter und Geschlecht
- Übergewicht
- Erhöhter Blutdruck
- Erhöhte Blutfette, insbesondere die niedermolekularen Cholesterine
- Erhöhter Blutzucker
- Veränderte Blutgerinnung
- Erhöhte Blutkonzentration von Harnsäure
- Erhöhte Konzentration von Adrenalin und verwandten Stoffen (Katecholaminen)

2. Faktoren, die im Verhalten der Menschen liegen
- Gesteigertes Konsumbedürfnis allgemein
- Überernährung
- Fehlernährung (zuviel, falsche Nahrungsstoffe)
- Rauchen
- Alkoholmißbrauch
- Medikamentenmißbrauch
- Bewegungsarmut
- Viel Autofahren
- Falsches Freizeitverhalten

3. Faktoren, die in der Lebensgeschichte der Menschen liegen
- Fehlerziehung
- Kindheits- und Jugenderlebnisse
- Frühkindliche Entbehrung (Deprivation) von Fürsorge
- Mangelnde soziale Kontakte in Kindheit und Jugend
- Krankheiten in der Familie
- Familienkonflikte
- Familiensorgen
- Kontakte mit Verhaltensgestörten

- Verlust von Bezugspersonen
- Frühere Erkrankungen, die Organschäden zurückließen
- Lebenskrisen

4. Faktoren, die in der sozialen Umwelt liegen
- Soziale Schicht (z. B. Armut)
- Rollenkonflikte
- Soziale Mobilität (Emigration, Wechsel der gesellschaftlichen Schichtzugehörigkeit)
- Monotonie im Beruf
- Konflikte am Arbeitsplatz
- Überforderung am Arbeitsplatz
- Überforderung in der Schule
- Finanzielle Gefährdung

- Soziale Unsicherheit
- Soziale Unzufriedenheit
- Unzureichender Wohnungs- und Städtebau
- Reizüberflutung, Reizverarmung

5. Faktoren der emotionalen Spannung zwischen Mensch und Umwelt
- Angst
- Ehrgeiz
- Neid
- Hohe emotionale Erregbarkeit
- Starker Antrieb
- Mangelndes Kontakt- und Kommunikationsvermögen
- Aggressionen
- Frustration

Aus: *«Funkkolleg Umwelt und Gesundheit»*

Mit der Zeit werden Sie auch merken, daß Sie Ihren Körper nicht richtig fühlen, wenn Sie sich einmal am Tag an den Schreibtisch setzen und im *Kopf* überlegen, wie Sie sich fühlen. Ein besseres Körpergefühl bekommen Sie durch Sport, Sauna, Tanzen, Radfahren usw. und dadurch, daß Sie sich Ihre Emotionen zugestehen und Gefühle nicht unterdrücken.

Wenn Sie in der Weise auf Ihren Körper und in ihn hineinhören, werden Sie auch merken, daß die Übergänge zwischen Gesundheit und Krankheit fließend sind.

Wenn Sie beispielsweise die weitgefaßte Definition der Weltgesundheitsorganisation (WHO) nehmen, dann sind Sie (wie ich) wahrscheinlich nie ganz gesund:

Gesundheit wird von der Weltgesundheitsorganisation (WHO) definiert als «der Zustand vollständigen physischen, geistigen und sozialen Wohlbefindens und nicht nur die Abwesenheit von Krankheit und Gebrechen» (Satzung der WHO).

 Laufen lernt man nur durch Laufen, Gesundheit nur durch gesundes Verhalten

Frisch, fit und in Schwung
bleiben ...

... Sie demzufolge auch nicht
durch Coca-Cola-light, sondern
dadurch, daß Sie sich entsprechend verhalten.

Mit Gesundheit und Krank-
heit verhält es sich offensichtlich
so wie mit Frieden und Krieg.
Was Frieden bedeutet, spüren
viele erst im Krieg. Um den zu
verhindern, muß der Frieden *aktiv* gesichert werden. Genau so
ist es mit der Gesundheit.

«Werden Sie aktiv mit der Deutschen Krankenversicherung. Tun Sie
was für Ihre persönliche Freiheit.»

Recht hat sie, die Deutsche Krankenversicherung, aktiv muß man/
frau sein.

Ich persönlich rase allerdings
nicht mit Wasserski und Motorboot
durch unsere eh schon belasteten
Gewässer. Ölverschmutzung durch
Motorboote, permanent aufge-
scheuchte Vögel am Ufer, die nicht
mehr ruhig nisten können und –
nicht zu vergessen – Hunderte von
Badegästen, die in ihrer Ruhe und
beim Schwimmen gestört werden.

«Bei Ihrem nun stetigen Bemühen, aktiv Gesundheitssicherung zu betreiben» (typisches Politikerdeutsch), werden Sie den oben angedeuteten Zusammenhang zwischen Verhalten/Gesundheit/Umwelt auf verschiedene Weisen erleben.

Zum einen gibt es Verhaltensweisen, die gesund halten und die die Umwelt schonen, z. B. Fahrradfahren, Waldlauf, Gartenarbeit (ohne chemische Pflanzenbehandlungsmittel) usw.

Zum anderen gibt es Verhaltensweisen, die, im vernünftigen Maß betrieben, Ihre Fitness erhalten, aber sehr wohl die Umwelt schädigen können, wie etwa Surfen, alpines Skifahren usw. (vgl. Kapitel Freizeit).

Und dann gibt es eine Reihe ungesunder Verhaltensweisen, die Ihnen durch eine krank machende Umwelt aufgezwungen werden. Sie sitzen den ganzen Tag im Büro, Sie wohnen in einem Wohnsilo, Sie laufen durch die autoabgasverpesteten Straßen, Sie essen in einer hektischen Kantine zu schnell und anderes mehr.

Die Aufklärungskampagnen über gesundes Verhalten scheitern gerade daran, daß nicht beachtet wird, daß die heutigen Umweltbedingungen gesundheitlichen Stress und ungesunde Lebensgewohnheiten mit sich bringen. Die Humanisierung der Arbeitswelt und eine Änderung dieser Umweltbedingungen würden Sie mehr gesund halten als Ihr Feierabend-Trimm-dich.

Das Eintreten für eine gesunde (Arbeits-)Umwelt ist damit auch ein Eintreten für Ihre Gesundheit.

Insofern ist es womöglich schon aus diesem Grund sinnvoll, dem Betriebsrat zuzuarbeiten und der Gewerkschaft beizutreten, statt das Krankenhaus-Tagegeld erhöhen zu lassen ...

Flucht in die Krankheit

Einmal, als ich mal wieder im dicksten Stress lebte, ertappte ich mich bei dem Gedanken, wie schön es wäre, jetzt eine Erkältung zu haben, im Bett zu liegen und mich ausruhen zu können.

Ich glaube, jeder hat schon solche Gedanken gehabt oder sie postwendend vollzogen. Meistens zieht einfach der Körper die Notbremse und teilt uns ungerührt mit, daß es so nicht weitergeht.

Kranksein hat neben dem persönlichen Leiden auch einen sozialen Charakter. Wir signalisieren den Mitmenschen, daß wir uns schlecht fühlen, und werden dann von den meisten gesellschaftlichen Pflichten freigestellt.

Flucht in die Krankheit kann daher auch bedeuten, die übermäßigen Forderungen, die die Umwelt an uns stellt oder die wir selbst an uns stellen, auf ein erträgliches Maß zu reduzieren.

Man/frau kann die Krankheit also auch als Chance nützen, seinen Lebensstil zu ändern oder zu versuchen, die Umwelt zu ändern.

Gefährlich wird es, wenn die Flucht in die Krankheit eine dauernde wird, weil dies einfacher scheint als Änderung in Lebensstil und Umgebung.

Es sagte der Hypochonder:
Eigentlich bin ich kerngesund, außer
daß ich nicht weiß, was mir fehlt.

Jahrelang war ich ein eingefleischter Hypochonder. Bis es mir keinen Spaß mehr machte. Es ist wie im Lottospielen: Wenn man nie gewinnt, hört man irgendwann mal auf. Auf meiner beständigen Suche in Medizinbüchern, irgendwelche neuen, mir bislang unbekannten Krankheiten mit möglichst unspezifischen Symptomen zu finden, mußte ich wohl oder übel auch einige Seiten durchlesen und machte dabei eine erstaunliche Entdeckung:

Unter den fünf häufigsten Todesursachen an der Gesamtsterblichkeit der Deutschen dominieren eindeutig Herz-Kreislauf-Krankheiten und bösartige Tumore mit zusammen 73 %: beides Folgen der zunehmenden Zivilisationsschäden und des gesundheitsschädigenden Konsumverhaltens.

	1924/26	1961	1971
Infektionskrankheiten	21,0	6,0	3,4
Herz-Kreislauf-Krankheiten	14,8	41,1	45,6
Altersschwäche	11,1	4,8	1,6
Bösartige Tumoren	9,5	18,1	19,8
unnatürl. Todesursachen	5,4	7,0	7,2

Anteil der fünf häufigsten Todesursachen an der Gesamtsterblichkeit für das Deutsche Reich bzw. die Bundesrepublik Deutschland in % aller Todesursachen (*Quelle: Schaefer/Blohmke, 1978, S. 134*)

Während an der Jahrhundertwende das Verhältnis von akuten zu chronischen Krankheiten noch ausgeglichen war (1:1), beträgt es heute bereits 1:8.

In besonders auffälliger Weise nehmen die fünf Todesursachen Herzinfarkt, Lungen- oder Bronchialkrebs, Bronchitis, Leberzirrhose und Verkehrsunfälle zu.

Krankheit	Sterblichkeit 1952	Sterblichkeit 1971	Veränderung absolut	Veränderung in %
1 Herzinfarkt	65	296	+131	+202
2 Lungen- oder Bronchialkrebs	27	58	+ 31	+115
3 Bronchitis	13	27	+ 14	+108
4 Leberzirrhose	12	32	+ 20	+167
5 Verkehrsunfälle	31	46	+ 15	+ 48
6 Summe aller unter 1–5 aufgeführten Krankheiten	148 (= 13 % von 1110)	359 (= 35 % von 1042)	+211	+143
7 Sterblichkeit an allen Krankheiten überhaupt	1110	1042	− 68	− 6

Die fünf derzeit am raschesten zunehmenden Krankheiten
(*Quelle: «Funkkolleg Umwelt und Gesundheit»*)

Deutlicher läßt sich der Zusammenhang zwischen Krankheit bzw. Tod und Umwelteinflüssen/persönlichem Verhalten nicht dokumentieren. Infektionskrankheiten und parasitäre Krankheiten sind fast vollständig abgelöst.

Krankheitsverhütung durch Ausschaltung von Risikofaktoren

Die Risikofaktoren für Herz- und Kreislaufkrankheiten (Arterienverkalkung, Bluthochdruck, falsche Ernährung, Bewegungsarmut, Rauchen und Stress) sind alle direkt oder indirekt von Ihnen beeinflußbar.

Bewegung! Sport! Machen Sie mal was los! Einige Tips können Sie in den Kapiteln Freizeit und Verkehr nachlesen. Wichtig ist aber nicht nur, daß Sie dem Sport / der Bewegung feste Zeiten einräumen wie etwa der Sportschau, sondern daß Sie tagtäglich etwas in der Gegend rumhampeln. Daß Sie im Bürohaus oder Wohnblock konsequent *nicht* den Fahrstuhl benutzen. Daß Sie in der Mittagspause ein bißchen um den Block laufen. Daß Sie konsequent nicht Rolltreppen fahren (spart übrigens auch Energie). Daß Sie zwischendurch etwas Gymnastik machen. Daß Sie zum nächsten Zigarettenautomaten zu Fuß gehen, kurz davor abdrehen und sich einhämmern: *Ich will nicht mehr* rauchen!

«Rauchen schadet Ihrer Gesundheit»

schreibt der Gesundheitsminister auf jede Packung Zigaretten und Werbeplakate. Richtig lieb, extra klein, damit es auch keiner liest und die

Todesursache	Erwartete Zahl der Todesfälle	Beobachtete Zahl der Todesfälle	Quotient
Lungenkrebs	170	1 833	10,8
Bronchitis und Lungenblähung	90	546	6,1
Mundkrebs	37	152	4,1
Magen- und Darmgeschwüre	105	294	2,8
Kreislaufkrankheiten	254	649	2,6
Herzinfarkt	6 431	11 177	1,7
Alle Todesursachen	15 654	23 223	1,7

Zahl der in einer Durchschnittsbevölkerung auftretenden Todesfälle an verschiedenen Krankheiten, verglichen mit derselben Zahl bei Rauchern. Der Quotient aus der erwarteten Zahl und der tatsächlich beobachteten Zahl von Todesfällen in Abhängigkeit von bestimmten Todesursachen ist ein direktes Maß für die überdurchschnittliche Gefährdung des Rauchers. *(Aus: Schaefer/Blohmke, «Sozialmedizin», Thieme, Stuttgart 1972, nach Zahlen des sog. Terry-Reports)*

Tabaksteuer schmälert (mehr als 12 Milliarden DM!!). Die Lobby der Zigarettenindustrie hat auch immer was am Glimmen ...

Der starke Zigarettenraucher weist bei fast allen Krankheiten eine mehr als doppelt so hohe Sterblichkeit auf wie der Nichtraucher, bei Lungenkrebs sogar eine mehr als zehnmal so hohe Sterblichkeit.

Wissen Sie, warum ich nicht rauche, warum ich nicht auf «Freiheit, Geschmack und Abenteuer» stehe (der Freiheit, süchtig zu sein, dem widerlichen Geschmack beim Küssen und dem Abenteuer, etwas früher zu sterben)?

Nun weiß ich zwar, warum ich jetzt nicht mehr anfange zu rauchen, aber wieso ich nicht in meiner Jugend süchtig geworden bin, kann ich nur ahnen:

Liebesabenteuer?

Mit 14, 15 Jahren, einem Alter also, in dem die Neugier auf das andere Geschlecht und das Streben nach Männlichkeit, Rauchen/Starksein ihren ersten Höhepunkt erreichen, war ich leidenschaftlich in das Mädchen I. aus der Nachbarschaft verknallt und mein damaliger Freund praktischerweise in die Freundin von I. Da wir beide zu schüchtern waren, die beiden Mädchen direkt anzusprechen, setzten wir auf den unauffällig herbeizuführenden Zufall: Wir strichen stundenlang vor ihrem Wohnblock herum, rauchten eine Zigarette nach der anderen (echt lässig!) und warteten auf die zufällige Begegnung der schönen Art: «Na, so ein Zufall, euch zu treffen! Wollt ihr 'ne Lulle?»

Sie ahnen schon das dramatische Ende der Geschichte:

Bis zum Abend ließ sich I. nicht blicken, mir war speiübel, und seitdem habe ich nicht mehr geraucht.

Und wenn I. herausgekommen wäre, würde I. mir vielleicht heute gegenübersitzen und sagen: «Jetzt hör doch endlich mit dem Rauchen auf, du dämlicher Kettenraucher. Seit zehn Jahren redest du davon, und wenigstens jetzt könntest du aufhören, nachdem du schon einen Öko-Knigge schreibst.»

Viele meiner Freunde rauchen (leider), und ich habe gesehen, wie schwer es denen fiel, die aufhören wollten zu rauchen.

Versuchen Sie es trotzdem! Vielleicht hilft Ihnen meine Geschichte beim Überlegen, was Ihnen am Rauchen wirklich liegt. Wenn Ihnen jede Zigarette einen Hochgenuß bereitet, will ich Sie gar nicht weiter davon abhalten. Wenn Sie aber mehr aus Druck, Entzug und Nervosität rauchen, dann ... usw. Probieren Sie es wenigstens!

Mitgefangen, mitgehangen

Die Krankheiten der Lunge sind eng mit zunehmender *Zahl der gerauchten Zigaretten,* dem *Grad der Luftverschmutzung* und *Schadstoffen am Arbeitsplatz* verknüpft. Bei der nichtrauchenden ländlichen Bevölkerung findet man so gut wie keinen Lungenkrebs, und er ist am höchsten bei Rauchern in Großstädten/Ballungsgebieten.

Sie wissen, was Sie zu tun haben: Aufhören zu rauchen und aufs Land ziehen ...

Aber im Ernst: Das Rauchen können Sie direkt beeinflussen (vgl. oben), die allgemeine Luftbelastung nur als einer von vielen (vgl. Kapitel: Energie/Verkehr), die am Arbeitsplatz am ehesten zusammen mit Betriebsrat und Gewerkschaft.

Da die Zahl der Raucher trotz meiner obigen und unentwegt vorgebrachten Ermahnungen nicht kleiner zu werden scheint, ist es unausweichlich, daß es zu einem Zusammenstoß mit mir kommt; nur meinem zumindest in diesem Punkt ausgeprägten Selbstbewußtsein ist es zu verdanken, daß ich die bisherigen Zusammenstöße mit Rauchern ohne tiefere seelische Beschädigungen überstanden habe: Denn es gibt offensichtlich nichts Unbotmäßigeres, als einem Raucher zu sagen, daß sein Rauchen *mir* stinkt (im wahrsten Sinn des Wortes). Dabei bin ich schon

129

äußerst untertänigst und bringe diese Bitte im allgemeinen nur in meinen eigenen Räumen, im Auto, bei Konferenzen in kleineren Räumen etc. vor.

Trotzdem werde ich oft behandelt wie der Eindringling ins Allerheiligste. Selbst von vermeintlichen Ökologen oder Linken wurde mir vorgeworfen, ich würde *sie* in ihrer Freiheit beschränken.

Um hier ein für allemal die Fakten ins richtige Licht zu rücken: Rauchen ist eindeutig gesundheitsschädlich, auch für unfreiwillige Mitraucher.

Nach Darstellung des «Ärztlichen Arbeitskreises Rauchen und Gesundheit» gibt es jährlich rund 140000 Zigaretten-Tote und rund 100000 Frührentner durch aktives und passives Rauchen (*Süddeutsche Zeitung* vom 17.10.1978).

Insbesondere in engen Räumen ist das Rauchen vom Geruch und von der Augenreizung her sowie durch hohe Konzentrationen an Kohlenmonoxid (Müdigkeit, Kopfweh!) unangenehm.

Raucher verpesten also in geschlossenen Räumen genauso die Innenluft wie die Fabrikherren die Außenluft. Da gibt es nichts zu deuten.

«Raucher sind kleine Imperialisten», sagt Dr. Ökoknigge.

Tips für Raucher
und militante Nichtraucher

◇ In Räumen, die für Nichtraucher gekennzeichnet sind, z. B. Zugabteile, Busse, öffentliche Büros, Fahrstühle etc., ist das Rauchen strikt einzustellen.

◇ In Räumen (z. B. am Arbeitsplatz), die nicht gekennzeichnet sind, sollten sich Raucher und Nichtraucher einigen, ob geraucht werden darf oder nicht. Die Nichtraucher haben selbstverständlich Vetorecht, in diesem Falle sollten bei Sitzungen, Versammlungen etc. kleine Pausen für die armen Süchtigen eingelegt werden, so daß diese im Freien ihren «dope» reinziehen können.

◇ In größeren Gaststätten, bei Festen etc., wo die Geselligkeit offensichtlich nur mit Rauchen am Leben erhalten werden kann, sollte je nach Anteil der Raucher/Nichtraucher ein Raucher/Nichtraucher-Raum eingerichtet werden. (P. S.: Ist Ihnen schon einmal aufgefallen, daß Sie bei Gartenfesten selten einen schweren Kopf haben? Das liegt auch daran, daß Sie den Rauch nicht so abkriegen.)

◇ Des weiteren sollten Raucher ihre Kippen in Aschenbechern ausdrücken und nicht ins Klo werfen (ich pinkele ja auch nicht in ihren Aschenbecher), genausowenig wie irgendwo ins Gelände werfen. (An manchen Baggerseen liegt man sommers nur auf eklig klebenden Kippen rum.)

Ich hoffe, daß die Rauchertips Sie nicht zu sehr stressen. Denn Stress ist der nächste Risikofaktor für Herz-Kreislauf-Krankheiten. Ich könnte Ihnen erzählen, daß Stress «eine komplexe, letztlich bei allen höheren Säugetieren und den Menschen gleichartige Reaktion auf eine Vielzahl von Reizen und Einwirkungen der Umgebung darstellt, und daß diese Reaktion in einer Vergrößerung der Nebenniere mit erhöhter Produktion von Rindenhormonen und Katecholaminen, herabgesetzter Schilddrüsenfunktion oder Magenschleimhautulzerationen besteht».

Da Sie aber selbst am besten wissen, was Stress ist, und die umständliche Beschreibung bei Ihnen als «Aufregung, Ärger und Überforderung, mithin als Stressreiz» dienen könnte, lasse ich es lieber bleiben.

131

Guten Morgen, liebe Zuhörer, nach der technischen Panne ist es nun allerhöchste Zeit für unsere Hörerumfrage «WAS STRESST SIE» und unser anschließendes Interview mit Dr. Ökoknigge über, äh, über – wo ist denn der verdammte Zettel schon wieder –, über «Vermeidung von Stress-Situationen».

Herr Fohn, was stresst Sie am meisten?

Herr Fohn: Lärm! Ich wohne an der B 31, und da ist fast immer ein Stau, vor allem auch abends und am Wochenende, wenn ich mich ausruhen will. Grauenhaft. Manchmal könnte ich die Autos alle in die Luft sprengen.

Moderatorin: Das kann ich gut verstehen! Und wie fahren Sie zur Arbeit, Herr Fohn?

Herr Fohn: Ich? Mit dem Auto, wieso fragen Sie . . .?

Moderatorin: Vielen Dank. Unser nächster Hörer ist Herr Habe.

Herr Habe: Bei mir ist es die Arbeit im Betrieb, dauernd Aufregung und Ärger, der Meister mäkelt an allem rum und läßt mir keine freie Hand. Ich fühle mich überfordert.

Moderatorin: Aha, bei Ihnen sind es also primär psychosoziale Risikosituationen am Arbeitsplatz und die Einengung des persönlichen Handlungsraums, also emotional stark belastende Bedingungen . . . nanu? Herr Habe, warum haben Sie denn aufgelegt, da brauchen Sie doch nicht gleich in die Luft gehen . . .
Frau Beukot, was stresst Sie am meisten?

Frau Beukot: Mich nerven vor allem Umfragen, Volkszählungen und Datenerfassungen. Finde ich total unpersönlich.

Moderatorin: Gut, vielen Dank, habe ich mir alles sorgfältig notiert.
Ich habe nun Herrn Ökoknigge an der Leitung, Herr Dr. Ökoknigge, wie ist das mit dem Stress, was kann man dagegen tun?

Ökoknigge: Ja. Zuerst einmal möchte ich Ihnen und allen Zuhörern einen schönen guten Morgen wünschen. Ich beschäftige mich wissenschaftlich seit geraumer Zeit mit dem Thema «Stress», will aber nicht verhehlen, daß ich es auch noch nicht geschafft habe, bei mir persönlich den Stress abzubauen. Es scheint mir auch wichtig, sich dabei nicht zu überfordern.

Die Hörer haben in der Umfrage die wesentlichen Stressfaktoren schon genannt: Aufregung, Ärger bei der Arbeit, bei der Nachhausefahrt, in der Familie; Lärm, Zeitdruck und Überforderung erzeugen den Stress. Kennzeichnend ist vor allem der unangenehme dauernde Druck, dem man sich nicht entziehen kann.

Die den Stress auslösenden Faktoren sind zu vielfältig, um prinzipielle Lösungen dagegen anbieten zu können. Das gesellschaftliche Umfeld, das Stress hervorruft, also monotone oder einengende Arbeit genauso wie Arbeitslosigkeit, trostlose Siedlungen, Verkehrslärm, kann man als einzelner kaum beeinflussen, schon gar nicht kurzfristig. Dennoch gibt es Bereiche, wo Aktionsmöglichkeiten bestehen. Etwa, indem Sie mit den anderen Anwohnern der Straße versuchen, diese zur verkehrsberuhigten Zone umzuwidmen, indem Sie den trostlosen Hinterhof zu einer grünen Idylle umgraben, indem Sie ganz neue Nachbarschaftskontakte knüpfen und anderes mehr. Größere Änderungen lassen sich aber nur über politischen und gesellschaftlichen Druck ausüben, die Mitarbeit in Bürgerinitiativen, Parteien und Gewerkschaften ist nebenbei bemerkt auch ein gutes Feld, wo Sie Ihre inneren Spannungen, die der Stress hervorruft, produktiv umsetzen können.

Es gibt aber auch im persönlichen psychischen Bereich Stressfaktoren, die sich leichter und schneller ändern lassen als die Gesellschaft. Ich nenne hier Ehrgeiz, eigene Überforderung, Konfliktunterdrückung und anderes mehr. Allen Zuhörern möchte ich zwei Bücher empfehlen, die mir selber viel geholfen haben, eigenen Stress abzubauen. Es sind die Bücher «Haben oder Sein» von Erich Fromm und «Momo» von Michael Ende.

Moderatorin: Ja, das war's dann auch, vielen Dank und auf Wiederhören.

Leberzirrhose

Bitte tragen Sie die von Ihnen geschätzten Zahlen in die freien Felder ein.

a) Wie viele Alkoholsüchtige gibt es in der BRD?	
b) Wieviel Geld (in DM) wurde 1978 für Alkoholwerbung ausgegeben?	
c) Wieviel Geld (in DM) für Aufklärungskampagnen gegen Alkohol?	
d) Wie viele starben 1977 in der BRD an Leberzirrhose?	
e) Bei wieviel Prozent der Verkehrsunfälle ist Alkohol (ggf. mit Medikamenten zusammen) im Spiel?	

Lösung: a) ca. 1800000 b) 399 Mio. DM c) 1,2 Mio. DM d) 220000 Menschen e) 20 %

Die Zahl der Alkoholkranken nimmt in der Bundesrepublik ständig zu, rund 2 bis 3 % der Bevölkerung sind alkoholabhängig, wobei die Dunkelziffer erheblich ist.

»Ich trinke Wildlehrling wie viele versteckte Alkoholiker.«

Der Reporter der *African Post* sprach mit einer afrikanischen Ethnologin, die die Bundesrepublik zu Studienzwecken bereist hat.

Reporter: Frau Kaunda, anläßlich Ihres Staatsbesuches in Deutschland waren Sie auch vier Wochen privat unterwegs und haben völkerkundliche Studien betrieben. Was hat Sie am meisten beeindruckt?

Frau Kaunda: Vor allem die barbarischen Stammesrituale.

Reporter: Können Sie das erläutern?

Frau Kaunda: Gerne. Etwa im Alter von 14 Jahren, oft aber schon früher, treffen sich die Deutschen in kleinen und großen Gruppen und trinken Unmengen alkoholischer Flüssigkeiten, auch wenn es ihnen anfangs gar nicht schmeckt. Mit diesem Ritus werden die Jungen offensichtlich zu Erwachsenen. Wer hier nicht mitmacht, gilt als Außenseiter, als, wie die Eingeborenen sagen, «Memme» oder «zickig».

Die Art der alkoholischen Flüssigkeit ist von Stamm zu Stamm verschieden. Die Bayern trinken vor allem Bier, die Alemannen Wein usw. Allen gemeinsam ist das Ende des Rituals: Sie bekommen glasige Augen, scheinen abwesend zu sein und lallen. Es muß eine Art Meditation sein, die zudem am nächsten Morgen starke Schmerzen zu bereiten scheint. Wenn einer in diesem Rausch mit dem Auto fährt und jemanden verletzt, ist es nicht so schlimm, weil er es ja während des heiligen Rituals gemacht hat. Viel schlimmer trifft es die, die an diesem Ritual nicht teilnehmen, sie werden nicht als vollwertig anerkannt.

Das Beeindruckende an diesem Ritual ist, daß es dauernd wiederholt wird, und viele scheinen sich in einer Art Abhängigkeit zu befinden bis hin zu schweren Erkrankungen. Darüber spricht aber keiner der Eingeborenen, weil es das Ritual verletzen würde.

Reporter: Frau Kaunda, haben Sie das Gefühl, daß die doch etwas aufgeklärteren, modern orientierten Leute in der Regierung diese grausamen und krank machenden Rituale eindämmen wollen?

Frau Kaunda: O nein, im Gegenteil. Zwar beklagen alle unter der vorgehaltenen Hand die immensen gesundheitlichen und auch finanziellen Schäden, aber auch die aufgeklärtesten Leute können sich dem Ritual nicht entziehen. Der gesellschaftliche Druck, an dem Ritual teilzunehmen, ist enorm. Wenn man irgendwo eingeladen ist, gibt es fast nur alkoholische Getränke. In öffentlichen Trinkhäusern sind diese weitaus billiger als nichtalkoholische Getränke.

Reporter: Wenn Sie nun Entwicklungshelfer in Deutschland wären, was würden Sie den Eingeborenen empfehlen?

Frau Kaunda: Ich selbst möchte mich mit Empfehlungen zurückhalten, auch wenn ich Entwicklungshelfer wäre, weil es schwierig für uns aufgeklärte Afrikaner ist, diese Riten nachzuvollziehen. Es gibt aber auch schon eine Reihe von Vereinigungen und Bürgern in Deutschland, die solche Empfehlungen aussprechen. Ich kann einige Beispiele nennen, die mich besonders beeindruckt haben:

◇ So soll man auf Festen dafür sorgen, daß auch sehr gute nichtalkoholische Getränke angeboten werden, daß mal ein alkoholfreies Fest gegeben wird usw.

◇ Man sollte nie fragen: «Willst du ein Bier?», sondern immer allgemein: «Was willst du trinken?» und sollte auf keinen Fall jemanden bedrängen, mitzutrinken, was leider zu oft passiert.

◇ Wenn man merkt, daß man ohne den Alkohol gar nicht mehr leben kann, sollte man zum Arzt gehen: Man ist dann wirklich krank.

◇ Wenn man merkt, daß ein Freund oder ein Bekannter Schwierigkeiten mit Alkohol hat, sollte man mit ihm darüber sprechen und nicht so tun, als merke man nichts.

◇ Am wichtigsten ist es wohl, auf den Unterschied zwischen Genuß und Sucht zu achten: Wenn man den Alkohol trinkt, weil er gerade schmeckt und man ihn genießen kann, ist es wie ein gutes Essen. Gefährlich wird es da, wo man den Alkohol braucht, um beschwingt zu sein, um sich gut fühlen zu können. Das ist der Anfang der Sucht.

Reporter: Frau Kaunda, ich danke Ihnen für das informative Gespräch.

Sich selbst gesund halten

Wie man sieht, sind die häufigsten Krankheiten, nämlich Herz-Kreislauf-Krankheiten, Krankheiten der oberen Luftwege wie Bronchitis und Grippe, bösartige Tumore stark durch den einzelnen beeinflußbar. Zuviel Essen, Trinken, Rauchen und Stress markieren das Übergangsfeld zwischen «nicht mehr ganz gesund» und «noch nicht eigentlich krank», in dem man für Krankheiten leicht empfänglich ist.

In diesem Bereich hat der einzelne große Möglichkeiten, das gestörte Gleichgewicht mit einfachen Lebensregeln wiederherzustellen: Gesund essen, Bewegung, Entspannung, Freude. Wer gesund ist, kann sich auch besser wehren ...

Wehren gegen das «stahlharte Gehäuse» der modernen Wirtschaftsordnung, das «den Lebensstil aller einzelnen, die in dieses Triebwerk hineingeboren werden ..., mit überwältigendem Zwang bestimmt» (so der Heidelberger Soziologe Max Weber im Jahre 1905).

Es hat mich erwischt. Ich bin krank.

Trotz beständigem Einhalten meiner obigen Lebensregeln, der Vermeidung jeglicher Risikofaktoren unter der Devise «frisch, fröhlich, frei», bin ich krank geworden. Womöglich war es mir zu langweilig. Krank sein ist natürlich noch langweiliger, und ich will gleich wieder gesund werden. Also her mit dem Arzt und her mit den Pillen!

Aber halt, mein Freund! Wer wird denn gleich zum Arzt gehen? Greife lieber zum HB (**H**aus-**B**ehandlungsmittel).

Bei einfachen Erkrankungen sollte man/frau die Selbstaufgabe nicht so weit treiben, gleich den Faustschen Pakt mit der modernen Chemie und Apparatemedizin einzugehen:

Schon am Abend zuvor war ich unruhig, hatte kalte Füße, fühlte mich müde und abgespannt und konnte trotzdem schlecht schlafen. Am Morgen war ich fiebrig, hatte eine Schnupfennase und einen dicken Kopf. Mir fiel auch ein, daß ich schon vor zwei Tagen ab und zu einen Niesanfall bekommen hatte, ein bei mir untrügliches Zeichen für eine sich anbahnende Erkältung.

Da mir das in meinem Leben schon öfters passiert ist, kann ich inzwischen alle Varianten der Heilung durchspielen, die unser hochmodernes Gesundheitswesen bietet:

Variante 1:

Ich rufe den Arzt an, der mir wider Erwarten noch am gleichen Tag einen Termin offeriert, allerdings «müsse ich vielleicht etwas warten».

Nachmittags geht es mir zwar etwas besser, aber ich bin ja beim Arzt angemeldet. Also dackle ich im Regen zum Arzt und bekomme dabei nasse Füße. Das Sprechzimmer ist überfüllt, und ich muß zweieinhalb Stunden warten. Es ist eine schlechte Luft im Wartezimmer, ab und zu wird kräftig gelüftet, ich sitze dann im Zug und friere. Bis ich endlich zum Arzt kann, habe ich das Gefühl, alle im Wartezimmer angesteckt zu haben und selber die Bakterien der anderen geerbt zu haben. Der Arzt, offensichtlich ein Meister seines Faches, hat nach 45 Sekunden (warmer Händedruck, «Wo fehlt's denn?», meine Andeutung einer Grippe, kurz in den Mund geschaut, Fieberwert abgefragt) eine leichte bis mittelschwere Grippe diagnostiziert («geht grad um») und mir in weiteren 120 Sekunden ein Rezept ausgeschrieben (es dauerte so lang, weil er inzwischen noch angerufen wurde). Mit dem Wunsch nach baldiger Besserung und dem Angebot, ich könne wiederkommen («wenn es sich verschlechtert»), bin ich dann nach insgesamt vier Minuten abserviert.

Das Medikament in der Apotheke kommt mir bekannt vor, ich habe es noch von der letzten Grippe herumliegen.

Variante 2:
In Anbetracht der bereits erlebten Variante Nr. 1 bin ich diesmal gleich selber so schlau, mir eine Grippe zu diagnostizieren. Irgendein Grippe-Medikament liegt auch herum: fiebersenkend, Vit. C, Koffein für den Kreislauf. Na also.

Variante 3:
Angesichts der bereits erlebten Varianten Nr. 1 und 2 verzichte ich diesmal auf die liebe Chemie. Ich habe gemerkt, daß die Erkältung so oder so gleich lang dauert. Ich greife also zum HB (Haus-Behandlungsmittel) bzw. *meinem* persönlichen Gegenmittel: viel heißer Tee mit Honig, Schwitzkur im Bett, viel schlafen, Schal um den Hals, warme Strümpfe.

Variante 4:
In Anbetracht der bereits erlebten Varianten Nr. 1, 2 und 3 bin ich diesmal etwas wacher: Die kalten Füße, der Niesanfall und meine körperliche Mattigkeit machen mich auf eine bevorstehende Erkältung aufmerksam. Ich wähle dieselbe Behandlung wie unter Nr. 3, aber zur Vorbeugung. Am nächsten Morgen schlafe ich noch etwas länger aus, melde mich für einen Tag krank und erkläre, die Grippe noch abwenden zu wollen. Mittags fühle ich mich so gut, daß ich mich ganz warm anziehe und einen Waldlauf mache, bis ich völlig durchgeschwitzt bin. Nach dem Duschen schlafe ich noch ein wenig und entspanne mich den Rest des Tages. Am nächsten Morgen bin ich wieder «topfit».

Variante 5:
Angesichts der bereits erlebten Varianten 1, 2, 3 und 4 habe ich gemerkt, daß *ich* zu Erkältungen neige. Als Vorbeugeprogramm wähle ich frühmorgendlichen Waldlauf vor dem Frühstück (was ich öfter nicht schaffe) und regelmäßigen Sauna-Besuch (was mir Spaß macht). Seitdem bin ich viel seltener erkältet.

So ganz nebenbei habe ich noch das angenehme Gefühl, meinen Beitrag zur Senkung der Ausgaben im Gesundheitswesen (1978: insgesamt 165 200 000 DM!) geleistet zu haben. Selbst im Stadium des Krankseins bin ich pflichtbewußter Staatsbürger ...

Haltet den Dieb:
Die moderne Medizin
klaut uns unsere Krankheit

Die steigenden Ausgaben im Gesundheitswesen sind u. a. ein Ausdruck davon, daß wir von der ärztlichen Heil**kunst** zur Heil**technik** umgeschwenkt sind. Natürlich bin ich trotzdem froh, bei einer Blinddarmoperation die Vorzüge der modernen Apparatemedizin nutzen zu können.

> Erinnern Sie sich an den amerikanischen Patienten, dem die Ärzte ein Kunstherz einpflanzten und von dem die Ärzte nach einiger Zeit erklärten, er sei jetzt «eigentlich tot», aber sie könnten mittels der Apparate seine Körperfunktionen aufrechterhalten? Exzesse der Technik.

Das immer blindere Vertrauen in die Technik hat dazu geführt, daß die Patienten sich und ihre Krankheit beim Arzt «abgeben», zur «Reparatur bringen», daß die Ärzte zum «Schalthebel medizinischer Geräte» degradiert werden, daß die Kosten dafür immer mehr steigen und die Erfolge immer kleiner werden. Die aktive Gesundheitsvorsorge bleibt auf der Strecke, für die Menschen gibt es nur noch das Normale (= Nichtkranksein) und das Unnormale (= Kranksein, Krankenhaus usw.), das gleichbedeutend mit Selbstaufgabe wird und dadurch noch kränker macht. Nicht umsonst heißt es im Volksmund: «Krankenhaus macht krank.»

So sind etwa in der Bundesrepublik, wo 98 % der Kinder im Krankenhaus zur Welt gebracht werden, die Säuglings- und Muttersterblichkeit erheblich höher als in den Niederlanden, wo nur 20 % der Kinder im Krankenhaus geboren werden! Der Hauptgrund besteht darin, daß in den Niederlanden die Schwangerschaft und die Geburt die Normalität behalten haben.

	Säuglingssterblichkeit (pro 1000 Lebendgeb.) (1977)	Müttersterblichkeit (pro 100 000 Lebendgeb.) (1976)
Schweden	8,0	4,1
Dänemark	8,9	3,1
Niederlande	9,5	5,1
BRD	14,7	36,3

Säuglings- und Müttersterblichkeit in der BRD und den skandinavischen Ländern *(Quelle: Zusammengestellt nach Süddeutsche Zeitung vom 3. 8. 1979 und Stat. Jahrbuch 1979)*

So wie die moderne Technik nicht ohne die Chemie denkbar ist, ist die heutige Medizin nicht ohne die Arzneimittel denkbar. Auch hier bekenne ich, daß ich im Notfall nicht auf Antibiotika etc. verzichten will. Aber das Problem liegt ja auch eher darin, daß viel zu früh, viel zuviel und viel zu undifferenziert Arzneimittel eingenommen bzw. verschrieben werden.

So werden in der Bundesrepublik jährlich über 1,5 Milliarden Psycho-Pillen eingenommen. Das sind pro Bundesbürger rund 25 Pillen (statistisch gesehen). Da ich keine nehme, müssen Sie schon 50 essen (statistisch gesehen)! Wenn Sie auch keine essen und Ihre Familie auch nicht, muß irgend jemand anders schon 150 essen, damit der Schnitt gehalten wird ...

Für Arzneimittel gibt es eine Devise:

 Sowenig wie möglich, soviel wie nötig

An ein paar Beispielen will ich diese segensreiche Devise erläutern:

Beispiel 1: *Schlafmittel und Beruhigungsmittel*
Als ich im zarten Kindesalter als Bücherwurm nur Bücher im Kopf hatte, hatte ich ab und zu Schwierigkeiten beim Einschlafen. Das Baldrianwasser, das mir meine Mutter gab, wenn ich überhaupt nicht einschlafen konnte, verhalf mir immer sofort zum Schlaf des Gerechten. Da ich tagsüber manchmal unsere Katze mit etwas Baldrianwasser ärgerte, ging das Fläschchen rasch zur Neige. Meine Mutter wußte sich zu behelfen und füllte etwas Wasser nach. Später, als das Baldrianwasser immer

mehr verdünnt und schließlich von reinem Wasser gar nicht mehr zu unterscheiden war, merkte sie aber, daß es mir trotzdem noch half: Mit ein paar Tropfen reinen Wassers schlummerte ich immer sofort ein, ein typischer Placebo-Effekt.

Schlafstörungen können viele Ursachen haben: Stress, Überforderung (man kann nicht «abschalten»), Lärm usw. Fast alle dieser Störungen können Sie durch eine gesündere Lebensweise (weniger Stress, mehr Sport usw.) beseitigen:

Bei mir ergab sich als eigentlich gesunderhaltende bzw. schlafsichernde Beeinflussung, daß ich Freunde kennenlernte, die selber und deren Eltern im Sportverein waren.

Von da ab war ich als «Bücherwurm» weitgehend kuriert, spielte sehr viel, tollte im Wald herum oder auf dem Sportplatz. Ich stellte mich vom Kopf auf die Füße ...

Die Inhaltsstoffe der erfolgreichsten Schlafmittel der Welt sind keine chemischen Allheilmittel, sondern bestehen in einer gesünderen Lebensführung. Es ist übrigens auch weitaus angenehmer, schöner (und billiger), von Sport, Spazierengehen, Sauna usw. «süchtig» zu werden, als von recht üblen Schlaf- und Beruhigungsmitteln.

Die Sucht auf Rezept

Eine gerade erschienene Studie* über die «Seelentröster» zeigt, daß viele der Schlafmittel und Psychopharmaka negativ zu bewerten sind, weil sie therapeutisch ungeeignet sind und schwere Nebenwirkungen haben – bis hin zum Süchtigmachen! Auf den meisten Beizetteln fehlt der Hinweis, daß die Präparate süchtig machen können.

«Wenn Ihnen Angst als unlösbares Problem erscheint», dann gehen Sie zum Psychologen, und versuchen Sie mit seiner Hilfe die Gründe für Ihre Angst herauszubekommen und Ihr Verhalten zu ändern. Oder sprechen Sie mit Ihrem Hausarzt darüber und bitten ihn, sich etwas Zeit für Sie und weniger für den Rezeptblock zu nehmen.

* «Bewertender Arzneimittel-Index, Hypnotika, Sedativa und Psychopharmaka», medpharm-Verlag, Wiesbaden

Wenn die Angst als unlösbares Problem erscheint. Tavor.

Aus: *Stern* 28/1983

Auf die Dauer hilft Ihnen jedenfalls kein Medikament.

Und die «Schlafmittel Ihrer Träume» werden leicht zum Alptraum, wenn Sie davon abhängig werden.

◇ So kann etwa das Schlafmittel Vesparax (1981 zwei Millionen verkaufte Packungen in der Bundesrepublik) mitunter schon nach Einnahme weniger Tabletten zu psychischer Abhängigkeit oder Sucht führen. Auf dem Beipackzettel wird das nicht erwähnt.

◇ In der Bundesrepublik gibt es etwa 500 000 Medikamentenabhängige.

◇ Oft wird von der Industrie ausgesprochen falsch informiert. So warb Hoffmann-La Roche für das Beruhigungsmittel Lexotanil: «Der erste Tranquilizer, der nicht müde macht.» In Wahrheit sind aber alle Tranquilizer prinzipiell gleichermaßen als Schlafmittel und Beruhigungsmittel einsetzbar.

◇ Viele schlucken Psychopharmaka, wie andere Zigaretten rauchen. So wird schon vorbeugend Valium geschluckt, wenn eine Aufregung

143

bevorsteht, ein Aufputschmittel, wenn's zur Prüfung geht, und anderes mehr.

In vielen Fällen erinnert die vorbeugende Einnahme der Chemiepillen an die in der Landwirtschaft gehandhabte Praxis der chemischen Pflanzenbehandlung. Wer über «Gift im Essen» klagt, macht sich unglaubwürdig, wenn er gleichzeitig gedankenlos die Pillen schluckt.

Beispiel 2: *Magenbeschwerden*

Magenbeschwerden bis hin zum Magengeschwür sind ebenfalls stark von psychosozialen Faktoren bedingt. Auch hier läßt sich durch eine gesündere Lebensführung weitaus mehr erreichen als durch Schlucken irgendwelcher Mittelchen.

Wenn ich mal einen «nervösen Magen» habe, trinke ich etwas Kamillentee. Da ich ihn in den Ferien selber gesammelt und getrocknet habe, trinke ich mit dem Tee auch die Erinnerung an schöne, ruhige Ferien. Manchmal habe ich das Gefühl, ich werde ruhiger, wenn ich nur die Teedose anschaue ...

Allgemein gilt:

Gerade gegen eher banale Erkrankungen von der Erkältung über den leichten Durchfall bis hin zum Kopfweh sind allemal die alten Hausmittel (Kräuter etc.) vorzuziehen. Wenn man sie noch selber sammelt, hat man/frau noch Spaß daran und hält sich beim Sammeln gesund ... Allerdings muß ich dringend davor warnen, Kräuterextrakte deswegen als generell unbedenklich anzusehen, weil sie «Heilkräfte der Natur» sind. Es gibt auch hier Stoffe, die giftig sind, krebserregend sind oder unangenehme Nebenwirkungen zeitigen.

«Heilpflanzen können Krankheiten heilen, vorbeugen und lindern, daran besteht kein Zweifel – Wundermittel allerdings sind sie auch nicht. Ihr Einsatz ist nur dann sinnvoll, wenn die Möglichkeiten und die Grenzen für ihre Anwendung genau beachtet werden» (Mannfried Pahlow).

 Die grüne Tat

Vorbeugen ist besser als Heilen

Versuchen,

◇ körperbewußt zu leben, beispielsweise
- viel spazierengehen
- Waldlauf
- Fahrrad fahren
- schwimmen

◇ entspannt zu leben, beispielsweise mit
- Sauna
- autogenem Training
- Massage

◇ bewußter zu essen
(vgl. Die grüne Tat beim Essen, S. 160)

◇ emotionale Spannungen abzubauen, beispielsweise
- durch Gespräche mit Freunden (oder einem Psychologen) über eigene Schwierigkeiten
- durch Konfliktaustragung

◇ stressfrei zu leben, beispielsweise
- eigene Überforderung
- selbstgesetzten Zeitdruck
- und gesteigertes Konsumbedürfnis abbauen

◇ nicht zu rauchen

◇ und andere nicht mit Zigarettenrauch zu behelligen

◇ mäßig Alkohol zu trinken und anderen nicht aufzudrängen

◇ äußeren krank machenden Arbeits- und Umweltbedingungen entgegenzuwirken – geht meist nur im Zusammenwirken mit anderen

Bei Erkrankung

◇ und banalen Krankheiten (wie Erkältung): Selbstbehandlung mit bewährten Hausmitteln

◇ bei ernsteren Krankheiten zum Arzt gehen, um ausführliches Gespräch und Untersuchung bitten

◇ möglichst wenige Medikamente nehmen und nur vom Arzt verschriebene

◇ kein Medikamentenmißbrauch mit Schlafmitteln, Beruhigungsmitteln und anderen Psychopharmaka

◇ auch mal zum Heilpraktiker gehen

Literatur

Hans Schaefer (Hg.), «Funkkolleg Umwelt und Gesundheit – Aspekte einer sozialen Medizin», Fischer Verlag, Frankfurt 1982

H. Schaefer / M. Blohmke, «Sozialmedizin, Einführung in die Ergebnisse der Medizinsoziologie und Sozialmedizin», Stuttgart 1978

M. Pahlow, «Das große Buch der Heilpflanzen», Gräfe und Unzer-Verlag, München 1982

«Unser Körper – Unser Leben, ein Handbuch von Frauen für Frauen», Reinbek 1980

F. Fromm, «Haben oder Sein – Die seelischen Grundlagen einer neuen Gesellschaft», Stuttgart 1976

Adressen

Bundeszentrale für gesundheitliche Aufklärung, Ostmerstraße 200, 5000 Köln 91

Deutsche Rheuma Liga, Hauptstraße 44, 8031 Seefeld

Deutsche Diabetes Gesellschaft, Auf'm Hunnekamp 65, 4000 Düsseldorf

Deutsche Gesellschaft für Sozialmedizin, Im Neuenheimer Feld 368, 6900 Heidelberg

Anonyme Alkoholiker Deutschland, Postfach 422, 8000 München 1

Bei uns zu Haus muß alles schmecken

«Mein lieber Sohn, Du tust mir leid.
Dir mangelt die Enthaltsamkeit.»
Wilhelm Busch

Sicherlich nehmen Sie an, daß ich als Oberökologe jetzt gleich auf «Gift im Essen» schimpfe. Gemach, gemach, das kommt auch noch. Vor dem Hintergrund der giftstoffbelasteten Lebensmittel wird aber leider vergessen, daß sich weite Teile der Bevölkerung (oder etwas konkreter: wahrscheinlich auch *Sie*) falsch ernähren.

35 % bzw. 60 % der Bevölkerung (je nachdem, ob man das Normalgewicht nimmt oder das Idealgewicht), sind schlicht und einfach zu fett (haben «Übergewicht»).

Also nix wie los auf die Waage und gemessen:
Das Idealgewicht beträgt
bei Frauen: Körpergröße (Zentimeter) minus 100, minus 15%,
bei Männern: Körpergröße (Zentimeter) minus 100, minus 10%.

Wie bereits beschrieben (Kapitel: Gesundheit), sind die meisten der heutigen Krankheiten keine Infektionskrankheiten mehr wie früher, sondern typische Zivilisationskrankheiten: hoher Blutdruck und Herz-Kreislauf-Krankheiten, Gicht, Zuckerkrankheit, Leberzirrhose usw.

Aus: AID 60/1980, *Der Ernährungsbericht 1980*

Was kann man dagegen tun?

Die Deutsche Gesellschaft für Ernährung schreibt dazu:
«Richtige Ernährung ist eine der wichtigsten Voraussetzungen für Gesundheit und Leistungsfähigkeit.»
Und:
«Als Grundregel einer vollwertigen Ernährung gilt, die Kost so vielseitig und abwechslungsreich wie möglich zu halten. Um so sicherer wird der Körper mit allen erforderlichen Nährstoffen ausreichend versorgt.»

Gut gehustet. Wenn ich so zurückdenke an mein langes erfülltes Leben, dann hatte und habe ich doch einige Schwierigkeiten mit dieser flotten Devise. Am besten und vielseitigsten habe ich zweifelsohne daheim bei Muttern gegessen, als ich noch zur Schule ging.

Beim Studium aß ich fast zwangsläufig in der Mensa. Das Essen war – wie wohl in vielen Betriebskantinen und anderen Gemeinschaftsverpflegungseinrichtungen – zu energiereich und zu vitaminarm, lieblos angerichtet und konnte nur in einer hektischen Atmosphäre eingenommen werden, die sich meist auf mich übertrug. Nie werde ich die legendäre Bemerkung eines Mitstudenten vergessen, die mitten in das Tellergeklapper, Stuhlgeschiebe und Schmatzen plötzlich zu hören war: «Rekord, Rekord: 9 Minuten. Vom Jura-Seminar hierher, mit Schlangestehen und Essen.» Ich war beeindruckt. Wahrscheinlich hatte er gar nicht gemerkt, was er gegessen hatte.

Eine Untersuchung in über 1000 Kantinen und fast 2000 Gaststätten hat gezeigt, daß das Essensangebot dort viel zu gehaltvoll, zu fett und zu vitaminarm ist: gegenüber empfohlenen Menus war der Energiegehalt um 36 % (Kantine) bzw. 71 % (Restaurant) zu hoch, der Fettgehalt um 58 % (Kantine) bzw. mehr als doppelt so hoch (Restaurant), der Vitamingehalt um 40 % (Kantine) bzw. 30 % (Gasthaus) zu niedrig!

Mit diesem Wissen im Hinterkopf können Sie morgen mittag unter den angebotenen Menus etwas gezielter auswählen: etwas mehr Vitamine, etwas weniger Fett und weniger Energiegehalt. Wahrscheinlich werden Sie aber – in bezug auf den Energiegehalt – genauso dumm wie ich vor dem Kantinenessen stehen, weil wir diesem den Energiegehalt natürlich nicht ansehen können. Fragen Sie doch einfach in der Kantine mal nach, und bestehen Sie darauf, daß jeden Tag verschiedene Menus angeboten werden, mit einer «richtigen» Zusammensetzung:

1. *Eiweiß* ist ein lebenswichtiger Aufbaustoff, die körperliche und geistige Entwicklung können durch Eiweißmangel beeinträchtigt werden, die Leistungsfähigkeit läßt nach.
   Bei jeder Mahlzeit sollte wenigstens eines von stark eiweißhaltigen Produkten dabeisein, also etwa Quark, Joghurt, Milch, Käse, Fisch, Fleisch (bitte nicht alles auf einmal). Eine besonders gute Kombination ist tierisches mit pflanzlichem Eiweiß, also etwa Kartoffeln mit Quark, Haferflocken mit Milch (um hier einmal das legendäre Wort MÜSLI zu vermeiden).

Energiebedarf

Empfehlenswerte Höhe der Zufuhr	Energie* kcal/Tag männl.	weibl.
Erwachsene**		
25 Jahre	2600	2200
45 Jahre	2400	2000
65 Jahre	2200	1800
Säuglinge		
0– 6 Monate	600	
7–12 Monate	900	
Kinder		
1– 3 Jahre	1200	
4– 6 Jahre	1600	
7– 9 Jahre	2000	
10–12 Jahre	2400	2100
13–14 Jahre	2700	2400
Jugendliche		
15–18 Jahre	3100	2500
Schwangere		
ab 6. Monat		2600
Stillende		2800

* Ab 1. 1. 1978 wird international «Joule» als Maßeinheit für die Energie verwendet. 1 Kilojoule (kJ) = 0,24 Kilokalorie (kcal). 1 Kilokalorie (kcal) = 4,186 Kilojoule (kJ). ** Die Werte gelten für Personen mit vorwiegend sitzender Tätigkeit (Leichtarbeiter). Für andere Berufsschweregruppen sind folgende Zuschläge erforderlich:

Mittelschwerarbeiter	600 kcal
Schwerarbeiter	1200 kcal
Schwerstarbeiter	1600 kcal

(Quelle: DGE «Empfehlungen für die Nährstoffzufuhr», Umschau-Verlag, Frankfurt/Main)

2. *Fett* deckt hauptsächlich den Energiebedarf. Alles, was nach Fett aussieht, ist meistens auch Fett ... Also z. B. Butter, Margarine, fettes Fleisch usw. Spätestens beim Tellerwaschen können Sie merken, daß Sie mal wieder alle Regeln des Anstands verletzt haben, wenn die Fettaugen schwimmen: Erstens haben Sie den Teller nicht mit Brot ausgestrichen, zweitens zu fett gegessen, und drittens brauchen Sie viel mehr Spülmittel und viertens mehr heißes Wasser und fünftens ... Leider glauben viele, daß ein fettes Essen ein gutes Essen sei. Die ernährungsmedizinischen Belege dafür sind allerdings sehr mager.

3. Neben dem Fett sind vor allem *Kohlenhydrate* die wesentlichen Energiespender: Pflanzliche Stärke, vor allem in Kartoffeln und Getreideerzeugnissen, sowie Zucker. Reich an Kohlenhydraten sind demzufolge Brot, Kuchen, Teigwaren, Kartoffeln und Reis.
Der Zucker ist besonders übel beleumundet, was mich besonders erschreckt, weil er mir so gut schmeckt. Da ich nicht dick bin und recht gute Zähne habe, wirkten die statistischen Nachweise über Karies, Zahnfäule usw. nur recht bedingt auf mich.

151

Meinen Zuckerkonsum, der aber immer noch zu hoch ist, verringerte ich mehr aus finanziellen Gründen, weil ich den vielen Kuchen aus der Bäckerei kaum noch zahlen konnte.

«Irgendwie» habe ich aber doch gemerkt, daß mir die Einschränkung des Zuckerkonsums gut tat. Mein Leibarzt und Chefkoch beeilte sich, mir sofort zu versichern, daß dies daran liegt, daß der Körper zum Abbau von Zucker eine hohe Menge an Vitaminen und Mineralstoffen benötigt, die wiederum an anderen Stellen fehlen.

Und ich dachte immer, Mars mache mobil. Seither versuche ich, mehr «gesunde Naschereien» zu essen (vgl. Literatur).

Aus: *Süße Sachen*, hg. v. H. Speichert, Reinbek 1982

4. Die *Vitamine* und *Mineralstoffe* (vor allem Kalzium und Eisen) sind höchst notwendige Bestandteile einer vollwertigen Ernährung. Ich traue es mich ja kaum zu schreiben, daß ich in meinen jungen Studentenjahren im Winters des öfteren Vitaminpillen «einwarf» – etwa im Stil der Astronautennahrung. Meine einzige Hoffnung besteht darin, daß das fällige Ökologen-Tribunal mir dies als «Jugendsünde» anrechnet ...

«Freispruch auf Bewährung. Und der mahnende Hinweis, in Zukunft viel Obst und frisches Gemüse, Salat usw. zu essen und Milch zu trinken.»

„Junk food"-Esser

Angstträume nach Hamburgern

Viele amerikanische Wohlstandskinder leiden an einer Mangelerscheinung, die eigentlich nur noch in Entwicklungsländern beobachtet wird: Sie haben zuwenig Thiamin (Vitamin B 1) im Blut. Der Grund dieser sogenannten „junk food disease" sind die US-üblichen Müll-Mahlzeiten, die vornehmlich aus Hamburgern, Pommes frites, Naschwerk und Cola bestehen — eine Nahrung, die viel Kalorien, aber keinen ausreichenden Nährwert besitzt. Der Thiaminmangel verursacht, wie eine jüngst im US-Ernährungsfachblatt „American Journal of Clinical Nutrition" veröffentlichte Untersuchung ergab, häufig tiefgreifende Persönlichkeitsveränderungen — Aggressivität, Schlaflosigkeit oder Angstträume. Als den jungen Patienten ausgewogenes Essen verschrieben wurde, verschwanden die Krankheitserscheinungen.

Aus: *Der Spiegel* 18/1980

Da bin ich ja noch mal davongekommen! Keine «junk food disease». Dummerweise fällt mir überhaupt nicht mehr ein, wo es in Deutschland dieses «Junkfood» zu kaufen gibt ...

Nach meinem Studium und der Promotion zum Dr. Ökoknick arbeitete ich eine Zeitlang in einem ökologisch orientierten Institut. Eingeweihte werden wissen, an welchem. Da solche Institute gemeinhin kein Geld von der Industrie oder staatliche Forschungsaufträge bekommen, weil sie sagen, was Sache ist, und nur von Spenden und Mitgliederbeiträgen leben,* zeichnen sie sich durch eine bemerkenswerte innere Struktur aus:

Dadurch, daß zuviel Arbeit und Erwartungen von außen (und zuwe-nig Geld) herangetragen werden, sind die Kollegen chronisch überar-beitet, hektisch und müssen noch jeden zweiten Tag in der Weltge-schichte herumreisen. Die Folge davon war lange Zeit eine eher unöko-logische Ernährung, zwar nicht gerade Hamburger, aber doch zuviel Dosenfutter und hektisches Essen.

Der Weg ist das Ziel

Irgendwann bekehrten wir uns jedoch selbst und etablierten eine gera-dezu phantastische Eßkultur:

* Informationen über das Öko-Institut, Hindenburgstraße 20, 7800 Freiburg

Von den zehn Mitarbeitern wurde jeweils im Zwei-Wochen-Rhythmus einer ausgesucht bzw. trug sich in eine Liste ein, der für die ganze Mannschaft einkaufen, kochen und abwaschen mußte (für die Zeitökonomen: Aufwand etwa 100 Minuten, gab – da man nur einmal in zwei Wochen dran kam – im Schnitt zehn Minuten pro Tag).

Für diese statistischen zehn Minuten bekam man täglich ein gutes und billiges Mittagessen, mit frischem Gemüse, selten Fleisch und kaum Dosennahrung.

Gut essen und trinken
hält Leib und Seel' zusammen

Nun ist mir klar, daß Millionen Menschen in diesem unseren Land keine Möglichkeit haben, sich mit den Kollegen vom Fließband oder der Werkbank abzuseilen und sich ein Menu zu kochen. Aber genauso gibt es Millionen von Menschen, die dies sehr gut könnten: Büros, Handwerksbetriebe usw. Es klingt unwahrscheinlich, aber es ist völlig einfach, man muß nur damit anfangen.

Es bedeutet nicht nur Eß- sondern auch Lebenskultur:

Sie mampfen mittags nicht hektisch in der Kantine, stehen abends nicht mit tausend anderen Berufstätigen in der Schlange im Lebensmittelgeschäft und essen nicht zu spät zu Abend. Sie können das gleiche übrigens auch zu Hause, im Wohnblock, mit Nachbarn usw. machen.

Sie können dann auch leichter auf Fertigsaucen, Dosenfutter, Tiefkühlfutter, kurz die ganze «Fix-und-fertig-Kost» verzichten.

«Komm, Herr Jesus,
und sei unser Gast . . .»

Früher beteten wir in der Familie vor dem Essen. Einmal gab es gekochte Blut- und Leberwürste. Meine Mutter hatte sie versehentlich zu lange kochen lassen, und sie waren auf etwa ein Viertel der Normalgröße geschrumpft. Beim Beten schauten wir alle mit großen Augen auf die kleinen Würstchen, und als meine Mutter mit dem Gebet endete: «. . . und segne, was Du uns bescheret hast», brach die ganze Familie in schallendes Gelächter aus.

Normalerweise wurde das Gebet aber in Stille und Ruhe verrichtet, später etwas zu routinemäßig, und irgendwann gar nicht mehr.

Erst nach vielen Jahren wurde ich wieder daran erinnert: Beim gemeinsamen Essen im Kollegenkreis (s. o.).

Ich litt anfangs darunter, daß einzelne zu spät zum Essen kamen oder früher wieder gingen und beim Essen so hektisch und laut waren wie eben der ganze Morgen. Da einer der Kollegen auf dem Meditationstrip war, schlug er vor, wir sollten vor Essensbeginn eine Minute schweigen und uns auf das Essen konzentrieren. Diese kleine Konzentrationsphase hatte erstaunliche Wirkungen: Wir wurden ruhiger, konzentrierten uns auf das Essen und ließen die Magensäfte schon vorbeugend sprudeln – eine innere Zwiesprache mit dem Körper, eigentlich ein Gebet . . .

Seitdem versuche ich immer, vor dem Essen eine solche Pause einzulegen, es tut mir gut.

Mittlerweile finde ich grauenhaft, wie ich früher öfter gegessen hatte: Vor dem Fernseher, während der Arbeit.

Reinstopfen, ohne zu merken, was man ißt. Die Nahrung herabgewürdigt zur Regenerationspille. Grauenhaft.

Die Werbung ist absolut widerlich, das schöne und appetitlich angerichtete Essen wird vom Zigarettenrauch überstrichen, und dem Raucher wird das Essen nach Nikotin schmecken. Womit die Werbung lockt, ist dagegen einsichtig. Essen und Trinken sind Teil der Lebensfreude. Eine ruhige Atmosphäre, liebevoll gekochtes und angerichtetes Essen erhöht den Genuß. Liebe geht durch den Magen.

Fast am meisten liebe ich ein gutes Frühstück. Die Ernährungsforscher bestätigen mir wieder, daß ich hier auf dem richtigen Weg bin.

Ein altes Sprichwort sagt: Frühstücken wie ein König, Mittagessen wie ein Bürger und Abendessen wie ein Bettler. Aktualisiert sind dies fünf kleine statt drei große Mahlzeiten, aber die Tendenz ist weiter richtig: absteigend.

Gift im Essen

«Was gibt's heute zu essen?»
«Schweinebraten.»
Für viele ist ein gutes Essen
nur durch Fleisch
charakterisiert, alles andere
sind «Zutaten».

Früher war ich begeisterter Fleischesser. Erst beim gemeinsamen Kochen im Institut (s. o.) lernte ich viele ausgezeichnete Menus ohne
Fleisch kennen (z. B. Rotkraut-Sahne-Sorbet, mmh). Seitdem esse ich
viel weniger Fleisch, aber immer noch gerne, am liebsten Wild. Leider
ist das Fleisch auch nicht mehr das, was es einmal war. Schwermetalle,
chlororganische Verbindungen, Tierarzneimittel u. a. bereichern den
Speiseplan, und das Fleisch selbst schmeckt meist lasch und wäßrig.

Natürlich behaupten die Oberexperten, daß statistisch gesehen unter
Wegstreichen der statistischen Ausreißer der Durchschnittsmensch,
wenn er durchschnittlich ißt, mit einer Wahrscheinlichkeit von 95 % und
einer Signifikanz von usw. keine akuten Schäden erleidet und daß von
daher unsere Lebensmittel die gesündesten seit langem sind, und und
und.

Nun, ich weiß, in welchen Drahtseilakten die Grenzwerte aufgestellt
werden, und ich glaube da überhaupt nichts. Und solange Innereien wie
Leber (mag ich sehr) und Niere so schwermetallvergiftet sind, daß man
sie nur noch alle zwei, drei Wochen essen sollte (amtliche Empfehlung!),
kann ich nicht von gesunden Lebensmitteln reden.

Vom Verzehr von Leber und Nieren muß ich also abraten (ich esse nur
noch ab und zu Leber). Beim Braten von Schinken und anderen gepö-
kelten Fleischwaren, insbesondere in Verbindung mit Käse (Toast Ha-
waii!) können krebserregende Nitrosamine entstehen, so daß man die-
selbigen nur den ungebetenen Gästen servieren sollte . . .

Frisch vom Grill

Gegrilltes schmeckt mir sehr, aber es entstehen beim Grillen, insbesondere bei fettigem Fleisch, und wenn es leicht angebrannt ist, krebserregende Benzpyrene.

Hier schwanke ich immer zwischen Lustprinzip und Rationalität, zwischen Kopf und Bauch. Neuerdings fand ich einen Kompromiß: Grillen von magerem Fleisch, ohne Rauchentwicklung und bei Grillen mit senkrecht gestelltem Glutbett.

**Das Gelbe vom Ei:
Keine Käfighalterei!**

Was können Sie aus diesem Foto vom Küchenschrank meiner Wohnung ersehen, Herr Kommissar?

Kommissar: «Erstens: Der Schrank ist nicht schön!»

Stimmt. Wenn Sie einen schöneren und billigeren haben, lassen Sie es mich wissen.

Kommissar: «Zweitens: Sie sammeln Eierschachteln und sind etwas vergeßlich!»

Richtig. Die Eierschachteln nehme ich ab und zu – wenn ich es nicht vergesse – auf den Wochenmarkt mit und schenke sie den Bauersfrauen, bei denen ich immer die wohlschmeckenden Freiland-Eier kaufe. Und die Eierschachteln rezykliere.

Kommissar: «Drittens: Sie sind ein Lügner!»

Was?! Warum denn?

Kommissar: «Ganz einfach: Wenn Sie *immer* Freiland-Eier auf dem Markt kaufen würden, hätten Sie nicht so viele Eierschachteln mit Supermarkt-Preisschildern!»

Oh, ertappt. Eigentlich will ich wirklich keine Eier aus der Käfighaltung kaufen, aber ab und zu habe ich eben echt keine Lust, deswegen eine halbe Stunde zum Markt und zurück zu radeln. Das ist die Wahrheit, die ganze Wahrheit.

Immerhin habe ich mir vorgenommen, das nächste Mal den Filial-leiter vom Lebensmittelmarkt zu bitten, doch auch Eier von glücklichen Freilandhühnern anzubieten – ich wäre sein bester Kunde!

Genauso geht es mir mit *Milch*. Am liebsten wollte ich naturbelassene Milch mit der Milchkanne holen oder zumindest frische Vollmilch in Glasflaschen. Beides gibt es für mich nicht in erreichbarer Nähe.

Obst und *Gemüse* kaufe ich meistens auf dem Wochenmarkt und ver-sichere mich dabei, daß nicht oder nur wenig gespritzt wurde. Aber die Bäuerinnen sehen alle so ehrlich aus ...

Ganz besonders und äußerst eindringlich möchte ich Sie vor dem Ver-zehr von frischen Wildpilzen warnen:
1. gibt es immer weniger, obwohl neuerdings im säuregeschädigten Bo-den der Hallimasch wieder besser wächst ...
2. kann man zwar alle Pilze essen, aber manche nur einmal, z. B. den Knollenblätterpilz. Pilzsammelstellen sind übrigens dazu da, im Zweifel den einen oder anderen Pilz untersuchen zu lassen, aber nicht, um den ganzen Wald leerzupflücken und sich dann die wenigen eßbaren heraussuchen zu lassen.
3. sind Wildpilze mit Kadmium hoch belastet.
4. je mehr *Sie* Pilze suchen, um so weniger finde ich ...

Am besten schmecken mir Totentrompeten, die nicht nur so heißen, sondern auch so aussehen, aber trotzdem eßbar sind. Sie sind äußerst würzig, man kann sogar fast auf die Zugabe von Salz verzichten.

Mittlerweile gibt es aber so wenig Pilze, daß ich dieses Jahr schweren Herzens beschlossen habe, keine zu suchen!

Zuviel Salz in der Suppe

Ich möchte Ihnen jetzt nicht die Suppe versalzen, aber zuviel *Salz* ist wirklich ungesund: Es kann zu Bluthochdruck und dessen Folgekrank-heiten führen. Also: besonders gefährdet sind Leute mit Bluthoch-druck, die zumindest Meersalz verwenden sollten und auch das nur spar-sam!

 # Die grüne Tat

Generell:
- ◇ bewußt essen, kurze Meditationsphase vor dem Essen, mit Liebe anrichten
- ◇ nicht zu fett und zuviel essen, sondern ausgeglichen und vitaminhaltig
- ◇ fünf kleinere Mahlzeiten am Tag, beginnend mit einem reichhaltigen Frühstück und einem bescheidenen Abendessen
- ◇ möglichst Selbstangebautes, Biogemüse und -obst oder Frisches vom Bauern und vom Markt
- ◇ möglichst wenig Dosen- und Tiefkühllebensmittel
- ◇ mit Freunden, Nachbarn oder Kollegen abwechselnd kochen
- ◇ möglichst wenig Fleisch und Wurst essen
- ◇ möglichst wenig Kaffee, Süßigkeiten und Alkohol
- ◇ keine Schlankmacher und ähnlichen Unsinn nehmen, sondern weniger essen

Fleisch- und Wurstwaren – sowenig wie möglich
- ◇ wenig Innereien wie Leber und Niere
- ◇ eher Hammel- und Rindfleisch als Kalb- und Schweinefleisch
- ◇ möglichst keine gepökelte Wurst (Schinken) oder Fleischwaren, die gebraten sind, und vor allem nicht mit überbackenem Käse
- ◇ eher beim Metzger als im Supermarkt einkaufen, am besten – wenn es einen nicht zu teuren gibt – beim Bio-Metzger

Fische und Meeresfrüchte
- ◇ wenig oder gar keine Fischleber, Muscheln und Lebertran

◇ nichts aus hochbelasteten Wassergebieten essen (z. B. Fische aus Mündungsgebieten der deutschen Flüsse, Meeresfrüchte aus dem Mittelmeer usw.), ggf. beim Händler nachfragen

Eier

◇ möglichst nur Eier von freilebenden Hühnern
◇ zumindest aber Eier von Hühnern aus Bodenhaltung
◇ keine Eier aus der Käfighaltung
◇ generell Auskunft verlangen, woher die Eier kommen und womit die Hühner gefüttert werden

Milch

◇ am besten Rohmilch direkt vom Hof oder Vorzugsmilch aus dem Reformhaus
◇ ansonsten frische Vollmilch, keine H-Milch
◇ Milch(-erzeugnisse) möglichst in Glasbehältern kaufen, ggf. danach verlangen

Obst und Gemüse

◇ möglichst Biogemüse und -obst, wenn erschwinglich
◇ möglichst nur frisch vom Markt
◇ im Lebensmittelgeschäft nur unverpacktes Obst und Gemüse kaufen
◇ nicht die ganz großen und schönen Früchte bzw. Gemüse kaufen (oft zuviel gedüngt)
◇ bei Konserven: Brühe wegschütten

Kartoffeln und Reis

◇ Kartoffeln möglichst auf dem Markt und in Vorrat kaufen
◇ ungeschälten Reis, Gerste und Mais verwenden (nicht nur beim Hergebrachten bleiben)

Salz und Zucker

◇ sowenig wie möglich
◇ keine Süßstoffe statt Zucker
◇ Honig statt Zucker

Literatur

AID Verbraucherdienst informiert, 60/1980, Der Ernährungsbericht 1980

«10 Regeln für eine richtige Ernährung», vom Bundesausschuß für volkswirtschaftliche Aufklärung e. V., Sachsenring 38, 5000 Köln 1, Postfach 250229

Horst Speichert, «Süße Sachen – ein Rezeptbuch für gesunde Naschereien», rororo Elternrat 7481

Katalyse-Gruppe, «Chemie in Lebensmitteln», Zweitausendeins, Köln 1981

U. Pollmer / E. Kapfelsberger, «Iß und stirb», Köln 1982

Adressen

Gruppe Ökologie, Immengarten 31, 3000 Hannover 1

Katalyse-Gruppe, Palmstraße 17, 5000 Köln 1

Deutsche Gesellschaft für Ernährung (DGE), Feldbergstraße 28, 6000 Frankfurt/Main 1

Bundesforschungsanstalt für Ernährung, Engesserstraße 20, 7500 Karlsruhe

AID (Auswertungs- und Informationsdienst für Ernährung, Landwirtschaft und Forsten), Konstantinstraße 24, 5300 Bonn

Verbraucherzentralen der Bundesländer und örtliche Verbraucherberatungsstätten

Gärtnern ohne Gift

«Der Boden ist die Quelle
aller Güter und Werte.»
Justus von Liebig

Manchmal ist es gut, wenn die Zeit an einem vorbeigeht. So gingen an meiner Familie die sechziger und siebziger Jahre vorbei, ohne daß wir im Hausgarten zu den Errungenschaften der modernen Chemie griffen. Wir hatten diese Entwicklung schlicht und einfach verschlafen. Ich möchte mich dafür in aller Form bei den Aktieninhabern und Dividendeneinstreichern der Firmen BASF, Hoechst, Bayer, Kali-Chemie usw. entschuldigen.

Nie griffen wir zu Baymat-Spray, und doch leuchteten die schönsten Begonien an unserer Eingangstür. Wir hörten nicht auf den Bürgermeister und andere Großkopfete ... Wir waren Abtrünnige.

163

Das einzige, was wir zur Garten- und Blumenpflege in unserem Garten «importierten», war Torf. Heute verzichten wir auch darauf und nehmen den Komposthaufen als Düngequelle. Der Grund: Torfverwendung im Garten bedeutet indirekt den sackweisen Ausverkauf der letzten Hochmoore. Ohne allzu ausgefeilte Kenntnisse betrieben wir also (fast) einen biologischen Gartenbau. Ohne Chemie, aber auch ohne tiefschürfende Kenntnisse über Fruchtfolgen, Pflanzenstandort, richtige Wahl der Nachbarpflanzen.

Im Garten reiften die Tomaten, die Johannisbeeren, der Boskop, der Rhabarber, die Erdbeeren und vieles andere mehr. Einfach so. Ohne jeglichen ideologischen Streit.

Heute steht das Ganze unter dem Thema «Biologischer Gartenbau kontra Chemieeinsatz».

Tatsächlich haben die Methoden der konventionellen Landwirtschaft wie Überdüngung, Monokulturen mit Bodenerosion, Intensiveinsatz von Spritzmitteln usw. zu großen Umweltproblemen geführt.

Der Einsatz von Dünge- und Spritzmitteln pro Quadratmeter im Hausgarten übertrifft – statistisch gesehen – den der Landwirtschaft noch beträchtlich.

Während der Bauer durch die lächerlichen Regeln der EG-Agrarmarktordnung aber geradezu gezwungen wird, Intensivlandwirtschaft zu betreiben, ansonsten bei Strafe des Untergangs, gibt es im Hausgarten keinen entsprechenden Druck, außer dem der Werbung.

Gärtnern ohne Gift?
biologisch
Kompost
Gesunder Garten ohne Gift
Bodenlockerung
Der Regenwurm – Dein Freund und Helfer
Hügelkultur
Bodenbedeckung
Gleichgewicht
das natürliche Gleichgewicht
Hecken anpflanzen
Kräuterjauche
Mischkultur
Nützlinge

Gift
Chemie
Giftspritzung
Schädlingsbekämpfungsmittel
Gift?
E 605 und Metasystox spritzen
Giftspritze
Werbestrategien der Chemieindustrie
Gespritzt werden muß grundsätzlich
Nitrat
Pflanzenschutzmittel
Sprays, Pulver, Pillen und Brühen
Gift

1979 wurden über 3500 Tonnen Schädlingsbekämpfungsmittel für Haus- und Gartenbedarf hergestellt und wohl auch verbraucht. Die Chemieindustrie hatte damit einen Umsatz von 130 Millionen DM im Jahr.

In einer internen Studie verbreitete der Industrieverband Pflanzenschutzmittel die Devise, dem Verbraucher müsse bewußtgemacht werden, «daß Leben in gewohnter Weise und die Schönheit der Natur ohne den Einsatz von Pflanzenschutzmitteln nicht möglich ist».

Tote Schleiereule am Bodensee, vergiftet durch Pflanzenschutzmittel (Fotos: Jürgen Resch)

Bodenlos

Es klingt banal: Ohne Boden können wir nicht leben. Boden ist Heimat/Landschaft, in und auf der wir leben. Boden ist «Produktionsort» für unsere Lebensmittel und «Vorratslager» für Bodenschätze. Boden ist letztlich die Grundlage unserer Umwelt und unseres Lebens. Die Bedeutung des Bodens drückt sich in vielen Sprichwörtern und im täglichen Sprachgebrauch aus: «wieder Boden unter den Füßen haben», «fest auf dem Boden stehen» (des Grundgesetzes ...), «Boden gutmachen», «Boden gewinnen», «bodenständig» und anderes mehr.

Vielleicht liegt es an der Pervertierung des Bodenbegriffs durch die Nationalsozialisten («Blut und Boden», «Ein Volk braucht Raum»), daß wir die Bedeutung des Bodens als Lebensgrundlage weitgehend verdrängt haben und Boden meist nur noch als «Grundstück» sehen (das seinen Preis hat ...).

Aber nicht nur die steigenden Grundstückspreise zeigen, daß das Gut Boden und damit unsere Lebensgrundlage knapp wird. Boden ist ja weit mehr als nur teures Grundstück für Häuser, Fabrikanlagen oder Verkehrsstraßen: Die sich häufenden Meldungen über die Zubetonierung der Landschaft, schwermetallvergiftete Böden und über die Versauerung der Waldböden zeigen, daß jetzt die Umweltzerstörung auch beim Boden ihren Preis fordert.

Wir verlieren Boden:
◇ **quantitativ** durch Zunahme der insgesamt überbauten Flächen, durch die zunehmende Umwandlung guter landwirtschaftlicher Böden in Gewerbe- und Industrieflächen und in Verkehrsstraßen. Hinzu kommt der indirekte Flächenverlust durch Landschaftszerschneidung, durch Verkehrsstraßen mit umweltbelastenden Folgeeffekten wie Lärmbelastung, Bleiablagerung aus den Autoabgasen und Streusalzschäden.
◇ **qualitativ** durch die Vergiftung und Belastung der Böden mit Chemikalien. Saurer Regen, Schwermetalle und Lösungsmittel werden über die Luft eingetragen, Pflanzenbehandlungs-

mittel (die «chemische Sense»), Klärschlamm und zuviel Dünger direkt auf den Boden. Zurück zur Natur ist auch die Devise für die Deponierung von Müll aus Produktion und Überkonsum, in undichten Sondermülldeponien, überquellenden Hausmülldeponien und – demnächst – radioaktiven «End»-Lagern.

Diese Belastungen beeinträchtigen direkt und indirekt die ökologischen (und auch sozialen) Funktionen des Bodens, zum Beispiel dessen Filterfunktion für das Grundwasser oder dessen Funktion für die Produktion von Lebens- und Futtermitteln. Dies ist um so problematischer, als der Boden nicht mehr zu «reinigen» ist, wie etwa vergleichbar das Wasser. Es gibt kein Klärwerk für den Boden, kein Filter für die Schwermetalle. Was einmal an Schwermetallen in den Boden gelangt, bleibt dort und häuft sich an, Tag für Tag, Jahr für Jahr. Diesen Boden können wir nicht mehr «gutmachen».

Die Umweltpolitik hat den Boden als Schutzziel weitgehend ausgeklammert, sie ist bodenlos. Und das Los des Bodens ist es, die verfehlte Umweltpolitik und deren Auswirkungen zu (er)tragen:

◇ **Landschaftsverbrauch**
Natürlich können Boden bzw. Landschaft im wörtlichen Sinn nicht verbraucht werden, aber sie können auf eine dann festgelegte Funktion reduziert werden, auf den (Stand-)Ort für Gewerbe- und Siedlungsflächen bzw. für Verkehrsstraßen, der nicht mehr für andere Funktionen wie etwa Landwirtschaft oder Erholung genutzt werden kann.
Jeden Tag werden in der Bundesrepublik 165 Hektar verbraucht, zubetoniert und denaturiert. Diese 165 Hektar entsprechen täglich über 200 Fußballfeldern oder mehr als eine Startbahn West. Insgesamt sind bisher 6250 Quadratkilometer Fläche für den Straßenverkehr asphaltiert worden – eine Fläche, die doppelt so groß ist wie das Saarland. Weitere 14 500 Quadratkilometer sind dabei durch die indirekte Umweltbelastung des Straßenverkehrs nur noch eingeschränkt nutzbar.

◇ Rohstoffabbau

Beim Braunkohletagebau, beim Kiesabbau, bei der Torfgewinnung und anderem Rohstoffabbau gibt es eine Reihe von Umwelt- und Bodenbelastungen, die in erster Linie die Bewohner der entsprechenden Region betreffen und darüber hinaus meist nicht bekannt sind.

Rund 70 000 Hektar, etwa 0,3 % der Bundesrepublik, sind derzeit von offenen Gruben und Steinbrüchen beansprucht.

Die Hauptprobleme gibt es beim Braunkohletagebau, bei dem ganze Dörfer umgesiedelt wurden und wo es zu Grundwasserabsenkungen und Beeinträchtigungen des Wasserhaushalts kommt. Der Tagebau Hambach im rheinischen Braunkohlerevier wird das «größte Loch der Welt» baggern – mit einer Tiefe von fast 500 Meter (!) werden mehr als 80 Quadratkilometer Landschaft vorerst verschwinden.

◇ Müll- und Sondermülldeponien, Chemie-Ablagerungen

Die Müllawine wird in der Bundesrepublik hauptsächlich durch Ablagerung im Boden (Mülldeponien) «bewältigt», 1971 gab es 50 000 mehr oder weniger wilde Kippen, 1975 noch über 4400 «geordnete» Deponien. Der Giftmüllanteil im Hausmüll (1 % oder ca. 0,1 Millionen Tonnen) wird dabei einfach mit abgelagert.

Auch die mehr als zwei Millionen Tonnen industrieller Giftmüll, die jährlich anfallen, werden hauptsächlich in (speziellen) Deponien abgelagert. Probleme durch Müll und Sondermüll gibt es zuhauf:

Die meisten Mülldeponien sind «voll» oder kurz davor, und es gibt immer weniger geeignete neue Standorte. Ähnliches gilt für Sondermülldeponien, die zudem eine hohe Gefährdung aufweisen, wenn sie «undicht» sind, wie etwa die Deponien Münchehagen oder Geroldsheim. Gefährdet sind vor allem das Grundwasser und damit indirekt das Trinkwasser.

Erst recht gefährlich sind Tausende alter Deponien und unkontrollierte Ablagerungen aus den fünfziger und sechziger Jahren, die teilweise gar nicht mehr bekannt sind und bei denen oft gar nicht zwischen Müll und Sondermüll unterschieden wurde.

Zusammen mit Bodenvergiftungen und -belastungen um einzelne (Chemie-)Firmen, Metallhütten usw. bilden diese sogenannten «Altlasten» sowohl eine schleichende Vergiftungsgefahr wie auch eine chemische Zeitbombe, die nach langen Jahren «plötzlich» hochgehen kann.

◇ **Klärschlamm**

Die zunehmende Abwasserreinigung durch Kläranlagen (statt durch Vermeidung der Emissionen an der Quelle) hat ein Folgeproblem geschaffen: Millionen Tonnen Klärschlamms, der jahrelang als Dünger («Bodenverbesserer») eingesetzt wurde, bis man sehen mußte, daß der Großteil des Klärschlamms mit chemischen Giften so hoch belastet ist, daß er nicht mehr in der Landwirtschaft ausgebracht werden darf. Nach der neuen Klärschlamm-Verordnung darf zwar hochbelasteter Klärschlamm nicht mehr als Dünger eingesetzt werden, aber das Gesamtproblem ist nicht behoben. Entweder werden Klärschlamme weiterhin als Dünger eingesetzt – dann steigen dadurch die Schwermetallwerte in den entsprechenden Böden weiter an, oder sie werden deponiert – dann sind die Deponien schneller voll. Oder sie werden verbrannt – dann steigt die Luftbelastung.

◇ **Saurer Regen / Luftbelastung**

Nachdem die Luftbelastung in den sechziger Jahren lokal zu hoch wurde (z. B. im Ruhrgebiet), vertraute man neben dem Einbau von Filtern oder anderen Rückhaltetechniken vor allem auf die «Hochschornsteinpolitik». Giftstoffe wie Schwefeldioxid, Stickoxide und Schwermetalle wurden über höhere Schornsteine weiträumig verteilt und verdünnt. Erst Mitte der siebziger Jahre erkannte man die negativen Folgen dieser Problemverlagerung: Ein Teil der Giftstoffe wird nun «gleichmäßig» über die Bundesrepublik und andere Länder verteilt; als «saurer Regen», der die Wälder absterben läßt, oder als Schwermetalle, die sich selbst in den industriefernsten Gebieten und auf jedem Acker anreichern.

◇ **Intensivlandwirtschaft**

Die Intensivlandwirtschaft und die vor allem durch die Massentierhaltung verursachte Trennung von pflanzlichem Anbau und

Tierhaltung haben den ökologischen Kreislauf durchbrochen und zur massiven Anwendung von chemischen Pflanzenbehandlungsmitteln, zur Überdüngung und zur unkontrollierten Ausbringung von Gülle aus der Massentierhaltung geführt. Als *ein* Beispiel für die dadurch hervorgerufenen Umwelt- und Bodenprobleme kann das Nitrat gelten: Durch übermäßige und nicht sachgerechte Düngung (mit Kunstdüngern bzw. Gülle aus der Massentierhaltung) ist es insgesamt – und regional ganz beträchtlich – zu einer Anreicherung von Nitrat im Boden bzw. im Grundwasser gekommen. Dadurch wird es immer schwieriger, nitratarmes Wasser zu fördern. In absehbarer Zeit müssen in der Bundesrepublik etwa 10 % der vorhandenen Wassergewinnungsanlagen stillgelegt werden, weil sonst der Nitratgrenzwert im Trinkwasser nicht eingehalten werden kann.

Der Boden wird immer knapper und vergifteter, die Folgeprobleme bei der Lebensmittelproduktion und der Trinkwassergewinnung werden immer größer.

Eine interne Studie aus dem Bundesgesundheitsministerium («Nutzen-Kosten-Untersuchung über Kosteneinsparungen bei Stillegung kontaminierter landwirtschaftlicher Nutzflächen») kommt zu dem Ergebnis, daß man die hochbelasteten landwirtschaftlichen Nutzflächen (600000 Hektar Acker- und 400000 Hektar Grünland) «stillegen» könne. Auf Grund der Subventionspolitik der EG sei Stillegung dieser Flächen mit einem «volkswirtschaftlichen Nettonutzen von 370 Millionen DM anzusetzen».

Der Mörder ist immer der Gärtner ...

Auch die Hobbygärtner und Schrebergartenbesitzer sind mit schuld am rapiden Rückgang der Pflanzen- und Tierarten. Und natürlich auch an den knackigen Chemiehäppchen, die sich nachher im eigenen Salat wiederfinden.

Das erste, was ich jedem empfehlen kann, ist, nach Altväter Sitte den Garten ohne Chemie zu bestellen – in gewohnter Weise und ohne den Herrn Weise von der BASF.

Die Vorteile sind leicht zu sehen:
◇ keine Rückstände von Pflanzenschutzmitteln auf dem eigenen Obst und Gemüse (es sei denn vom Nachbarn herübergeweht ...);
◇ Geldersparnis;
◇ Erhaltung und Wahrung einer Kleinökologie;
◇ gesünderes Leben. Wer sich zwanzigmal am Tag nach den Schnecken bückt, die den Salat anfressen wollen, kann sich den Trimmpfad sparen.

Die «Pflanzenschutzmittel» schützen sowieso nur bestimmte Pflanzen, die «Kulturpflanzen», gegenüber anderen sogenannten «Unkräutern» oder schädlichen Insekten.

Weithin unbeachtet bleibt, daß auch nützliche Insekten und Tiere getötet werden (wie etwa Regenwürmer), daß indirekt auch Vögel getötet werden und daß der ganze Naturhaushalt durcheinandergerät. Das Problem ist, daß diese Auswirkungen oft erst viele Jahre später sichtbar werden.

Wie auch eventuelle chronische Gesundheitsschädigungen beim Verbraucher bzw. Anwender dieser Mittel. So wurden 1980 allein bei der Berliner Beratungsstelle für Vergiftungserscheinungen 308 leichte Vergiftungsfälle, 61 mittelschwere, 28 schwere und 10 tödliche durch Schädlingsbekämpfungsmittel registriert.

Betroffen sind oft Kinder, und die tödliche Dosis bei einer Verwechslung ist hier recht klein: einige Tropfen Parathion, 3 bis 4 Tropfen Nikotinauflösung oder eine halbe Tablette Metaldehyd.

Zur Bestellung des Gartens ohne chemische Gifte gibt es viele Tips und Bücher (vgl. Anhang). Noch wichtiger scheint mir, einen Nachbarn zu finden, der diese Tips auf ähnlichem Boden und unter ähnlichen Umweltbedingungen bereits praktiziert.

Da ich derzeit in einem Haus mit nur kleinem und dunklem Hinterhof wohne, treibe ich gerade überhaupt keinen Gartenbau, bin aber auf beständiger Suche nach einem schönen Garten in der Nähe.

Immerhin ist der Hinterhof groß genug, um in einer Ecke einen Komposthaufen anzulegen. Die Brombeeren und die Rosen wachsen ohne Behandlung, und selbst die vom Wohngemeinschaftsgenossen gepflanzten Reben an der Straßenseite gedeihen prächtig. Allerdings werden da die Kfz-Abgase mit dem Blei kräftig mithelfen, den «Schädlingen» den Garaus zu machen. Ich weiß auch schon, wie ich den fertigen Wein taufen werde: Freiburger Bleitröpfchen ...

Neben dem (biologischen) Anbau von Obst, Gemüse und Kräutern gibt es noch eine weitere Möglichkeit, im eigenen Garten aktiven Naturschutz zu betreiben – durch Anlegen eines Naturgartens (vgl. Literatur).

Damit können Sie auch den von Pflanzenschutzmitteln vertriebenen Nützlingen und Vögeln aus dem Nachbargarten eine Art Exil bieten ...: durch Bepflanzung mit Wildblumen, Hecken und Anlegen von einem Tümpel, Steinhaufen usw. können Sie wieder einen Lebensraum für

172

Vögel, Insekten und Kleinsäugetiere schaffen. Womöglich hören Sie beim Gießen am Abend wieder mal einen Frosch quaken oder sehen einen Igel . . .

Der Garten sollte am besten abends gegossen werden, und auch dies nur sparsam mit der Gießkanne – mit Wasser aus der Regentonne. Auch hier kann man Wasser sparen (vgl. Kapitel: Wasser).

Die Natur versalzen?

Zum Naturgarten und chemiefreien Anbau gehört auch der Verzicht auf Streusalz in Hof und Garten und Umgebung (und generell).

In der Bundesrepublik werden jedes Jahr über 1,5 Millionen Tonnen Streusalz auf Straßen, Wege und öffentliche Plätze gestreut. Rund 0,5 Millionen Tonnen stammen aus privaten Haushalten. Das Schmelzwasser sickert in den Boden und schädigt die Umwelt, Mensch und Tier.

Streusalz ruft eine Vielzahl von Schäden hervor:
◇ Es verätzt die Pfoten von Haustieren.
◇ Es verursacht eine Verkrustung und Verdichtung der Bodenstruktur.
◇ Es verursacht durch zunehmende Versalzung Baum- und Strauchschäden.
◇ Es führt zur Versalzung von Grund- und Trinkwasser.
◇ Es führt indirekt über den erhöhten Salzgehalt im Trinkwasser zu Bluthochdruck beim Menschen.
◇ Es greift Materialien wie Schuhe, Gehwegplatten, Straßenbelag, Beton usw. an.
◇ Es führt zum schnelleren Rosten von Autos.

Aus diesen Gründen sollte man kein Streusalz mehr verwenden, in einigen Städten (Berlin, Freiburg, Karlsruhe, Hamburg) darf inzwischen kein Streusalz mehr auf Gehwegen verwendet werden.

Folgende zwei Alternativen bieten sich an:
a) Mechanische Räumung;
b) Verwendung umweltfreundlicher Streumittel, die das Umweltzeichen tragen.

 Die grüne Tat

◇ keine Verwendung von chemischen Pflanzenbehandlungsmitteln
◇ keine Verwendung von Kunstdünger und Torf
◇ möglichst Kombination von Obst- und Gemüseanbau mit einem «Naturgarten»
◇ Anlegen eines Komposthaufens
◇ Aufstellen einer Regentonne
◇ im Winter keine Verwendung von Streusalz, sondern von alternativen Streumitteln mit dem *Umweltzeichen* (wie etwa Streusplitt)

Literatur

BUND-Informationsmappe «Biologischer Land- und Gartenbau», erhältlich beim BUND-Umweltzentrum, Rotebühlstraße 84/1, 7000 Stuttgart 1

«Gärtnern ohne Gift», Verbraucherzentrale Hamburg e. V., Große Bleichen 23, 2000 Hamburg 36

Voit/Guggenberger/Willi, «Das große Buch vom Biologischen Land- und Gartenbau», Orac-Verlag, Wien 1980

BUND-Informationsmappe «Der Naturgarten» (mit Samen verschiedener Wildblumen)

Öko-Institut, Öko-Mitteilungen Nr. 4 (Sept. 1982), Schwerpunktausgabe: Ökologischer Landbau

Wanda Krauth/Immo Lünzer, «Öko-Landbau und Welthunger», rororo aktuell 4849, Reinbek 1981

Petra Michaeli-Achmühle, «Der gesunde Garten», rororo sachbuch 7421, Reinbek 1981

Adressen

Bund für Umwelt und Naturschutz, In der Raste 2, 5300 Bonn 2

Gruppe Ökologie, Immengarten 31, 3000 Hannover

Stiftung ökologischer Landbau, Eisenbahnstraße 28–30, 6750 Kaiserslautern

Verbraucher-Zentrale Hamburg, Große Bleichen 23, 2000 Hamburg 36

Arbeitskreis Naturnaher Landbau, Im Pohlschen Bock 9, 3352 Einbeck

Freizeit statt Sozial-Mus

Ökologisch leben und wohnen

Nachdem mir von gewöhnlich schlecht informierten Kreisen zugetragen wurde, daß wir in einer «Freizeitgesellschaft» leben, bin ich doch etwas neugierig geworden. Was ist denn Freizeit, was Erholung, und was hat denn das schon wieder mit Umwelt zu tun?

Erholung definieren die Fachchinesen als eine Reproduktion der Arbeitskraft, als eine Kompensation der Abgespanntheit und Erschöpfung mit dem Ziel der völligen Wiederherstellung der Leistungsfähigkeit. Freizeit als «frei von fremdbestimmter Arbeit, frei verfügbare Zeit für den einzelnen».

Na also, frei verfügbar: Also rein ins Auto, und ab geht die Post. Für viele ist Freizeit zuerst einmal mit dem Auto verknüpft, weil das Auto Entfernung bringt, Ent-fernung von den Ballungsräumen in die Wochenendgebiete, in das Naherholungsgebiet. Und soziale Kontakte: miteinander verkehren können. Die Städte werden immer unwirtlicher durch Verödung der Innenstädte, Zersiedelung der Randbereiche und Zerschneidung mit Verkehrsstraßen. Lärm, Staub, Gestank. Raus ins Grüne.

Konsequent, wie wir sind, machen wir jetzt freilich auch noch das Grüne kaputt:

Wenn ich so das Wochenendverhalten einiger Leute sehe, dann kann ich wirklich nichts mehr von Erholung entdecken:

Freitag mittag wird im üblichen Verkehrsstau nach Hause gekrochen, dann der Wagen vollgeschmissen und das Surfbrett aufs Dach. Raus auf die Autobahn und rein in den Stau. (Freizeit – frei von Fremdbestimmung, frei verfügbare Zeit . . .) Am See angekommen, wird im wahrsten Sinne des Wortes ein Parkplatz erkämpft, notfalls auf der Wiese geparkt («Soll ich etwa auf der Bundesstraße parken?»), und während Mutti noch einen der letzten seltenen Vögel bewundert, wird Sohnemann beim Schwimmen fast von einem Surfer untergebügelt, und Pappi zerstört die letzten Schilf- und Nistplätze für die Vögel, die vor lauter Hektik nicht mehr ausbrüten können. (Erholung – Kompensation der Abgespanntheit . . .)

Nun wohne ich ja im schönen Baden-Württemberg und kann daher leicht über die Freizeitfernfahrer lästern. Aber trotzdem: Es gibt viele Möglichkeiten, auch im engeren Kreis Erholung zu finden, neue Wege zu finden, ohne die Umwelt kaputtzumachen.

Wider die Möblierung des Waldes

Manche Stadt- und Landschaftsplaner meinen, die Menschen hätten ein entfremdetes Verhältnis zur Natur (wie wahr!) und man könne den Leuten die Natur nur noch nahebringen, wenn man diese mit Bänken, Hütten, Trimmpfaden, Grill- und Spielplätzen ausstattet, möbliert (wie falsch!). Die *Natur dem Menschen* nahe *bringen*. Ich bin dafür, die Natur dort zu lassen, wo sie ist, und wenigstens die paar Stückchen nahezu unberührter Natur noch zu retten.

Es gibt da ein paar kleine Tricks:
Wochenende = Freizeit?

Wieso eigentlich immer am Wochenende? Gehen Sie doch einfach einmal unter der Woche spazieren. Sie werden erstaunt sein, die wochenends vollgestopften und vollgeparkten Erholungsgebiete sind auf einmal ganz verlassen, und Sie finden vielleicht Ruhe und Entspannung.

Oder stehen Sie morgens mal 'ne Stunde früher auf und bestaunen Sie den Frühnebel. Mit den ersten warmen Sonnenstrahlen wird sich Ihre Anspannung lösen wie der Nebel . . .

Viele der Auswüchse in Erholungsgebieten, die Ihnen auf die Nerven gehen und der Natur ans Herz, kommen vor allem durch die Konzentration vieler Besucher auf bestimmte Zeiten und bestimmte Orte. Tragen Sie deshalb zur «Dezentralisierung der Freizeit» mit bei. Es ist so einfach.

Morgens mache ich manchmal einen Waldlauf (deutsch: Jogging) vor dem Frühstück. Zuerst radle ich zehn Minuten bis zum Stadtwald, laufe etwa eine Viertelstunde und radle dann zurück, vorbei beim Bäcker, wo die frischen (Vollkorn-)Brötchen schon duften . . . Das ganze Unternehmen bringt meinen Kreislauf auf 180, mich und meinen Blutdruck auf die Höhe. Dennoch ist es weniger Sport als Entspannung. Wenn ich durch den Wald trabe, den Tau auf den Blättern sehe, die Vögel singen höre und das weiche gelbe Morgenlicht genieße, fühle ich mich weit weg von Stress, Naturzerstörung und Lärm. Und doch bin ich fast mitten in der Stadt.

Wenn die Natur baden geht

In letzter Zeit gehe ich im Sommer nicht mehr so gerne an den nahe gelegenen Baggersee. Es ist mir einfach zu voll. Der Auwald ist zugeparkt, und auf den wenigen Grünflächen tummeln sich Tausende, der See ist fast schon ölig vor lauter Sonnenöl.

Es sollte für jeden Ehrensache sein, an normalen (Bagger-)Seen
◇ mit dem Fahrrad zum See zu radeln,
◇ keinen «Freizeitmüll» liegenzulassen,
◇ nicht zu surfen, Boot zu fahren,
◇ kein Sonnenöl zu verwenden.

Die (Urlaubs-)Bräune ist das Statussymbol von Gesundheit und Erholung, in Wirklichkeit eher die Erinnerung an Sonnenbrand, Kopfweh und die Erwartung des Hautkrebses.

Tod durch zuviel Urlaubsbräune

Die Sucht nach Urlaubsbräune kann nach Auffassung des Dermatologen Prof. Hellmut Ippen (Universität Göttingen) innerhalb weniger Jahre zum Tode führen. Ippen berichtet jetzt, in den vergangenen neun Jahren habe er eine Verdoppelung bösartiger Tumore – ausgelöst durch die Sonne oder künstliche Lichtquellen – festgestellt. Ähnlich negative Trends seien ihm jetzt auch aus anderen Hautkliniken der Bundesrepublik bekannt geworden. 60 Prozent der Menschen, die von der braunschwärzlichen Geschwulst (malignes Melanom) betroffen sind, sterben nach Angaben des Wissenschaftlers innerhalb von fünf Jahren. Allein in Göttingen registriere er pro Jahr 250 Fälle.

Prof. Ippen begrüßte, daß in immer größerem Umfang Sonnenschutzmittel mit höheren Lichtschutzfaktoren angeboten werden. «Aber leider gilt für alle Sonnenhungrigen: Je höher der Lichtschutzfaktor, desto schwächer die Bräunung.» Nach seiner Auffassung können zwischen einem «Lichtschaden» und der Krebserkrankung bis zu 20 Jahren liegen. Dies gelte «für natürliches Licht genauso wie für künstliches». Als positiv vermerkte der Wissenschaftler, daß die Menschen aufmerksamer geworden sind. Sie suchten bereits im Frühstadium der Erkrankung einen Arzt auf.

Eine 1981 gestartete Aufklärungskampagne der Universität Göttingen gegen den sogenannten «schwarzen Krebs» soll im kommenden Jahr wiederholt werden, da sich herausgestellt habe, daß frühzeitig Behandelte nach den bisherigen Erfahrungen weitaus bessere Überlebenschancen haben. Bei der ersten Aufklärungsaktion konnten 98 Prozent der Patienten, die mit Hautverfärbungen in die Sprechstunde gekommen waren, wieder nach Hause geschickt werden, da kein Befund vorlag.   fwt

Aus: *Frankfurter Rundschau* vom 3. 8. 1983

«Der hat wohl einen Stich», heißt es in der Umgangssprache, gemeint ist der Sonnenstich. Selbst beim Sonnenbräunen brauchen wir die Chemie. Prophylaktisch reiben wir uns mit Sonnenschutzmittel ein, um dann aber nur noch länger in der Sonne zu liegen. Der «Lichtschutzfaktor» wird immer größer, der Preis immer höher. Und für das Kopfweh haben wir Kopfwehtabletten.

Seit zwei Jahren verzichte ich darauf, Sonnenschutzcreme zu nehmen, und lege mich eben in den Schatten, wenn es mir in der Sonne zuviel wird.

Resultat: Kein Sonnenbrand, kein Kopfweh, kein Öl im Wasser. Und sollte je herauskommen, daß in den Sonnencremes gefährliche Stoffe sind, kann ich mich auch sicher wiegen.

Almwiesen zu Schotterflächen
oder
Abfahrtsski zu Langlaufski

Als Junge holte ich mir ein paar Oldie-Ski vom Sperrmüll (Holzlatten ohne Belag, die Schuhe mit Riemen festgeschnallt) und lernte an einem Hügel in der Nähe meines Elternhauses, den Buckel runterzurutschen, ohne hinzufallen. Runterfahren, rauflaufen, runterfahren, rauflaufen. War ganz schön anstrengend, aber es machte einen Heidenspaß.

Später folgte ich dann den Zeichen der Zeit und kaufte mir «richtige» Ski, «richtige» Skistiefel und ging «richtig» skifahren: Das sah dann so aus: wochenends die Ski aufs Auto geschnallt, in die Berge gedüst und stundenlang Ski gefahren. Anfangs war es recht beeindruckend: die Abfahrten waren viel toller, länger, und mit der neuen Ausrüstung ließ es sich auch besser fahren. Nach einiger Zeit ging mir das Skifahren aber beträchtlich auf den Wecker: Genau zu den Zeiten, wo ich die Berge unsicher machte, gesellten sich noch Tausende anderer Freunde des weißen Sports auf die Pisten, mit dem Erfolg, daß ich immer stundenlang in der Liftschlange stehen mußte. Damit war der Spaß nur noch halb so groß. Schlußendlich gab ich diese Art des Skifahrens auf: Es war mir zu teuer und zu aufwendig und engte meine Eigeninitiative zu sehr ein. Mittlerweile – schlau geworden – kann ich auch noch ökologische Gründe für meinen damaligen Entschluß anführen:

Almwiesen werden zu Schotterwüsten

Die starken Beschädigungen durch den Skisport treten erst im Sommer zutage

MÜNCHEN (AP) – Sommerwiesen auf den Almen, Blickfang für jeden Bergwanderer, «sterben» in der Wintersaison: Die warmen Monate bringen es an den Tag, wie vor allem bei Anlagen für und durch Skifahrer ganze Landschaftsstriche in den Alpen zerstört werden. Kürzlich informierte sich der Umweltausschuß des Landtags auf Einladung des Deutschen Alpenvereins – wie berichtet – im Gebiet des Fellhorns bei Oberstdorf im Allgäu über Folgeerscheinungen der Erschließung des Gebietes für den Pistenskilauf. Bergbauern und Senner haben in nächster Zeit wieder Gelegenheit, an offizieller Stelle zu klagen.

Im August findet nämlich in Oberbayern die alljährliche «Hauptalmbegehung» von Vertretern der Bezirksregierung statt. Mit dabei ist auch ein «Almfachberater» der Regierung, der sich mit den Problemen der 623 anerkannten Almen in Oberbayern und den 16 500 Hektar Lichtweideflächen auskennt. Vorschriften und Anweisungen für den Schutz der Almen gibt es zwar genug. So veröffentlicht zum Beispiel die Regierung Oberbayerns seit etwa zwei Jahren Informationen zur Landschaftspflege für die offiziellen Naturschützer. Ein Schwerpunktthema war dabei auch die Pflege von Skipisten in der warmen Jahreszeit.

Überdies müssen die Betreiber von Liften und Pisten nach dem bayerischen Naturschutzgesetz darauf achten, daß der Naturhaushalt nicht geschädigt wird. Darüber hinaus ist für jene insgesamt 41 Skipisten, die aus dem bayerischen Programm «Freizeit und Erholung» seit 1972 mit Staatszuschüssen von 4,2 Millionen und zinsgünstigen Darlehen von 2,9 Millionen gefördert wurden, Pistenpflege im Sommer in Form von Begrünung angeordnet.

Die Grasarten sollten «frohwüchsig» sein, empfehlen die Behörden. Die Rekultivierung muß indes wohlüberlegt sein. Es müssen Gräser verwendet werden, die dem Bergklima gewachsen sind. Wenn aber die Grasdecke nicht genügend Zeit hatte, sich zu verfestigen, kann der Oberboden beim nächsten starken Regen einfach weggeschwemmt werden.

Das Problem der beschädigten Almwiesen ist international und betrifft Tirol ebenso wie andere Alpenregionen. Der Deutsche Alpenverein hat schon vor einiger Zeit in einer Studie über umweltverträgliche Planung im Alpenraum auch auf die Gefährdung der Almen hingewiesen. In den meisten erschlossenen Gebieten der Alpen sind die Schäden sichtbar.

Der Teufelskreis der Zerstörung beginnt beim Gedanken an die Steigerung des Fremdenverkehrs. Lifte und Abfahrten, Berg- und Talstationen entstehen. Dafür werden Schneisen in Bergwälder geschlagen, Baumstümpfe ausgerissen, Unebenheiten auf den Almwiesen mit schweren Schubraupen begradigt. Als Folge wird die Wasserführung gefährlich beeinflußt, die Grasnarbe aufgerissen, Boden bloßgelegt wie eine offene Wunde. Weil Pflanzenwurzeln herausgerissen werden, sind die Pflanzen dort in ihrem Bestand gefährdet.

Schließlich schwindet der Humus, Erosion setzt ein. Sie führt zu Erdrutschen und Muren und gefährdet dabei jene Menschen, für die das alles eigentlich gedacht war. Die Bauern schließlich melden Ertragsminderungen je nach Belastung der Pisten zwischen 10 und 80 Prozent. Denn bei geringer Schneehöhe wirken die Stahlkanten der Ski wie Rasiermesser. Eine Pistenwalze verdichtet die Schneedecke, sie wird undurchlässig auch für Sauerstoff. Die Pflanzenbestände und Wurzeln ersticken und verfaulen darunter. Auch die Schneeschmelze wird verzögert. Das zur Freude des eifrigen Skifahrers, der von den Problemen der Bauern kaum etwas bemerkt. Er fährt über autobahnglatte Pisten auf weißem Schnee und ärgert sich höchstens über die «braunen Stellen», wenn der nackte, pflanzenlose Erdboden an Geländekanten und vielbefahrenen Stellen hervortritt. Erst im Sommer sieht man das ganze Ausmaß der Zerstörung. Die Almwiesen wurden zu Schotterwüsten.

Aus: *Süddeutsche Zeitung* vom 13. 8. 1981

Viele Wintersportgebiete sind mittlerweile gigantische Betonsiedlungen inmitten der ehemals intakten Almwirtschaft geworden. Die dörflichen Strukturen sind genauso zerstört wie die Wiesen im Frühling. Die durch die Schneeverdichtung und durch Skikanten zerstörten Matten sind der Erosion unterworfen und können nur noch mit großem Aufwand «repariert» werden. Zudem bedingt diese Art des Intensiv-Wintersports meist eine An- und Abfahrt mit dem Auto und ist, insbesondere durch die einseitige Beanspruchung der Gelenke und der Beinmuskulatur und durch eine sehr hohe Unfallrate, eher ungesund.

Im Vergleich dazu ist Langlaufen zweifelsohne die «ökologischere» Variante des Skifahrens: Sie bedingt kaum eine eigene Infrastruktur, ist eindeutig gesünder und kann in vielen Gegenden bei auch nur geringer Schneehöhe «von der Haustür aus» ausgeübt werden, erspart also lange Anfahrwege. Zudem ist es deutlich billiger.

Einen Nachteil hat es freilich auch: Das im Winter geschwächte Wild wird durch viele Langläufer oft aufgescheucht und mehr gestresst. Man sollte daher zumindest am Wochenende nur auf festgelegten Loipen laufen und unter der Woche – wenn nicht viele unterwegs sind – beim Laufen quer durch den Wald aufpassen, daß man nicht unnötig Wild aufscheucht, und auf keinen Fall diesem noch hinterherlaufen.

Beim Vergleich Alpin-Skifahren und Ski-Langlaufen wird deutlich, welche «Kriterien» für eine «ökologisch orientierte Freizeit» gelten können (nachdem es mit dem ökologisch orientierten Wirtschaften nicht so ganz klappt ...):

Alpines Skifahren erfordert
◇ eine aufwendigere Ausrüstung
◇ eine spezielle Infrastruktur (Skilifte, Skidörfer)

◇ eine hohe örtliche Konzentration (bedingt ökologische Überlastung des Gebiets und gleichzeitig Schlange stehen etc.)
◇ mehr Geld
und ist zudem eher ungesund.

Ski-Langlauf erfordert demgegenüber
◇ eine vergleichsweise bescheidene Ausrüstung
◇ keine spezielle Infrastrukturmaßnahmen, also keine baulichen Eingriffe in die Natur
◇ weniger Geld
und ist «dezentral» durchzuführen und gesünder.

Mir persönlich machen die «ökologisch orientierten Freizeitaktivitäten» (wie auch Waldlaufen, Federballspielen, Tischtennisspielen, Kicken usw.) einfach auch deswegen mehr Spaß, weil sie mir viel mehr Freiraum lassen und ich nicht auf Gerätschaften wie Surfbretter und/oder nicht auf Anfahrtswege zu Sportstätten oder ähnlichen Einrichtungen angewiesen bin. Die meisten dieser Aktivitäten sind im «Wohnumfeld» (zu deutsch: in der Nähe meiner Wohnung) möglich, und gerade diesem kommt für meine tägliche Erholung eine besondere Bedeutung zu.

Das tägliche Wohnumfeld und das Wohnen

Schließlich habe ich nur einmal/zweimal im Jahr einen längeren Urlaub und will mich genauso auch unter der Woche erholen und wohl fühlen und nicht nur am Wochenende.

Wohngemeinschaft – nein danke?
Seit nunmehr zwölf Jahren wohne ich in Wohngemeinschaften. Es ist eine Lebensform, die *mir* mehr Spaß macht als die traditionelle «Zweierkiste» oder Familie. Wobei natürlich auch Paare und Familien in WGs leben können.

Ich halte WGs auch für «ökologisch angepaßter», meine aber trotzdem, daß jeder für sich die Entscheidung, wie er wohnen will, mehr aus ganz persönlichen und sozialen Gründen fällen sollte.

Worte der Woche von Jugendlichen der Kölner Hochhaussiedlung Chorweiler

»Die Leute leben
in Käfigen aus Beton
in einem Ort, der
ihnen nichts zu bieten
hat – Chorweiler.«
Heidi Mende, 17

Auf rund einem Quadratkilometer wohnen in Chorweiler 30 000 Menschen

»Manchmal frage ich
mich: Warum müssen
Menschen so hoch
hinaus?«
Petra Michels, 16

»Sonntags komme
ich vom Campingplatz
zurück. Dort ist alles grün
und die Luft noch rein.
Wenn ich dann die ersten
Hochhäuser sehe,
bekomme ich einen
regelrechten Schock.«
Iris Bürvenich, 17

»Hohe Betongräber,
die beschmiert sind
mit Aggressionen.
Auf einer Hauswand
steht: Hoch lebe
die Zukunft!?«
Gilbert Neidhardt, 17

»An Buchen, Fichten
und Tannen erinnern hier
nur noch die Straßen-
namen, und die gelb und
braun bemalten Balkone
sind nur billige Tarnung.«
Katja Beyfuß, 16

»Das einzige Bunte
sind die Schimpfwörter,
die an die Wände
gemalt sind.«
Anja Kauf, 17

»Ich sehe das alles
tagtäglich. Und ich kann
nicht begreifen, daß
das der Fortschritt
sein soll.«
Marcus Klaar, 16

Fotos: Amadeus Gummersbach, Cornelius Meffert, DEFD-Foto: Volker Hinz

Aus: *Stern* 38/1983

Im übrigen gibt es auch fließende Übergänge wie Zweck-Wohngemeinschaften, Hausgemeinschaften und anderes mehr.

Ich fühle mich in Wohngemeinschaften wohler und mag lieber dort
wohnen als allein leben oder nur mit einer Freundin zusammen. Es ist
geselliger, man kann schön zusammen kochen, essen, spielen, streiten
und vieles andere mehr. Ich halte Wohngemeinschaften nicht für eine
Lebens- und Wohnform, die problemlos, ohne Konflikte und idyllisch
ist. Im Zusammenleben gibt es immer Konflikte, sei es in der Familie, in
der WG oder in der Zweierkiste. Die Entscheidung über diese Formen
des Zusammenlebens muß jeder für sich und immer wieder treffen.

Nun aber zu den «ökologischen Vorteilen» einer WG. Durch die ge-
meinschaftliche Nutzung von Küche, Bad usw. wird weniger Wohnraum
und weniger Energie (pro Person) in Anspruch genommen. Darüber
hinaus werden durch gemeinsames Benutzen von Haushaltsgeräten wie
Waschmaschine, Fernseher usw. bis hin zum gemeinsamen Auto weniger Güter (gleichbedeutend auch mit weniger Umweltbelastung bei der
Produktion) benötigt.

Ebenso ist es in WGs leichter, durch Verteilung des Einkaufs, des

184

Kochens usw. und entsprechende Zeitersparnis ökologischer zu leben, z. B. frisches Gemüse zu kochen statt aus der Konservendose zu leben.

Dies ist prinzipiell auch möglich in *Hausgemeinschaften* oder *Zweck-Wohngemeinschaften*. Sie können sich beispielsweise mit dem Nachbarn/der Nachbarin beim Kochen abwechseln oder beim Kuchenbacken dem Nachbarn/der Nachbarin noch einen mitbacken und ihn damit überraschen. Für viele haben solche Kontakte – im Vergleich zur WG – den Vorteil, daß sie weniger «institutionalisiert» sind und mehr auf Lust und Laune beruhen.

Ich bin in der glücklichen Lage, nicht nur in einer WG zu leben, sondern auch in einem Haus, in dem auch unter den Hausbewohnern aus verschiedenen Wohnungen viel «abläuft». Sei es, daß man gemeinsam kocht oder mal gemeinsam frühstückt, Hausfeste veranstaltet, gemeinsam eine Volkszählung boykottiert oder anderes mehr.

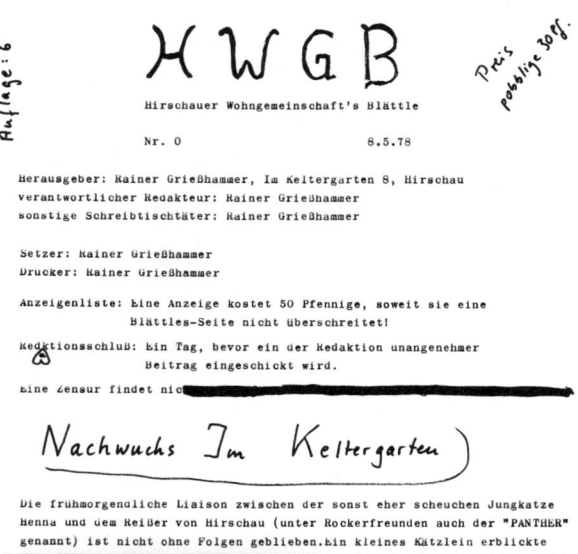

Auflage: 6

H W G B

Hirschauer Wohngemeinschaft's Blättle

Preis politisch sorf.

Nr. 0   8.5.78

Herausgeber: Rainer Grießhammer, Im Keltergarten 8, Hirschau
verantwortlicher Redakteur: Rainer Grießhammer
sonstige Schreibtischtäter: Rainer Grießhammer

Setzer: Rainer Grießhammer
Drucker: Rainer Grießhammer

Anzeigenliste: Eine Anzeige kostet 50 Pfennige, soweit sie eine
                Blättles-Seite nicht überschreitet!
Redaktionsschluß: Ein Tag, bevor ein der Redaktion unangenehmer
                   Beitrag eingeschickt wird.
Eine Zensur findet nic████████████████████

Nachwuchs Im Keltergarten)

Die frühmorgendliche Liaison zwischen der sonst eher scheuchen Jungkatze Henna und dem Reißer von Hirschau (unter Rockerfreunden auch der "PANTHER" genannt) ist nicht ohne Folgen geblieben. Ein kleines Kätzlein erblickte

das Dunkel der Welt und kann sich noch seines Daseins erfreuen, da ihm das Ganze blend drumherum noch verborgen bleibt.

Wiewohl gewöhnlich schlecht informierte Biologinnen das Gegenteil hartnäckigst behaupten, ist doch zu fragen, ob angesichts der geringen Zahl der Nachkommen nicht ein anderer Kater in Frage kommt, der von den Katzen ganz Hirschau's ob seiner Behäbigkeit und seines dekaden-

Henna

185

Aus:
Das Haus Nr. 9/83,
Ausgabe Baden

Innenhöfe

Im Grünen wohnen und leben

Der Dornröschenschlaf jahrzehntelang vernachlässigter Innen- und Hinterhöfe in den Städten ist vorbei. Hausgemeinschaften erwecken den Abstellplatz von Mülltonnen zu neuem Leben. Sie machen mit wenig Mitteln und gutem Willen einen Ort der Begegnung daraus.

Nur etwa 45 m² groß ist der Hinterhof eines Münchner Reisebüros. Vor dem Haus vierspurig der Verkehrsfluß, dahinter eine kleine grüne Welt für sich. Die Angestellten des Reisebüros benutzen den Hof für die Mittagspause mit.

Wilder Wein hat hier in diesem Innenhof in Karlsruhe die Mauern vollkommen eingegrünt. Das ging ohne großen Aufwand, denn der wilde Wein kommt mit einem schmalen Beet aus. Am besten wächst er, wenn er im Frühjahr gepflanzt wird.

106 Das Haus September '83

Es gibt so viele Möglichkeiten derartiger Kommunikationsmöglichkeiten, daß man ein eigenes Buch darüber schreiben könnte. Aber noch besser ist, daß **Sie** die Anonymität **Ihres** Wohnblocks durch entsprechende Aktivitäten aufknacken.

Die Spannweite von Möglichkeiten will ich noch an zwei Beispielen zeigen:
1. Die *Hauszeitung* (Wohnblock-, Straßenzeitung)
In Hirschau, wo ich einst wohnte, fabrizierte meine WG eine Hauszeitung (einfach getippt und in wenigen Exemplaren kopiert, Muster S. 185). Es machte mindestens genauso Spaß, die Zeitung zu schreiben wie sie zu lesen.

Bei Wohnblocks kann man in solchen Zeitungen neue Mieter vorstellen, Hausfeste organisieren, Gedichte und Unsinn schreiben, den neuesten Witz erzählen, Vorschläge zum Energiesparen machen, und und und ... Oder eine Anregung bringen, den Hinterhof zu begrünen.

2. *Hinterhofbegrünung / Fassadenbegrünung*
Der häßlichste Hinterhof und die häßlichste Fassade könnten durch Begrünung eine unerwartete Belebung erfahren. Auf einmal ist es im Hinterhof so schön und lauschig, daß man sich lieber dort mit Freunden und Nachbarn trifft als auf dem Autobahnstau.

Nachdem ich nun beschlossen habe, meinen Lebensmorgen, -mittag und -abend in Freiburg zu verbringen, werde ich hoffentlich mit vereinten Kräften der Hausgemeinschaft die Kraft und Zeit finden, auch den Hinterhof unseres Hauses in eine grüne «Nische» zu verwandeln.

Als nächstes ist dann der Balkon dran, nachdem ich gerade auf einem Foto (vgl. S. 187) einen Kirschbaum (!) im 16. Stock eines Hochhauses gesehen habe.

3. Spielstraße / verkehrsberuhigte Zone
Wenn Sie nicht gerade an einer höllischen Durchgangsstraße wohnen, dann veranstalten Sie doch mal zusammen mit den Nachbarn ein kleineres Straßenfest. So was wird sogar ab und zu behördlich erlaubt!

Vielleicht blitzt dann auch irgendwo der Gedanke auf, die Straße durch Sitzbänke, Pflanzentröge, Teilabsperrungen usw. wieder wohnlich zu machen und den Verkehr zu beruhigen. Dazu bedarf es allerdings erheblicher Diskussionen mit den zuständigen Behörden. Aber irgend jemand muß ja mal damit anfangen.

Ökologisches Bauen
Wenn Sie ein Haus bauen oder größere Renovierungen vornehmen wollen, sollten Sie die Umweltbeeinträchtigungen bei der Produktion der Baustoffe und die laufenden Umweltbelastungen (Energie-, Wasserverbrauch) berücksichtigen bzw. minimieren und auch an die eigene Gesundheit denken (Lärmschutz, Emissionen der Baustoffe).

So werden beispielsweise für die Produktion – etwa für Fensterprofile – rund 850 kWh benötigt, zur Produktion einer Tonne Aluminium rund das Hundertfache: 72 500 kWh.

So entfallen 28 % des Primärenergieverbrauchs der Bundesrepublik auf die privaten Haushalte sowie rund 20 % der Schwefeldioxidemissionen und rund 14 % der Stickoxidemissionen (vgl. Kapitel: Energie).

Auch eine rationelle Wasserverwendung (vgl. Kapitel: Wasser) ist sinnvoll.

Der gute Tip

Als Ziel des ökologischen Bauherrn und der Baudame muß daher eine energie-, wasser- und rohstoffsparende Bauweise angestrebt werden, durch
◇ Anpassung der Gebäude an die natürlichen Standortfaktoren (Klima, Boden)
◇ Nutzung der örtlichen Ressourcen (Umgebungsenergie, Baumaterialien und Rohstoffe usw.)
◇ Mehrfachnutzung von Ressourcen durch Wasser- und Energiekreisläufe
und nicht zuletzt durch gemeinschaftliches Bauen und Wohnen.

Bevor Sie also Ihre Bausparverträge unökologisch verplempern, sollten Sie sich unbedingt über ökologisches Bauen informieren (vgl. Literatur- und Adressenanhang).

 Die grüne Tat

◇ Freizeitaktivitäten und Sportarten bevorzugen, die
  • keine großen Planungen
  • keine baulichen Eingriffe in die Natur und
  • eine vergleichsweise bescheidene Ausrüstung
    erfordern
  • die im Wohnumfeld und
  • auch unter der Woche möglich sind, also etwa
  • Federballspiel im Park statt Squash in der Halle
  • Skilanglaufen statt alpinem Skifahren
  • Schwimmen statt Surfen
  • Drachen steigen lassen statt Drachenfliegen ...
  • unter der Woche frühmorgens vor der Arbeit im Früh-
    nebel spazierengehen, statt am Sonntag auf der Sonn-
    tagsspaziergängerrennbahn
  • Fahrradfahren statt Autofahren usw.

◇ gemeinschaftliches Wohnen praktizieren
  • in einer Wohngemeinschaft oder
  • in einer Hausgemeinschaft oder
  • durch intensive Nachbarschaftskontakte
  • durch gemeinsame Gartengestaltung,
    Fassadenbegrünung, Wandbegrünung
  • durch Haus- oder Straßenzeitungen
  • durch Haus- oder Straßenfeste, Einsetzen
    für Spielstraßen und verkehrsberuhigte Zonen

◇ beim Hausbau oder größeren Renovierungen
  • auf ökologische Bauweise und -materialien achten
  • wasser- und energiesparende Renovierungen durch-
    führen (Wärmedämmung, Warmwassersolaranlage,
    Brauchwassernutzung usw.)

Literatur

Freizeit/Erholung: G. Fritz / W. Mrass, «Inanspruchnahme der Landschaft durch Freizeit», in: G. Olschowy (Hg.), «Natur- und Umweltschutz in der BRD», Hamburg/Berlin 1978

Wohnen/Bauen: Ulrich Schwarz (Hg.), Technologie und Politik Bd. 18, «Grünes Bauen», rororo aktuell 4936, Reinbek 1983

Umweltbundesamt (Hg.), «Ökologisches Bauen», Bauverlag, Wiesbaden 1982

«energisch leben», Stattbuch-Verlag, Berlin 1983

Wer gut englisch lesen kann:

«The Integral Urban House, Self-Reliant Living in the City», Farralones Institute, San Francisco 1979

Adressen

Freizeit/Erholung: Deutscher Alpenverein, Praterinsel 5, 8000 München 22

Bundesanstalt für Naturschutz und Landschaftsökologie, Konstantinstraße 110, 5300 Bonn 2

Die Naturfreunde, Großglocknerstraße 28, 7000 Stuttgart 60

Wohnen/Bauen: Umweltbundesamt, Bismarckplatz 1, 1000 Berlin 33

Die Deutschen: Geisterfahrer im Umweltschutz

Du könnte man ja glatt wieder zum Autofahrer werden.
oder
Fahrradfahrer leben länger, hat der Arzt gesagt.

«Bald wird man überall hinfahren können,
nur wird es nicht mehr lohnen, dort anzukommen.»
Konrad Lorenz

Für viele gibt es nur eine mögliche Variante des Verkehrs ... Sie wissen, was ich meine: das Auto. Selbst sonst notorische Umweltschützer können nicht davon lassen, das Auto als ausschließliches Fortbewegungsmittel zu benutzen.

Ich will hier nicht prinzipiell *gegen* das Auto argumentieren und es verteufeln. Schließlich fahre ich auch selbst mit dem Auto, wenn es notwendig ist. Es geht vielmehr darum, aus der Fülle geeigneter Verkehrsformen (Zufußgehen, Fahrradfahren, Autofahren, öffentliche Verkehrsmittel wie Bus, Straßenbahn und U-Bahn, Flugzeug, Schiff) jeweils die herauszusuchen, die das gewünschte Ziel in vernünftiger Zeit, mit vernünftigem finanziellem Aufwand und auf möglichst umweltschonende Weise erreichen läßt: Wenn Sie eine Ferienreise nach Australien machen, werden Sie selbstverständlich das Flugzeug benutzen. Wenn Sie von Frankfurt nach Stuttgart wollen, ist es geradezu unanständig, das Flugzeug zu nehmen (der Intercity der Bundesbahn benötigt für diese Strecke genau 2 Stunden 14 Minuten). Wenn Sie auf dem Land wohnen und abends jemand besuchen wollen, der drei Dörfer weiter wohnt, wird meist das Auto die einzige Möglichkeit sein. Wenn Sie in der Stadt wohnen und zu Ihrer zwei Kilometer entfernten Arbeitsstätte wollen, ist es wiederum unnötig, mit dem Auto zu fahren.

Für viele ist *ihr* Auto das Fortbewegungsmittel Nr. 1, das gleichzeitig «Freiheit und Abenteuer» vermittelt. Etwas anderes kommt für sie gar nicht mehr in Frage. Es sind vor allem zwei Punkte, die diese Entwicklung gefördert haben und weiter fördern:

◇ die «Automobilmachung» der Gesellschaft, die einseitige Ausrichtung der Infrastruktur auf das Auto. Das reicht von dem weithin miserablen Angebot an öffentlichen Verkehrsmitteln bis hin zum Supermarkt am Stadtrand, der den Tante-Emma-Laden um die Ecke liquidiert hat.

◇ die persönliche «Gewöhnung» eines jeden an sein Auto und die mangelnde Erfahrung mit anderen Verkehrsträgern. So probieren viele Autofahrer nur in Ausnahmesituationen (Auto streikt) andere Verkehrsmittel. Da sie dann natürlich keinen Busplan haben, fährt ihnen der Bus vor der Nase weg, oder sie wählen genau *den einen* Bus, der einen ungünstigen Anschlußbus hat. Oder sie fahren mit dem Fahrrad, und genau an dem Tag regnet es zum erstenmal seit Wochen, und da sie als ansonsten notorischer Autofahrer kein Regenzeug dabei haben, werden sie tropfnaß usw.

Die beiden Punkte (Automobilmachung und Gewöhnung) bedingen sich gegenseitig. Der unaufhaltsame Aufstieg des Fahrrads in den letzten Jahren zeigt allerdings, daß solche Entwicklungen auch zu beeinflussen und zu korrigieren sind.

Autostau im Feierabendverkehr

Fahrradfahren im Stadtpark

Vom Drahtesel zum Fünfgangrenner

Als ich einst in Tübingen studierte, wohnte ich zwei Dörfer weit entfernt. Die naturwissenschaftlichen Institute lagen auf einem Berg, so daß ich normalerweise mit dem Auto, allein oder mit Kollegen, oder auch mit dem Bus zur Arbeit fuhr. Die Fahrstrecke war etwa 13 Kilometer lang, und es dauerte mit dem Auto je nach Tageszeit zwischen 15 Minuten (nachts, bei ausgeschalteten Ampeln) und 35 Minuten (Feierabendverkehr) und an die 40 bis 45 Minuten mit dem Bus.

Da auch ich mich dem Trend der Zeit nicht verschließen mochte, kaufte ich mir irgendwann einmal ein Fahrrad, um damit im Dorf einkaufen zu fahren oder mal abends oder am Wochenende in der Gegend herumzuradeln.

An einem schönen Sommermorgen – es war Samstag – radelte ich über Waldwege und abseits der Straße Richtung Tübingen und an den naturwissenschaftlichen Instituten (die am Waldrand liegen) vorbei. Zu meiner großen Überraschung brauchte ich für die Strecke weniger als eine halbe Stunde, obwohl doch die Fahrstrecke vermeintlich 13 Kilometer betrug und es bergauf ging. Ein Blick auf die Landkarte zeigte mir aber, daß der Weg durch den Wald nicht nur besonders schön war, sondern auch eine Abkürzung bedeutete: Er war nur 8 Kilometer lang, und ich konnte – im Gegensatz zum Auto – sogar bis vor die Institutstür radeln.

Seit diesem Tag radelte ich regelmäßig ins Institut, auf dem Hinweg in 25 Minuten, auf dem Rückweg in 20 Minuten (den Berg hinunter). Frühmorgens brachte das meinen etwas trägen Kreislauf in Schwung, abends fuhr ich oft sogar Umwege im Stil einer Miniradtour. Daheim angekommen, hatte ich mich dann von der Arbeit schon erholt und war wieder quicklebendig. Ohne Bedauern dachte ich an die Zeiten zurück, als ich müde aus dem Labor kam, eine halbe Stunde oder länger im Stop-and-go-Stau im Auto saß, noch müder daheim ankam und mich erst noch ausruhen und entspannen mußte, um dann vielleicht abends noch etwas zu radeln ...

Das Schöne an dieser Geschichte ist, daß sie wahr ist.

Verkehrsmittelnutzung
im Nahverkehr

Etwa 80% aller Kfz-Personenfahrten im Bundesgebiet erfolgen im Nahverkehr (unter 15 Kilometer); im Entfernungsbereich bis 10 Kilometer sind es rd. 70%, im Bereich bis 5 Kilometer noch rd. 50%. Der Nah- bzw. Stadtverkehr ist so gesehen der Haupteinsatzbereich des Pkw. Die Gesamtleistungen im Pkw-Verkehr bis 15 Kilometer betrugen 1975 72 Milliarden Kfz-Kilometer.

Bemerkenswert ist, daß rund zwei Drittel aller Wege im Entfernungsbereich zwischen 3 und 5 Kilometer, über die Hälfte aller Wege zwischen 2 und 3 Kilometer, zwei Fünftel aller Wege zwischen 1 und 2 Kilometer, sowie immerhin noch ein Viertel aller Wege zwischen einem halben und 1 Kilometer mit dem Pkw zurückgelegt werden – das sind zweifellos ideale Fahrradentfernungen, denn fast zwei Drittel aller Fahrrad- und Mofafahrten erstrecken sich gegenwärtig auf Entfernungen bis zu 2 Kilometer, und über 90% haben eine Entfernung von weniger als 5 Kilometer.

Das Fahrrad kann in seinem überwiegend spezifischen Einsatzbereich (Nahverkehr, Entfernungsbereich bis 10 Kilometer) als ökologisch und ökonomisch sinnvollstes Verkehrsmittel angesehen werden. Seine Vorteile sind: Emissionsfreiheit, Ressourcenschonung (energie- und rohstoffsparend in Herstellung und Betrieb, geringe Flächenansprüche für die Infrastruktur), Gesundheitsförderung, intensiveres Stadterlebnis der Radfahrer, hohes Maß an Verfügbarkeit, verhältnismäßig geringer öffentlicher und privater Aufwand (Investitions-, Unterhaltungs-, soziale Folgekosten), Fahrzeitvorteil vor Pkw im Bereich bis 4 Kilometer. Bedienungsfreundlichkeit.

196

Gemessen an seinen Vorteilen und seiner umweltbedingten Förderungswürdigkeit, ist das Verkehrsmittel Fahrrad in den sechziger und siebziger Jahren von den Verkehrsteilnehmern, der Politik und Planung vernachlässigt worden. Mit zunehmendem Wohlstand der Gesellschaft hatte sich eine Privilegierung des Kraftfahrzeugverkehrs eingestellt und Ausdruck in der Siedlungsstruktur und Verkehrsinfrastruktur gefunden: die Bewegungsspielräume und damit die Attraktivität der konkurrierenden Verkehrsarten – Zufußgehen, Radfahren und öffentlicher Personennahverkehr (ÖPNV) – verminderten sich derart, daß von einer «Wettbewerbsverzerrung» gesprochen werden kann. Eine «Fahrradkultur» wie in den Niederlanden existierte in diesem Zeitraum in der Bundesrepublik nicht. Im Fahrradsektor besteht daher ein Nachholbedarf, was das Image der Radfahrer und des Radfahrens, die Einschätzung der Leistungsfähigkeit des Verkehrsmittels, die Fahrradverkehrs-Infrastruktur, die Verkehrssicherheit sowie fahrzeugtechnische Verbesserungen anbetrifft. Ziel muß darum einerseits die Deckung des Nachholbedarfs, andererseits eine gezielte Förderung der Fahrradnutzung sein.

Aus: *Umweltbrief 26 «Fahrrad und Umwelt»* des Bundesministers des Inneren

Allgemeiner
Deutscher
Fahrrad-Club e.V.

Es wird Zeit, daß dem Fahrrad eine Chance gegeben
wird! Wir warten nicht auf
bessere Zeiten, wir tun etwas
fürs Rad!

Was wir machen und was wir machen
wollen, lesen Sie auf den nächsten Seiten. Lernen Sie die vielen guten Seiten
des ADFC kennen!

Was ist der ADFC?

Er ist ein Verein für Alltags- und Frei-
zeitradler und kein Rennsportclub.
Er versteht sich als Interessenvertre-
tung von nichtmotorisierten Verkehrsteilnehmern, insbesondere Radlern,
aller Altersgruppen.

Was will der ADFC?

Er will angesichts der
miserablen Situation
für Fahrradbenutzer
nicht in die Luft gehen,
sondern auf dem
Boden der Tatsachen
bleiben:

1. Nur 30% der Bun-
   desbürger haben
   ein Auto, hingegen
   mehr als doppelt
   so viele ein Fahrrad.
2. Fahrradfahren ist
   nicht teuer. Die
   Anschaffung eines
   Fahrrades ist für
   jeden erschwinglich
   und das Fahrrad
   frißt kein teures
   Benzin.
3. Radfahren ist
   gesund.
4. Radfahren spart Energie.

Das Fahrrad ist also ein vernünfti-
ges Verkehrsmittel. Das Radeln muß
daher gefördert werden. Der ADFC
setzt sich mit seinen Forderungen
und konkreten Vorschlägen dafür
ein, daß man überall bequem und
sicher mit dem Fahrrad hinkommt,
in die Schule, zum Einkaufen, zur
Arbeit, zu Freizeit und Erholung.

Es gibt eine Fülle von Schwierigkeiten und Unannehmlichkeiten, die die
Radfahrer behindern. Das reicht von mangelnden Radwegen, schlechten Unterstellmöglichkeiten bis hin zu aggressiven Autofahrern, die einen an den Rand drängen oder den Radweg zuparken usw.

Vom Gesetzgeber und von den Kommunen gibt es hier eine Menge zu
tun, um fahrradfreundliche Städte zu schaffen. Beispielsweise:
◇ Schaffung einer *Fahrradinfrastruktur*: Dazu gehören neben dem

Einige Aufgaben des ADFC

Radwege, Radfahrstreifen und Verkehrsberuhigung

Ob in Hamburg, Kamen oder Karlsruhe, überall gibt es zu wenige Radwege. Und die wenigen vorhandenen werden oft zugeparkt. Viele Kreuzungsbereiche stellen für Radler eine besondere Gefahr dar. Auch Wohnstraßen sind oft gefährlich: sie sind trotz geringem Autoverkehr breit ausgebaut und verführen daher zum Rasen – Todesfallen für Kinder und Alte.

Das muß anders werden!

Der ADFC als bundesweiter Verein setzt sich dafür ein, daß Vorschriften und Richtlinien so geändert werden, daß Radwege nicht Abfallprodukte der Autostraßenplanung bleiben, sondern entsprechend den Bedürfnissen der Radler ausgelegt werden, d. h. gut befahrbar und sicher sind.

Das Netz von Radwegen muß ergänzt werden durch verkehrsberuhigte Gebiete, in denen auch kleine Kinder sicher radeln können.

Und überall, wo es ADFC-Ortsgruppen gibt, werden Planern und Politikern konkrete Verbesserungsvorschläge für Radwege und verkehrsberuhigende Maßnahmen vorgelegt.

Außerdem kümmert sich der ADFC um:

● besseren Diebstahlschutz durch sichere Abstellmöglichkeiten und eine Registrierung der Fahrräder.

● technische Weiterentwicklung des Fahrrads und seiner Zubehörteile

● Erfahrungsaustausch mit ausländischen Radlerverbänden

● Verkehrserziehung von Kindern und Autofahrern

● bessere Unfallforschung durch Analyse des Verhaltens von Radlern und Autofahrern

● Fahrradverleih nicht nur in Erholungsgebieten, sondern auch in Städten

● und nicht zuletzt um fahrradfreundlichere Verkehrsregelungen

Der ADFC ist ein junger Verein (Jahrgang 1979) und junge Vereine brauchen viele neue Mitglieder. Machen Sie mit beim ADFC, denn Mitmachen macht hier Spaß!

Sie erreichen uns unter folgender Kontaktadresse:

Falls keine Kontaktadresse angegeben, wenden Sie sich bitte an:

ADFC e. V.
Postfach 10 77 44
2800 Bremen

Wegenetz auch Abstellanlagen, Vermiet- und Servicestationen, Leitsysteme und anderes.

◇ Ebenso dienen auch Anliegerstraßen, verkehrsberuhigte Straßen, Änderung (S. 200) der Verkehrsführung wie markierte Einbahnstraßenführung auch in Gegenrichtung dem sicheren und bequemen Radfahren. Gleiches gilt für spezielle Regelungen in Kreuzungsbereichen u. a. m.

Solchen Forderungen wird natürlich nur nachgegeben, wenn viele darauf drängen. Insofern ist es auch umweltfreundlich, wenn Sie Ihren Gemeinderat, Landtagsabgeordneten usw. dahingehend bedrängen. Ebenso ist es sinnvoll, Radfahrerverbände wie den ADFC oder die «Grünen Radler» zu unterstützen, finanziell oder durch Mitarbeit.

Neben den äußeren, strukturellen Hemmnissen gegen eine stärkere Fahrradnutzung gibt es noch eine Reihe mehr individueller Hemmnisse:

Angst beim Fahrradfahren
Ein nicht zu unterschätzender Faktor ist die Angst, mit dem Fahrrad einen Unfall zu bauen bzw. umgefahren zu werden und – im Gegensatz

zum Auto als Schutzkiste – dem Unfall schutzlos ausgeliefert zu sein. Hinzu kommt bei einigen das Gefühl, nicht sicher fahren zu können, beispielsweise sich während des Fahrens nicht umdrehen zu können usw.

Aktion sicheres Fahrrad

Erinnern Sie sich noch, wie hoch die letzte Rechnung war, als Sie Ihr Auto zur Reparatur brachten? Inspektion, neuer Auspuff, ein paar Kleinigkeiten – und weg waren die 400 DM.

Für diesen Betrag können Sie schon ein sehr gutes und sicheres Fahrrad kaufen, falls Ihr altes auseinanderfällt (noch besser wäre es, dieses selbst zu reparieren). Mir ist aufgefallen, daß gerade diejenigen, die über unsicheres Fahren klagten, meist auch etwas klapprige Räder fahren. Ein sicheres Fahrrad (vgl. Abbildung) vermittelt aber auch Sicherheit beim Fahren.

Abgesehen von den wirklich unumgänglichen guten Bremsen, dem Licht und Seitenstrahlern sind es vor allem zwei Zubehöre, die einen erheblichen Zugewinn an Sicherheit bieten: der Seitenspiegel und die Abstandskelle.

Mit Rücksicht fahren

Merkwürdigerweise gibt es sehr wenig Räder mit Spiegeln. Keiner käme auf die Idee, ein Auto ohne Seitenspiegel zu fahren; dabei ist es viel leichter, sich im Auto umzudrehen als auf dem Fahrrad.

Bei einem gut eingestellten Seitenspiegel sehen Sie, ob Sie abbiegen können, ob ein Auto gefährlich nahe an Ihnen vorbeifahren wird, ob Sie ein anderer Radfahrer auf dem (meist engen) Radweg überholen will und anderes mehr. Zur Sicherheit muß man sich vor dem Abbiegen trotzdem umdrehen – wie beim Auto auch!

Abstand halten

Manchmal passiert es mir, daß ich in kurzen Abständen von Autofahrern sehr eng überholt werde. Fast immer habe ich dann vergessen, den Abstandhalter rauszuklappen – er hat wirklich eine erstaunliche Wirkung.

Übrigens: Wenn Sie gerade mal Auto fahren, ist es wirklich Ihre allerhöchste Bürgerpflicht, Radfahrer mit ausreichendem Seitenabstand und Blinken zu überholen.

Das sichere Fahrrad

Scheinwerfer:
Der Lichtkegel sollte etwa zehn Meter vor dem Rad auf den Boden treffen.

Klingel und Hupe:
Notwendig ist eine gut zu hörende Klingel. Zur Warnung von Autofahrern und Walkman-Fußgängern ist eine laute Hupe sehr gut, leider wird sie zumeist sofort geklaut.

Sattel:
Egal, ob er aus Ziegenleder, Kunstleder oder Seide ist: Sie sollten darauf so bequem sitzen wie auf der Kloschüssel, auch auf längeren Sitzungen ... Wichtig: Die Sattelstütze muß mindestens sechs Zentimeter tief im Rahmenrohr sitzen.

Bremsen:
Absolut notwendig sind zwei voneinander unabhängige Bremsen. Für Felgenbremsen gibt es inzwischen Bremsklötze mit Lederaufsatz, die bei Nässe weitaus besser bremsen.

Rücklicht:
Die Autofahrer müssen nachts «rot sehen», das Rücklicht sollte 60 Zentimeter über dem Boden montiert sein, ggf. auf weißem Schutzblech.

Kettenschutz:
Ein guter Kettenschutz schützt die Kette vor Schmutz und Wasser und Ihre gute Hose/Ihren Rock vor der Kette.

Bereifung:
Die Reifen sollten ausreichendes Profil haben (mindestens einen Millimeter) und gut aufgepumpt sein. Dafür brauchen Sie dann keine Winterreifen!

Rückspiegel:
Ein guter und leicht verstellbarer Rückspiegel hilft das ständige Umgucken und das oft damit verbundene Schlenkern zu vermeiden. In ihm können Sie beispielsweise sehen,
◇ daß der hinter Ihnen auffahrende Lastwagen auch noch einen Anhänger hat,
◇ wie verkniffen die Autofahrer in der stehenden Schlange aussehen ...

Sicherheitskelle:
Sie veranlaßt die Autofahrer zum nötigen Sicherheitsabstand (falls nicht: an der nächsten Ampel haben Sie Gelegenheit, mit dem Autorowdy ein paar freundliche Worte zu wechseln ...).

Lenker:
Irgendwo müssen Sie sich ja auch festhalten. Der Lenkerschaft sollte mindestens sechs Zentimeter tief im Steuerrohr sitzen.

Pedalreflektor /
Speichenreflektoren:
Die Katzenaugen sollten immer schön geputzt sein, damit sie ihrem Namen auch alle Ehre machen und im Dunkeln hell leuchten. Das gleiche gilt für die Speichenreflektoren (bei alten Rädern nachmontieren!).

Selbstbewußt fahren

Sehr unangenehm ist es, in einer engen Straße bei Gegenverkehr überholt zu werden. Meist balanciert man dann mit viel Angst und wenig Hoffnung am Randstein entlang. Da mir das zu gefährlich ist, halte ich grundsätzlich ausreichend Abstand vom Randstein und fahre in engen Straßen bei Gegenverkehr so weit in der Mitte, daß ich erst überholt werden kann, wenn die entgegenkommenden Fahrzeuge passiert haben.

Das ist die ersten paar Male ein komisches Gefühl, weil man denkt, man würde den Autofahrer «einengen» in seiner Freiheit, und man tut es ja auch. Aber warum soll man die paar Sekunden, die der Autofahrer verliert, gegen die eigene Gesundheit aufs Spiel setzen?

Auch hier gilt wieder das Umgekehrte: Überholen Sie nicht so eng, und fahren Sie nicht eng und drohend auf, wenn ein Radfahrer dergestalt vor Ihnen herfährt: Sie werden beim späteren Überholen einen erstaunten, aber dankbaren Blick ernten!

So ist's recht! Manche halten beim Abbiegen die Hand so schwächlich raus, als hätten sie seit zehn Tagen kein Müsli mehr gegessen. Da braucht man sich nicht zu wundern, wenn die Autos an einem vorbeibrausen.

Und wieder umgekehrt: Wenn ein Radfahrer vor Ihrem Auto abbiegen will, Fuß auf die Bremse und in Ruhe abbiegen lassen.

So eine Baumallee kann ich nicht sehen, ohne mit dem Fahrrad Slalom zu fahren (wenn mir niemand in die Quere kommen kann). Ähnlich regen mich jede einsame Landstraße oder große Parkplätze dazu an, irgendwelche Kunststückchen auf oder mit dem Fahrrad zu vollbringen.

Ein herrliches Spiel ist das Schneckenrennen: Das Ziel ist etwa 50 Meter weit, jeder bekommt eine Fahrspur und darf nur vorwärts fahren. Wer als erster ankommt oder absteigen muß, hat verloren.

Bei all diesen Spielen haben Sie nicht nur Spaß, sondern lernen auch, das Fahrrad zu beherrschen, Gleichgewicht zu halten u. a. m.

Achselschweiß macht bekanntlich einsam. Auch das ist für viele ein weiteres Hemmnis, aufs Fahrrad zu steigen. Sie fürchten, verschwitzt oder bei leichtem Regen verschmutzt im Büro oder wo immer anzukommen.

Dieses Problem wird völlig überschätzt. Sie haben es weitgehend selbst in den Füßen, ob Sie ins Schwitzen kommen oder nicht. Wenn Sie allerdings an einem schwül-heißen Sommertag einen leichten Berg hochfahren müssen, kann ich Ihnen garantieren, daß Sie schwitzen. Genauso wie der Autofahrer im Stau, bei dem es aber kein «Sportschweiß», sondern «Stressschweiß» ist, und der riecht bekanntlich erheblich schlechter ...

Wer ist zuständig?

Wenn die erste Wut über einen miserablen Radweg, über einen Beinahe-Unfall verraucht ist, kann dies bedeuten, daß gar nichts weiter passiert: 30% der Teilnehmerinnen an der Brigitte-Aktion haben noch nichts unternommen, um die Situation der Radfahrer zu verbessern, weil sie auch gar nicht gewußt hätten, an wen sie sich hätten wenden sollen. Vor der Aktivität steht die Information, vor der Information steht das Wissen, wo man die Information findet.

1. Für kurzfristige Störungen oder wiederkehrende Behinderungen ist die VERKEHRSPOLIZEI zuständig: parkende Autos auf dem Geh- oder Radweg, Bauschutt, mangelhafte Baustellensicherung.
2. Für die Beseitigung von Schlaglöchern, einen neuen Asphaltbelag oder das Nachziehen eines Markierungsstreifens an Radwegen ist das örtliche TIEFBAUAMT bzw. die örtliche STRASSENBAUVERWALTUNG zuständig. Aus dem laufenden Bauetat können diese Behörden auch neue Radwege anlegen, wenn sie wollen.
3. Für den Unterhalt von Radwegen außerorts ist die BUNDESSTRASSENVERWALTUNG der Gegend zuständig. Sie untersteht dem Bundesverkehrsminister, der nur Geld für Radwege an Bundesstraßen und Autobahnen (!) geben kann. In den Städten und Gemeinden sind die örtlichen Straßenbaubehörden zuständig.
4. Die sogenannten «Grünen Radwege» unterstehen häufig den GARTENBAU- und FORSTÄMTERN, wenn sie durch Parkanlagen, an Kanalufern und Flüssen, durch Wälder verlaufen.
5. Für die Aufstellung von Radwegprogrammen, Forschungen usw. sind die BAU- und VERKEHRSBEHÖRDEN zuständig (Verkehr ist meist beim Wirtschaftsressort untergebracht). Sie sollen normalerweise auf Anweisung der PARLAMENTE tätig werden. Solche Programme sind meist erst in drei bis fünf Jahren

anwendbar (mittelfristige Finanzplanung). Es gibt aber immer «Töpfe», aus denen Sonderprogramme und Sofortmaßnahmen finanziert werden können.

6. Für die Reinigung und den Winterdienst sind meist die STADT-REINIGUNGSBETRIEBE zuständig. Fußwege müssen im Gegensatz zu den Radwegen in den meisten Gemeinden vom Anlieger gereinigt werden (im Winter).

7. Für die Einrichtung des Fahrradtransportes ist im Nah- und Fernverkehr die DEUTSCHE BUNDESBAHN zuständig, ebenso für die Aufbewahrung von Rädern am Bahnhof/Haltestellen sowie für Abstellanlagen. In den großen Städten und vielen anderen Gemeinden kommt dazu noch der örtliche VERKEHRS-VERBUND oder NAHVERKEHRSBETRIEB.

Bei der Deutschen Bundesbahn kostet eine Fahrradkarte 5,00 DM. Das Fahrrad muß dabei selber in den Güter- und Gepäckwagen gehoben werden. Im Zuge der Einführung des Stundentaktes im Intercityverkehr gibt es jetzt plötzlich immer mehr Züge ohne Packwagen. Auch im Nahverkehr sperrt sich die Bundesbahn noch gegen den Fahrradtransport. Wenn Sie auch unserer Meinung sind, daß das nicht in Ordnung ist, schreiben Sie doch an diese Stelle:

Deutsche Bundesbahn
– Hauptverwaltung –
Friedrich-Ebert-Anlage 43–45
6000 Frankfurt am Main

oder an Ihre örtliche Bundesbahn-Generalvertretung. Die steht im Telefonbuch unter DB.

Wie man sieht, gibt es selbst bei dieser kleinen und sicherlich nicht vollständigen Aufzählung eine große Anzahl von Zuständigkeiten. Einen «Fahrradbeauftragten», der diese Zuständigkeiten koordinieren könnte, gibt es noch nicht.

Wir empfehlen, sich auch als Einzelperson an diese Stellen, die zum Teil andere Bezeichnungen in den einzelnen Orten haben, zu wenden. Im Telefonbuch sind die Behördenadressen und Telefonnummern. Mit (meist mehreren) Anrufen kann man Zuständigkeiten erfragen. Immer den Namen und die Stelle des Sprechpartners nennen lassen und notieren.

Wenn man weiß, wer zuständig ist, sollte man unbedingt einen Brief schreiben! Der stellt dann nämlich einen Verwaltungsvorgang dar und *muß* beantwortet werden.

Häufig wird man beim ersten Anlauf mit seinen Wünschen und Forderungen keinen Erfolg haben. Das kann auch daran liegen, daß die Forderungen unsinnig sind. Man sollte mit FREUNDEN und BEKANNTEN darüber sprechen.

Noch ein Tip zum Umgang mit der Verwaltung: Lassen Sie sich von Ihrem Ansprechpartner nicht nur Telefonnummer und Namen nennen, sondern fragen Sie nach seinem Tätigkeitsfeld. Sonst sprechen Sie mit einer zwar freundlichen, aber unzuständigen Sekretärin, oder der Sachbearbeiter ist nur für einen Teilaspekt verantwortlich. Immer daran denken, daß die Behörde hierarchisch organisiert ist und daß das Prinzip herrscht «die Verwaltung spricht mit einer Stimme». Das bedeutet, daß Aussagen eines Sachbearbeiters, mündlich gegeben, nicht die Meinung des Vorgesetzten wiedergeben und deshalb wertlos sind: Daher ist es wichtig, einen Brief zu schreiben!

Aus: *BBU-Informationsblatt Fahrrad*

Es gibt mittlerweile derart gute Gepäckvorrichtungen und Regenschutz, daß auch Regen und Gepäcktransport kein ernsthaftes Hemmnis mehr darstellen sollten. Falls Ihnen 50 DM für die Gepäcktaschen zu teuer sind, dann überlegen Sie doch mal, was Sie der Autogepäckträger gekostet hat ... Ich bin übrigens gerade dabei, mir zwei Plastiktüten als Gummischuhe patentieren zu lassen: Da Gummistiefel vergleichsweise schwer und voluminös sind, stülpe ich einfach zwei Plastiktüten (hier ausnahmsweise also keine Jutetaschen!) über die Schuhe und befestige sie mit mehreren dicken Gummibändern. Diese sorgen auch dafür, daß ich beim Absteigen nicht ausrutsche!

Die «Automobilmachung» unserer Gesellschaft

Ich weiß nicht, ob Sie ähnliche Beobachtungen gemacht haben: Die meisten Fahrschulen haben im Schaufenster eine Werbung, die gut und gerne noch aus den fünfziger Jahren stammt. Die obige ist dagegen recht anmachend. Wer will schon der Lastesel der Familie sein? Was freilich fehlt, ist der Nachsatz:

Kaufen Sie dann ein Zweitauto! (Ihr Mann fährt ja immer mit dem Wagen ins Büro.)

Fahren Sie zum Supermarkt, der abseits der Stadt liegt!

Verbrauchen Sie weitaus mehr Zeit (und Geld für Benzin und die Abnutzung des Autos), als wenn Sie nebenan im Tante-Emma-Laden einkaufen würden!

Sprechen Sie mit niemandem während der Fahrt, erst recht nicht im anonymen Supermarkt!

Schleppen Sie die Einkaufstasche über den großen Parkplatz und reihen Sie sich in den Stau ein!

Zugegeben, es ist alles etwas übertrieben, aber probieren Sie doch einmal folgende Variante: Sie kaufen sich ein gutes Fahrrad mit guten Satteltaschen, mit dem Sie bequem in die Innenstadt radeln können. Unterwegs treffen Sie ein paar Bekannte, plaudern ein wenig und radeln weiter. Wenn Sie die Gepäcktaschen gleichmäßig beladen haben, können Sie ohne weiteres noch einen Kasten Sprudel auf den Gepäckträger schnallen und wieder heimradeln.

Das Grausen in Tübingens autofreier Altstadt – ein ehemaliger Freund der Stadt kehrt erschreckt zurück

«Wuchtige Häßlichkeit»

Als ehemaliger Student und Freund der Stadt Tübingen bin ich soeben wieder einmal an meinem alten Studienort gewesen. Nun verändern sich die Städte ja dauernd, wie wir auch. Was ich aber jetzt in Tübingen erlebt habe, ist nicht nur enttäuschend, sondern grauenhaft.

Ich meine zunächst die Aussperrung der Autofahrer aus der Altstadt, mit der mich viele Erinnerungen verbinden. Wer sich in eine der Einfahrten verliert, ist verlo-ren. Er endet in Gassen und Gäßchen vor Piketts und Sperren und wendet sich aus dem Labyrinth. Wer soll eigentlich die vielen Gaststätten dort besuchen und die recht hübschen Läden, die dort auf Kunden warten, wenn man den Autofahrer so listig hinausekelt?

Nun erklärten mir einige Tübinger: in der Altstadt nix fürs Auto, dafür im neuen Parkhaus alles fürs Auto. Gemeint ist das neue Parkgebäude gegenüber dem «Museum». Ich suchte mir die alte, von der Herberge zur Heimat her vertraute Stätte auf und sah zu meinem Schrecken diesen Zentralplatz mit einem in den Himmel wachsenden Betonklotz überbaut. Er ist von so wuchtiger Häßlichkeit und Brutalität, daß ich fast einen Schlag bekam. Ringsum die erneuerte Altstadt, mit sorgfältig herausgeholtem Fachwerk, dieser wohnlichen Geographie des Bauens, bossierter Sandstein faßt das neue Ammerufer, luftige Durchblicke zwischen Treppen, Nischen und Mauern, darüber die fröhliche Melodie der neuen und alten Giebel – und da hineingeklotzt und gekotzt das turmhohe Monster, Faust aufs Auge der wiederaufblühenden Urstadt!

Ja, gibt es denn keinen Gemeinderat oder Bauverständigen hier? Wo bleibt die Verantwortung dieses OB, den man als überlegenen Stadtästheten und moralisierenden Wohlwisser, als überaus überlegenen Kommunalakademiker kennt!? Blindheit, Torheit, Feigheit? Ums Nonnenhaus Gärtchen und Geranien, und an der wieder frisch murmelnden Ammer plötzlich dieser Moloch, Großhammer auf liebevoll erneuerte Kleinwelt. Für die sonst ausgesperrten Autos nun ein mit Eisenellbogen gerüsteter Goliath. Nein, das hättet Ihr Tübinger Verantwortlichen nicht tun dürfen!

Dr. Hartmut Becker, Hamburg, Humannstraße 2

Aus: *Schwäbisches Tagblatt* vom 17.2.1983

Wer die schöne Tübinger Altstadt kennt, muß sich doch schwer wundern, daß sich der Leserbriefschreiber als «ehemaliger Freund» der Stadt bezeichnet. Er kritisiert zwar zu Recht das wirklich häßliche Parkhaus, merkt aber nicht, daß er – wie tausend andere – dazu beigetragen hat, daß solche Parkhäuser gebaut werden mußten, weil er und seinesgleichen unbedingt mit dem Auto in und um die Altstadt fahren und parken wollten. Nach einer Schätzung des ADAC werden etwa 50 % des Verkehrs in Innenstädten durch Parkplatzsuche verursacht!

Gerade bei Fahrten von Laden zu Laden werden alle Register der Umweltverschmutzung gezogen:

Wegen des dichten Verkehrs und der typischen Häufung überdurchschnittlich belastender Verkehrssituationen herrschen Kurzstreckenfahrten mit Kaltstart, häufigen Beschleunigungs- und Bremsvorgängen, langen Stillstandzeiten an Kreuzungen und in Staus sowie hektische Verkehrsabläufe vor. Der Lärm ist beträchtlich, der Treibstoffverbrauch höher, die Abgaswerte deutlich höher, und die Luftverschmutzung ist in Innenstädten zum größten Teil auf Kraftfahrzeuge zurückzuführen.

Ebenso verunglücken im Innerortsbereich die meisten Menschen, vor allem Fußgänger und Radfahrer, Kinder und Alte.

Es gibt tatsächlich Entfernungen oder Verkehrssituationen, wo man zu Fuß oder mit dem Fahrrad gleich schnell oder sogar schneller ist, erst recht, wenn man die Parkplatzsuche, im Winter das Scheibenfreikratzen etc. hinzurechnet.

Kennen Sie den?
«Tag, Karl, warum bist du heute schon so früh im Büro?»
«Aach, mein Auto ist kaputt, ich mußte zu Fuß gehen.»

Es gibt zudem noch eine viel prinzipiellere Zeitrechnung, die auf Ivan Illich zurückgeht:

Für die USA errechnet Illich: «Der typische amerikanische arbeitende Mann wendet 1600 Stunden auf, um sich 7500 Meilen fortzubewegen (jährlich): das sind weniger als fünf Meilen pro Stunde.» ... «Er verbringt vier seiner sechzehn wachen Stunden auf der Straße oder damit, die Mittel für den Betrieb des Autos zu beschaffen.»

Eine Schätzung für die BRD ergibt folgendes (1977): Für 20,02 Millionen Pkw geben die Verbraucher 106 Milliarden DM aus und fahren damit 265,5 Milliarden Fahrzeugkilometer. Pro Pkw werden 5295 DM jährlich ausgegeben, was bei einem durchschnittlichen Bruttostundenlohn von 11,27 DM schon 470 Arbeitsstunden pro Pkw ergibt. Hinzu kommen die Zeiten für Autokauf, Pflege, Tanken ... die mit 2 Stunden pro Woche auf 100 Stunden im Jahr geschätzt werden sollen. Jetzt muß noch die Fahrzeit errechnet werden. 75 % des Verkehrs ist Berufsverkehr, der mit Durchschnittsgeschwindigkeiten von 30 km/h innerhalb der Stadt, 50 km/h auf Stadtautobahnen und Landstraßen rollt. Die Durchschnittsgeschwindigkeiten der Freizeitfahrten liegen höher. Inklusive Parkplatzsuchzeiten und den Wegen zum Parkplatz kann eine generelle Durchschnittsgeschwindigkeit von 35 km/h angesetzt werden, das sind 380 Stunden Fahrzeit pro Jahr und

Auto. Damit ergibt sich unter Berücksichtigung aller Zeiten eine Durchschnittsgeschwindigkeit

$$\text{von} \quad \frac{13\,260 \text{ km}}{470 + 100 + 380 \text{ Std.}} \; = \; 14 \text{ km/h}$$

Ein Fahrradfahrer erreicht 15 bis 25 km/h an durchschnittlichen Fahrgeschwindigkeiten, die sich durch den geringen Anschaffungswert und Pflegezeiten nur wenig verringern.

Aus: Martin Burkhardt, «Die gesellschaftlichen Kosten des Autoverkehrs»

Gut, was? 14 km/h. Das schafft man ja sogar im Dauerlauf. Machen Sie doch mal eine eigene Rechnung auf. Wie schnell fahren Sie im «Durchschnitt»? Vielleicht sind Sie mit dem Fahrrad schneller? Natürlich hat die Rechnung einen Haken:

Wenn Sie etwa auf dem Land wohnen und in die Stadt pendeln, um dort 40 Stunden arbeiten zu müssen, können Sie normal nicht einfach nur 35 Stunden arbeiten und dafür mit dem Rad fahren – selbst wenn es finanziell günstiger wäre. Wenn es allerdings schon die 35-Stunden-Woche gäbe ...

Meine Automemoiren

Im zarten Alter von 20 Jahren legte ich mir ein Auto zu. Und das kam so: Ich wohnte in Lörrach (an der südbadischen Grenze) und studierte in der schweizerischen Grenzstadt Basel. Im Sommer konnte ich etwa in 25 Minuten mit dem Mofa zur Uni fahren, im Winter war es zu kalt, und ich benutzte Bus und Straßenbahn: Zu Fuß ein paar hundert Meter zur Bushaltestelle, mit dem Bus an die Grenze, dort in die Straßenbahn umgestiegen, später in eine andere Straßenbahn und von der Aussteigehaltestelle wieder ein paar hundert Meter zur Uni. Abends waren Bus und Bahn aber immer total überfüllt, ich mußte stehen, und es dauerte oft eineinhalb Stunden. Da mir zweieinhalb Stunden Fahrzeit nach 8 bis 10

Verkehr

Wer «Verkehr» hört, denkt zuerst an das Auto, an Mobilität («Freie Fahrt für den freien Bürger»), aber auch an Lärm, Abgase, Stau, Straßen, Benzinpreise, Energie.

Tatsächlich dreht sich die Verkehrspolitik weitgehend um das Auto (und im Kreise), der Problemkreis Verkehr ist jedoch weitaus vielschichtiger, als ein kurzer Blick aus dem Autofenster vermuten läßt.

Das «Miteinanderverkehren», Leutetreffen, Reisen ist der positive Aspekt der Mobilität: «Wer eine Reise tut, kann viel erzählen.»

Der andere, negative Teil ist die erzwungene Mobilität, im besonderen der Weg von und zur Arbeit, zum Einkauf, zum weit entfernten Erholungsgebiet.

Dieser erzwungene Verkehr ist eine Folge der Industrialisierung des 19. Jahrhunderts und der Massengüterproduktion des 20. Jahrhunderts: Durch die Industrialisierung und die explosionsartige Verstädterung kam es zu einer Trennung von Arbeit, Wohnen und Nahrungsmittelproduktion. Für zuziehende Industriearbeiter wurden Mietskasernen am Stadtrand gebaut und die ersten Massenverkehrsmittel (Eisenbahn) entwickelt. Nach dem Zweiten Weltkrieg wurde diese Entwicklung durch das folgende Massenverkehrsmittel Auto noch verschärft. Aus den Mietskasernen wurden Trabantenstädte und Millionen von «Häuschen im Grünen». Gleichzeitig fielen die Stadtkerne der Spekulation anheim, wurden entvölkert und zum Quartier für Handel, Banken, Kaufhäuser, Versicherungen und Dienstleistungsbetriebe. Viele städtische Grünflächen wurden vernichtet oder unattraktiv.

Die (räumliche) Vierteilung unseres individuellen und gesellschaftlichen Lebens in Arbeit (Industriegebiet), Wohnen (Trabantenstädte, Einfamilienhäuser im Grünen), Freizeit (Nah- und «Fernerholungsgebiete») und sonstige Reproduktion (Einkauf, Verwaltung, Kultur im Stadtkern) hat zu einer nie dagewesenen Mobilität geführt (seit 1950 hat sich die Fahrtenhäufigkeit ver-

sechsfacht). Und zu gewaltigen Umwelt- und Gesundheitsbela-
stungen:

◇ Landschaftsverbrauch

Die Bundesrepublik hat mit 500 000 Kilometer Verkehrsadern das
dichteste Verkehrsnetz der Welt. Wenn man zu den 6700 Quadratkilometer Verkehrsflächen noch die Nebenverkehrsflächen und
das nicht nutzbare Umfeld der Straßen hinzuzählt, so kommt man
auf eine Fläche von 22 200 Quadratkilometer, das sind 9 % der
Fläche der Bundesrepublik. Diese gewaltige Fläche wird überwiegend, nämlich zu 94 %, vom Straßenverkehr beansprucht, dieser
wiederum weitgehend vom privaten Verkehr.

Der Anteil des privaten Verkehrs an der gesamten Verkehrslei-
stung nahm von 34 % im Jahr 1950 auf 81 % (!) im Jahr 1978 zu.

◇ Luftbelastung

Die Luftbelastung durch Pkw ist erheblich. So stammen etwa 45 %
der giftigen Stickoxide aus dem Kraftfahrzeugverkehr. Die Luftverunreinigungen in den Innenstädten stammen zu etwa 90 % aus
dem Kraftfahrzeugverkehr.

Wenn Sie in Ihrem Auto 1000 Liter Benzin verfahren haben,
haben Sie die Umwelt um 300 Kilogramm Kohlenmonoxid, 30 bis
60 Kilogramm organische Dämpfe, 3 bis 13 Kilogramm Stickoxide, rund 2,5 Kilogramm Aldehyde, rund 2,5 Kilogramm
Schwefelverbindungen, jeweils 0,3 Kilogramm organische Säuren
und Ammoniak und um 0,05 Kilogramm feste Partikel wie Blei,
Zink u. a. bereichert. Dies ist Ihr Beitrag zum Lungenkrebs und
zum Waldsterben.

◇ Verkehrsunfälle

Von 1960 bis 1980 starben im Bundesgebiet über 300 000 Personen
an Verkehrsunfällen.

1980 gab es 13 000 Verkehrstote und 380 000 Verletzte.

◇ Lärmbelastung

Besonders der Verkehrslärm wird von vielen als Belastung emp-
funden. Gerade in den Innenstädten mit engen Straßenschluchten

und zahlreichen Verkehrsampeln sind zahlreiche Menschen einer Dauerbelastung ausgesetzt, deren Höhe die zulässigen Grenzwerte etwa für Arbeitslärm bei weitem überschreitet!

◇ Energieverbrauch

Rund 20 % unserer Energie wird im Verkehr verbraucht, davon 87 % im Straßenverkehr.

Die sogenannte Ölkrise ist fast schon vergessen, auf den Autobahnen wird wieder gerast wie je zuvor. Der Primärenergieumsatz von Pkw ist pro Person und Kilometer etwa dreimal so hoch wie bei der Bahn!

Dabei ist nicht nur der direkte Energieverbrauch und die damit verbundene Luftbelastung zu berücksichtigen: Zum Öl- und Benzinverbrauch gehören auch die kriegerischen Auseinandersetzungen im Nahen Osten und die Ölverschmutzung der Meere wie etwa der Nordsee.

Die Verkehrs- und Umweltprobleme sind also im wesentlichen durch drei Faktoren bedingt:
◇ die räumliche Vierteilung unseres Lebens (s. o.) und die damit erzwungene Mobilität,
◇ die Verlagerung des öffentlichen Verkehrs zum Individualverkehr
◇ und die außerordentliche Zunahme des Straßenverkehrs.

Daran haben alle gesellschaftlichen und individuellen Lösungen anzusetzen:
◇ Die Trennung von Arbeit, Wohnen und Freizeit muß soweit wie möglich reduziert werden. Dies erfordert eine völlige Neuorientierung der Verkehrs-, Städte- und Landschaftsplanung. Individuell läßt sich bei der Trennung Arbeit/Wohnen nur wenig ausrichten. Allenfalls bei einem Umzug oder bei einem Arbeitswechsel besteht hier eine Möglichkeit. Dagegen gibt es im Freizeitbereich eher die Möglichkeit, sich im engeren Umfeld der Wohnung zu erholen (vgl. S. 183f).
◇ Dem öffentlichen Personennahverkehr und der Bundesbahn muß endlich das Primat zuerkannt werden, von dem die Politi-

ker schon seit Jahrzehnten reden! Dies würde eine völlige Umschichtung der Haushaltmittel weg vom Straßenbau und hin zur Förderung der öffentlichen Verkehrsmittel bedeuten.

Im privaten Bereich hängt eine Veränderung der «Verkehrsgewohnheiten» stark von der Region ab, in der man wohnt und arbeitet: Wo kein öffentlicher Nahverkehr ist oder wo er absolut unzureichend ist, kann man ihn auch nicht benutzen.

Allerdings erfolgen 80 % aller Kfz-Personenfahrten im Bundesgebiet im Nah- und Stadtverkehr, der damit Haupteinsatzbereich des Pkw ist. Eine Nutzung des öffentlichen Nahverkehrs und des Fahrrads ist in diesem Bereich durchaus sinnvoll und angebracht.

◇ Das Fahrrad ist zweifelsohne das gesündeste, umweltfreundlichste und – privat und gesellschaftlich – billigste Verkehrsmittel.

Der «Automobilmachung» unserer Gesellschaft muß daher durch eine neue Fahrradpolitik begegnet werden, die über den Bau von einzelnen Fahrradwegen hinausgeht. Und für den einzelnen heißt das: Das Auto steht, sooft es geht. Und sooft der Autofahrer zu Fuß oder mit dem Fahrrad fährt ...

Stunden in der Uni und im Labor schlicht zuviel waren, wurde ich zum Autofahrer (20 Minuten hin, 20 bis 35 Minuten zurück).

Wie das Leben so spielt, studierte ich später in Tübingen weiter und suchte mir mit Freunden eine Wohnung auf einem Dorf außerhalb Tübingens. War kein Problem, ich hatte ja ein Auto ... So verbrachte ich mehrere Autojahre mit jeweils etwa 20 000 Kilometer pro Jahr, bis ich wieder einmal umzog und durch eine glückliche Fügung zum Radfahrer wurde (vgl. S. 195). Böse Zungen sagen mir nach, meine umweltfreundliche Einstellung wäre erheblich dadurch beschleunigt worden, daß mein alter VW-Käfer immer mehr Zicken machte. Ich will das nicht einmal abstreiten: Aber es gehört auch zur Wahrheit, daß Fahrradreparaturen erheblich billiger und einfacher als Autoreparaturen sind.

Wie dem auch sei, in diese Zeit des Schwankens zwischen Fahrrad und Auto wurde ich zum Zivildienst einberufen, was wiederum einen Umzug und regelmäßiges Wochenendpendeln mit sich brachte. Bekanntlich ist für Wehr- und Zivildienstleistende die Bahnfahrt zwischen Hauptwohnsitz und Einsatzort frei, und alle übrigen Strecken gibt es zum halben Preis. So wurde ich zum regelmäßigen Bahnfahrer und erlebte einige doch recht bedeutsame Überraschungen, die ich meinen Mitmenschen nicht vorenthalten möchte:

Überraschung Nr. 1: Bahnfahren «spart» Zeit.

Mit Zeitsparen meine ich hier nicht, daß die Bahn schneller ist als das Auto, obwohl es auch das gibt! Versuchen Sie einmal beispielsweise Freitag mittag in dreidreiviertel Stunden von Bonn (Innenstadt) nach Freiburg (Innenstadt) zu fahren. Ein geradezu hoffnungsloses Unterfangen, wenn Sie nicht die Bundesbahn benutzen. Normalerweise ist man aber mit dem Auto schneller, wenn man nur die reine Fahrzeit betrachtet.

Vive la différence!

Freilich gibt es einen kleinen, aber bedeutsamen Unterschied: Nach zwei bis drei Stunden Autofahren sind Sie müde, haben relativ wenig von der Landschaft, aber viel Straße, Verkehrsschilder, gefährliche Überholmanöver und viele Leidensgenossen gesehen. Nach drei bis vier Stunden Bahnfahrt sind Sie kaum müde, haben in Ruhe die Landschaft betrachtet, etwas gelesen, ein Nickerchen gemacht, mit Mitreisenden geredet, eine Tasse Kaffee im Speisewagen zu sich genommen (2,40 DM) oder etwas gearbeitet.

Überraschung Nr. 2: Beim Bahnfahren bekommt man leicht Kontakt und erlebt die komischsten Geschichten.

Und nun wieder zwei Geschichten mit den Gütesiegeln

und

Einmal fuhr ich mit einem Kollegen nach getaner Arbeit von Bonn nach Freiburg. In Mainz stieg eine dicke Frau mit unendlich vielen Körben und Plastiktaschen zu, die sich als sehr redselig und als Weinbäuerin entpuppte. Natürlich zweifelten wir sofort an, daß «ihr» Wein besser sei als der badische, was sie dazu brachte, sofort eine Flasche Wein aus dem Korb zu ziehen mit der Frage: «Haben Sie ein Taschenmesser?» Wir hatten eines, die Flasche war sogleich entkorkt, und auch der dazukommende Schaffner mußte an der Weinprobe teilnehmen. (Die Bundesbahndirektion wird's ihm nachträglich verzeihen.)

Leider konnten wir nicht zusammen zurückreisen, um im «Gegenzug» den badischen Wein zu kosten.

Ein anderes Mal fuhr ich von Tübingen über Stuttgart nach Freiburg. Beim Umsteigen in Stuttgart half ich einem alten Mann in den Zug, der vor dem Bahnhof gestolpert und fast von einem Auto überfahren worden war, etwas blutete und noch entsprechend geschockt war. Er trug einen Trachtenanzug mit einem Hut mit einem riesigen Gamsbart und sprach amerikanisch. Natürlich stufte ich ihn sofort als amerikanischen Touristen ein.

Im Abteil saß ein weiterer Mann, der sich als Arzt vorstellte und den alten Mann kurz untersuchte. Als sich dieser von seinem Schock löste, sprach er plötzlich deutsch und erzählte, daß er vor vierzig Jahren in die USA ausgewandert sei, dort Privatpilot bei einigen Größen des (Show-) Business gewesen sei und daß er Opernliebhaber sei.

Ich zweifelte etwas an seinen blumigen Schilderungen und wurde noch verblüffter, als der anwesende «Arzt» im Abteil plötzlich erklärte, er sei Exilungar und Opernsänger und habe früher oft in den USA gesungen, vor allem Wagner.

Der alte Privatflieger und der Opernsänger alias Arzt gingen dann alle Opernhäuser in den USA durch, die von Rang und Namen waren, und am Ende forderte der Privatflieger den Opernsänger auf, seine Lieblingsarie aus dem *Lohengrin* zu singen. Der Opernsänger zierte sich, und so fing der alte Mann mit zittriger Stimme an, die Arie zu singen. Da hielt es den Opernsänger nicht mehr auf dem Platz, er stand auf und sang mit gewaltiger Stimme die Arie zu Ende, zusammen mit dem alten Mann.

Erst jetzt glaubte ich den beiden ihre Erzählungen.

Und jetzt frage ich Sie: Ist Ihnen *das* schon mal in Ihrem Auto passiert?

Überraschung Nr. 3: Mit etwas Übung kann man den Bundesbahnfahrplan durchaus leicht gebrauchen, so daß man sich die lästige Anruferei bei der Auskunft sparen kann. (An dieser Stelle ein kleiner Tip an die

---

Auszug aus Fahrplan «Städteverbindungen», Winter 1983/1984

Ein leicht zu lesender Fahrplan ist der Intercityfahrplan «Städteverbindungen». Angenommen, Sie wohnen in Göttingen und wollen an einem Werktag nach Bielefeld fahren und dort etwa um 10 Uhr morgens sein.

Also, den Fahrplan aufgeschlagen und *Göttingen* (fettgedruckt) gesucht, sowie den Zielbahnhof *Bielefeld*. Ein kurzer Blick zeigt, daß um diese Zeit drei Züge aus Göttingen in Bielefeld ankommen (9.40 / 9.36 / 9.45), jeweils Eilzüge (E)* und einer mit Umsteigen in Intercity (IC) verbunden.

Ein Blick auf die Symbole ganz links (✗ , ④) zeigt, daß alle Züge werktags fahren, der eine (④) aber nicht am 26. 12. und 21. bis 23. 4.

Da Sie gern ausschlafen, nehmen Sie den, der am spätesten losfährt (7.21). In Hannover müssen Sie umsteigen (Ⓤ Hannover), im Zug können Sie den Schaffner nach dem Gleis fragen, wo der Anschlußzug steht. Frohe Fahrt.

* Die Symbole sind jeweils direkt oder am Anfang des Fahrplans erklärt.

Göttingen

→ Aachen Seite 72, 170

km 469 → Augsburg

	ab	Zug		an	Bemerkungen
1	0.48	D	881	6.25	[icons]
	1.26	D	789	6.32	nur [icons]
	2.36	D	299	7.57	[icon]
2	7.07	IC	171	12.10	U Fulda
	8.13	IC	581	13.10	U Würzb
	9.13	IC	181	14.10	
	10.13	IC	583	15.10	U Würzb
	10.29	D	783	15.32	[icon]
	11.13	IC	585	16.10	U Würzb
	12.13	IC	183	17.10	U Würzb
	13.13	IC	587	18.10	
3	14.13	IC	681	19.10	U Würzb
	15.13	IC	685	20.10	U Würzb
4	16.13	IC	687	21.10	U Würzb
	17.13	IC	589	22.10	
4 5	18.13	IC	689	23.10	U Würzb
5	19.15	D	787	23.53	[icon]

1 = nicht 25. XII., 01. I.
2 = ① bis ⑥, nicht 26. XII., 21. bis 23. IV.
3 = ① bis ⑤, nicht 24. bis 31. XII., 20. bis 22. IV.
4 = täglich außer ⑥, nicht 24. bis 31. XII., 20. bis 22. IV.
5 = täglich außer ⑥, auch 07. IV., nicht 25. XII., 20. bis 23. IV.

km 422 → Baden-Baden
461 → Offenburg

	ab	Zug		an	an	Bemerkungen
5	1.43	D	473	6.30	6.53	[icon]
	3.40	D	899	9.27	9.49	U Frankfurt [icon]
1	7.07	IC	171	11.14	11.46	U Baden-Baden
1	8.07	IC	573	12.24		U Karlsruhe E
1	8.07	IC	573		12.32	
1	9.07	IC	599	13.14		U Mannheim ×
	10.07	IC	173	14.27		U Karlsruhe E
	10.07	IC	173		14.32	
	10.54	D	771	15.20	15.44	[icon]
	11.07	IC	675		15.32	
	11.46	D	773	16.54	17.28	[icon] U Karlsruhe E
	12.07	IC	177	16.14		
	13.07	IC	575		17.32	
3	14.07	IC	577	18.14		
	15.07	IC	179		19.32	
	16.07	IC	691		20.32	U Mannheim ×
	16.07	IC	691	20.38		U Mannheim × / U Karlsruhe
3	17.07	IC	579	21.27		U Karlsruhe E
	17.07	IC	579		21.32	
	18.07	IC	671	22.15	22.35	

1 = ① bis ⑥, nicht 26. XII., 21. bis 23. IV.
3 = täglich außer ⑥, nicht 25. XII., 20. bis 22. IV.
4 = täglich außer ⑥
5 = nicht 25. XII., 1. I.

km 524 → Freiburg
km 585 → Basel Bad Bf

	ab	Zug		an	an	Bemerkungen
1	1.43	D	473	7.31	8.32	
	3.40	D	899	10.01	10.39	U Ffm IC
2	7.07	IC	171	12.01	12.39	
2	8.07	IC	573	13.01	13.39	
2	9.07	IC	599	14.01	14.39	U Mannh
	10.07	IC	173	15.01	15.39	
	11.07	IC	675	16.01	16.39	
	12.07	IC	177	17.01	17.39	
	13.07	IC	575	18.01	18.39	
3	14.07	IC	577	19.01	19.39	
	15.07	IC	179	20.01	20.39	
	16.07	IC	691	21.01	21.39	U Mannh
	17.07	IC	579	22.01	22.39	
	18.07	IC	671	23.04	23.41	

1 = nicht 25. XII., 01. I.
2 = ① bis ⑥, nicht 26. XII., 21. bis 23. IV.
3 = täglich außer ⑥, nicht 25. XII., 20. bis 22. IV.

Göttingen

→ Berlin-Wannsee
→ Berlin Zool Garten

	ab	Zug		an	an	Bemerkungen
	5.56	D	498	11.22	11.36	U Kreiensen / U Braunschweig [icon]
	8.16	D	2072	13.36	13.51	U Kreiensen
	11.29	D	778	16.55	17.11	[icon] ×
	12.55	E	3074	18.07	18.23	U Kreiensen / U Braunschweig D ×
	15.51	D	772	20.30	20.46	[icon] U Kreiensen / U Braunschweig ×
1	16.27	E	3557	22.34	22.49	U Braunschweig D ×
6	16.49	E	6061	22.34	22.49	U Braunschweig D ×
	17.06	D	782	22.34	22.49	[icon] U Kreiensen / U Braunschweig ×

1 = täglich außer ⑥

1. Kl → 99,00   2. Kl → 66,00
↔ 188,00   ↔ 125,00

km 219 → Bielefeld

	ab	Zug		an	Bemerkungen
1	4.01	D	898	7.00	U Hannover
	5.56	D	498	8.43	U Hannover IC
××	6.05	E	3062	8.43	U Hannover
	6.05	E	3062	9.40	U Hannover
4	6.23	IC	2740	9.36	U Altenbeken
××	7.21	E	3064	9.45	U Hannover IC
3	8.16	D	2072	10.45	U Hannover IC
	8.16	D	2072	11.33	U Hannover E
	8.17	D	2391	11.38	U Kassel E
4	9.46	IC	694	11.45	U Hannover ×
2	10.45	IC	692	12.45	U Hannover ×
	10.45	IC	692	13.06	U Hannover D ×
	11.45	IC	670	13.45	U Hannover ×
	12.45	IC	578	14.45	U Hannover ×
	13.45	IC	178	15.45	U Hannover ×
6	14.45	IC	690	16.45	U Hannover ⑪
	14.51	E	2070	17.38	U Hannover D [icon]
6	15.45	IC	576	17.43	U Hannover ×
	16.11	D	2644	19.08	U Altenbeken
6	16.45	IC	176	18.45	U Hannover ×
	17.40	IC	180	19.45	U Hannover ×
8	18.12	D	780	21.03	**5** U Hannover ×
	18.37		6970	21.59	U Bodenfelde E
					7 U Ottbergen
					U Altenbeken [icon]
6	18.45	IC	170	20.43	U Hannover ×
8	19.40	IC	584	22.33	U Hannover E
8	20.45	IC	172	23.33	U Hannover E

1 = ① bis ⑤, auch 21. I., nicht 24. bis 26. XII., 28. XII. bis 1. I., 20. bis 23. IV.
2 = ① bis ⑤, nicht 24. XII. bis 1. I., 20. bis 23. IV.
3 = ① bis ⑤, nicht 26. XII., 20. bis 23. IV.
4 = ① bis ⑤, nicht 26. XII., 21. bis 23. IV.
5 = mit Cafeteria/Kinderland
7 = täglich außer ⑥
8 = nicht 24., 31. XII.

über Altenbeken 155 km

Bundesbahn: Nichts hält mehr vom Bahnfahren ab als der Versuch, telefonisch Auskunft über Abfahrtszeiten zu erhalten!) Es gibt übrigens verschiedene Fahrpläne, von dem am Bahnhof aushängenden über den Städteverbindungen-Fahrplan, Regionalfahrplan bis zur Gesamtausgabe des DB-Kursbuches.

Tip: Falls Sie mal wieder ein sinnvolles Geschenk suchen, schenken Sie doch einfach den Regional- oder Gesamtfahrplan der DB.

Tip: Wenn Sie umsteigen müssen, dann erkundigen Sie sich beim Schaffner, an welchem Bahnsteig Sie ankommen und wo es weitergeht – dann verläuft das Umsteigen ohne Hetze.

Tip: Wenn Sie öfter fahren, merken Sie, daß es wirklich ausreicht, ein, zwei Minuten vor Abfahrt des Zuges auf dem Bahnsteig zu sein. Es gibt nichts Pünktlicheres als die Bundesbahn.

Überraschung Nr. 4: Bahnfahren kann ganz schön billig sein.

Obwohl die Bundesbahn in den letzten Jahren des öfteren die Preise unnötig hochgeschraubt hat, ist sie immer noch billiger als Autofahren – wenn man allein reist. Darüber hinaus gibt es eine Reihe von Verbilligungen für Gruppenreisende, Rentner, Berufstätige, gibt es Wochen-, Monats-, Jahreskarten für bestimmte Bezirke oder das ganze Netz sowie Sonderaktionen wie das Rosarote Wochenende u. a. m.

(Ich hoffe, daß mir die Bundesbahn für diese Gratiswerbung mal 'ne Freifahrt spendiert!)

Vor lauter Überraschungen habe ich jetzt fast den roten Faden verloren: Ich war doch bei meinen Automemoiren. Die Geschichte ist schnell zu Ende erzählt. Nach diesen überraschenden Erlebnissen wurde ich zum begeisterten Bahnfahrer – vielleicht treffen wir uns mal zufällig?

Mein Erkennungszeichen: In der linken Hand halte ich eine rote Rose, in der rechten immer was zu futtern!

Die *Überraschung Nr. 5* erzählte mir ein Schaffner: Im Jahre 1900 gab es im Deutschen Reich bereits 50 000 Kilometer Eisenbahnschienen – mehr als in der heutigen Bundesrepublik. Wenn das kein Fortschritt ist . . .

Das Auto steht, sooft es geht

Trotz alledem fahre ich auch mit dem Auto, wenn ich es für sinnvoll halte.

Bei der derzeitigen Verkehrsstruktur ist das Auto unverzichtbar – es ist aber auch eines unserer größten Umweltprobleme. Im folgenden will ich deshalb einige Tips geben, wie Sie möglichst wenig umweltschädlich mit dem Auto fahren, und ansonsten werde ich unauffällig versuchen, Ihnen das Autofahren zu vermiesen.

«*Das Wesentliche des Reisens ist keineswegs die Schnelligkeit, sondern die Freiheit der Bewegung. Reisen ist das Vergnügen, in Bewegung zu sein, sich vom Alltäglichen seiner Umgebung zu entfernen und neue Eindrücke mit Genuß aufzunehmen. Der Kilometer fressende Automobilist ist kein Reisender, sondern ein Maschinist. Das mag Verlockendes haben, wie jeder mit Lebensgefahr verbundene Sport, und ich begreife es, daß gerade die reichsten der Reichen sich die Sensation gern verschaffen, auf bisher noch nicht dagewesene Manier das Genick zu brechen.*»*

Otto Julius Bierbaum,
«Eine empfindsame Reise im Automobil»,
November 1903

Das Auto gehört heute so selbstverständlich zu einem Haushalt wie Radio und Fernsehen. Arbeit, Freizeitverhalten und Kommunikation sind inzwischen wesentlich durch das Auto geprägt. Das Eigenheim im Grünen ist ohne Auto nicht denkbar, beim Wechsel der Arbeitsstätte kann man noch wohnen bleiben und fährt halt noch 20 bis 30 Kilometer mehr. In der Freizeit ist man frei in der Wahl des Ziels, kann ohne Überlegung sofort irgendwohin fahren. Gleiches gilt für den Urlaub. Freunde lassen sich leichter besuchen usw.

Der einzelne wird schon früh mit dem Auto konfrontiert, viele Kleinkinder lernen nach «Mama» und «Papa» als drittes «Auto». Die Automarken werden früher unterschieden als manche Tier- und Pflanzenarten. Das Autoquartett in der Schulpause und das Mofa als «halbes» Auto schaffen dann den nahtlosen Übergang zum Führerschein mit achtzehn bzw. den ersten Schwarzfahrten.

Tip: Wenn Sie irgendwann einmal umziehen oder sich eine neue Arbeit suchen, dann überlegen Sie sich *auch*, ob Sie gegebenenfalls auf die regelmäßige Benutzung des Autos verzichten können. Prüfen Sie, ob die Verbindungen mit öffentlichen Verkehrsmitteln gut sind, ob Sie mit der Bahn pendeln können usw.

Freie Bürger fordern freie Fahrt

Freiheit und Auto gehören für viele so zusammen wie Spaghetti und Tomatensauce. Produktion, Kauf und Besitz von Autos sind geradezu unauslöschlich mit unserer freiheitlichen Gesellschaft verbunden, und gegenüber dem *eigenen* Auto nimmt sich die Bundesbahn geradezu sozialistisch aus.

Eine Schrift der Adam Opel AG verkündet:

«Wie schon gesagt, sehen wir die Rolle des Automobils im Transportsystem einer politisch freien Gesellschaft zumindest mittelfristig als dominierend. Keines der vorhandenen und vorgeschlagenen Massentransportmittel bietet jenen überwältigenden wirtschaftlichen Vorteil, der erforderlich wäre, den freien Menschen zu veranlassen, die Flexibilität und den Komfort des Individualverkehrs freiwillig aufzugeben. Die heutige Verkehrsstruktur ist Ausdruck unserer Freiheit. Sollten wir diese Freiheit einmal verlieren, dann ist der Verlust des Automobils ohnehin nur noch von untergeordneter Bedeutung.»

Martin Burkhardt,
«Die gesellschaftlichen Kosten
des Autoverkehrs»

Für mich bedeutet *Freiheit*, das machen zu können, was ich will, ohne andere dadurch zu beeinträchtigen, und dies auch zukünftig ohne Einschränkung machen zu können.

So besehen, verliert das Auto sehr schnell an Freiheit. Wenn ich abends auf ein Fest bei Freunden gehen will, die weit weg wohnen, *muß* ich das Auto nehmen, weil die öffentlichen Verkehrsmittel nicht fahren. Wenn ich auf dem Land wohne, *muß* ich ein Auto kaufen, *muß* dafür arbeiten, *muß* Steuer, Versicherung, Reparaturen usw. zahlen. Im Stau fühle ich mich *beengt*. Die gegenseitige Beeinträchtigung durch das Autofahren sieht so aus:

224

statt eines Unfallfotos . . .

**Und dann habe
ich meinen Wagen
voll auf 200 km/h
runtergebremst.**

Anzeige in der *Frankfurter
Rundschau* vom
18. 5. 1983.
Wirklich ein toller Typ!

1981 wurden im Bundesgebiet rund 362 700 Unfälle *mit* Personen-
schaden gemeldet, bei denen 487 500 Fahrzeugbenutzer oder Fußgänger verunglückten. Verletzt wurden 475 900 Personen, es starben
11 600 Personen.

Die Autofahrer sind weiterhin so frei, jährlich Millionen Tonnen Koh-
lenmonoxid, Millionen Tonnen Kohlenwasserstoffe, Millionen Tonnen
Stickoxide, Millionen Tonnen Schwefeldioxid und Tausende Kilogramm
Blei in die Luft zu pusten. Die Stadtbewohner haben dagegen keine
Wahl, sie müssen den gesundheitsschädlichen Mief einatmen. Und auch
die Wälder sterben mit an den Autoabgasen.

Beim Arbeiten und Wohnen in der Stadt habe ich die Freiheit, zwischen schlechter Luft im Innenraum oder lautem Autolärm bei geöffneten Fenstern wählen zu dürfen.

Freiheit ist also ein recht relativer Begriff. Und wer so frei ist, mit dem Auto zu fahren, sollte wenigstens versuchen, die Beeinträchtigung von anderen und von der Umwelt (letztlich auch die eigene Beeinträchtigung) so gering wie möglich zu halten.

Autos (wie auch Motorräder und Mofas) können wahre Nervensägen sein. Die Motoren heulen, die Reifen oder Bremsen quietschen, die Auspuffe können knattern, Türen werden zugeschlagen usw.

Jeder dritte Bundesbürger fühlt sich durch den Straßenlärm unwohl, krank und gereizt!

Von daher sollte sich jeder an das Verkehrslärmschutzgesetz halten:

Gesetz
zum Schutz
vor lästigem Verkehrslärm

Der Autor hat mit Zustimmung der Leser das folgende Gesetz beschlossen:

§ 1
Pst!

§ 2
Anwendungsbereich

(1) § 1 gilt überall, im besonderen aber für den Verkehrsbereich, daselbst für jegliche fremdbetriebenen Fahrzeuge,
(2) § 2 (1) gilt nicht, wo Freiheit und Demokratie bedroht sind. Dort ist vielmehr möglichst lautstark zu protestieren.

§ 3
Zustand des Fahrzeugs

Ein jeder möge sein Auto so warten (lassen), daß
a) der Auspuff nicht knattert,
b) die Bremsen nicht quietschen,
c) jegliche anderen vermeidbaren Geräusche vermieden werden.

§ 4
Einsteigen

Nach dem Einsteigen ist die Tür mit einem kurzen kräftigen Ruck, keineswegs aber durch Zuknallen zu schließen. Dies gilt erst recht in den Abendstunden.

§ 5
Aussteigen

Hierbei sind die Regelungen des § 4 sinngemäß anzuwenden.

§ 6
Autofahren

Der/die umweltbewußte Autofahrer/-fahrerin fällt dadurch auf, daß er/sie nicht auffällt: Kavalierstarts, unsinnige Spurts und Lükkenspringen vermeidet er/sie ebenso wie kräftige Brems- und Beschleunigungsvorgänge. Er/sie fährt immer so, als ob ein geöffnetes Marmeladenglas auf dem gepolsterten Rücksitz stehen würde.

Er/sie fährt nie zu schnell, da der Lärm mit der Geschwindigkeit ansteigt.

§ 7
Kauf eines Autos

Der umweltbewußte Autofahrer achtet beim Kauf eines Autos auf geringe Lärmwerte. Die in den Kfz-Papieren eingetragenen Fahrgeräusche sollten möglichst unter 75 dB (A) liegen.

§ 8
Zuwiderhandlungen

Bei Zuwiderhandlungen spendet der Lärmsünder freiwillig 100 DM an das Öko-Institut Freiburg über Konto-Nr. 2063447, Öffentliche Sparkasse Freiburg, BLZ 68050101.

§ 9
Berlin-Klausel

Dieses Gesetz gilt nach Maßgabe des § 13 Abs. 1 des Dritten Überleitungsgesetzes auch im Land Berlin. Und sowieso überall.

§ 10
Inkrafttreten

Dieses Gesetz sollte schon längst in Kraft sein.

Sterbend grüßt der deutsche Wald die Autowelt, Beton, Asphalt

«Nun ist die Luft von solchem Spuk so voll,
Daß niemand weiß, wie er ihn meiden soll»
Faust, 2. Teil

Jährlich werden 40 Milliarden Liter Kraftstoff in den Automotoren verbrannt. Dabei werden giftige Stoffe wie Kohlenmonoxid, Stickoxide, Kohlenwasserstoffe, Blei usw. freigesetzt, die die Atemorgane beeinträchtigen, den Körper vergiften und auch Krebs erzeugen können. Besonders schlecht ist die Luft in den Straßenschluchten der Innenstädte.

Fast vergessen sind auch die Zeiten der Ölkrise, obwohl Energieeinsparung nach wie vor notwendig ist.

Im Gegensatz zum obigen Faust-Zitat wissen wir freilich schon, wie wir den Spuk vermeiden können:

Die **Super-Plus-Formel**

Die oberste Devise eines jeden Autofahrers heißt: Benzin sparen. Da die Luftbelastung mit dem Benzinverbrauch einhergeht, bedeutet gesparte Energie gleichzeitig auch verminderte Luftbelastung.

ÖPNV – oder «Öffi statt Töffi»

Genauso unverständlich wie die Abkürzung ÖPNV (öffentlicher Personennahverkehr) sind die Fahrpläne und Tarifvorschriften der meisten Busse und Bahnen. Sobald man in eine fremde Stadt oder in einen anderen Stadtteil kommt, steht man vor der Informationstafel wie der Ochs

Ein leider fiktives Interview mit dem frisch gewählten ADAC-Präsidenten Gutluft:

Dr. Ökoknigge: Herr Gutluft, ist mit Ihrer überraschenden Wahl zum Präsidenten des ADAC eine Wende in der Politik des ADAC verbunden?

Gutluft: Sicherlich! Wie ich bereits vor meiner Wahl angekündigt habe, wird der ADAC nicht mehr das Autofahren fördern, sondern das umweltbewußte Autofahren. Diese Wende wurde vor allem durch die dramatische Verschlechterung der Luftqualität in den Städten und durch das Waldsterben nötig.

Dr. Ökoknigge: Wie kann man als einzelner Autofahrer dazu beitragen, die Luftverschmutzung gering zu halten?

Gutluft: Nun, Herr Ökoknigge, Sie haben ja selbst schon die Super-Plus-Formel genannt: Das Auto steht, sooft es geht. Besonders umweltbelastend und auch teuer sind ja die Kurzstreckenfahrten. Ein kalter Motor verpestet unnötig die Luft, da er bis zu 40% mehr Sprit als normal verbraucht. Der umweltbewußte Autofahrer geht lieber zu Fuß zum Briefkasten oder zum Bäkker.

Und für Einkaufsfahrten in die Stadt sollte man möglichst öffentliche Verkehrsmittel oder das Fahrrad benutzen. Wir haben ausgerechnet, daß an verkaufsoffenen Samstagen allein der Parkplatz-Suchverkehr bis zu 75% des gesamten Straßenverkehrs ausmacht. Da bleibt Ihnen buchstäblich die Luft weg.

Dr. Ökoknigge: Aber das merkt man doch nicht im Auto?

Gutluft: Doch! Das Umweltbundesamt hat festgestellt, daß gerade Autoinsassen von Kraftfahrzeugabgasen am stärksten belastet werden.

Dr. Ökoknigge: Was kann man mit technischen Verbesserungen und Wartung am Fahrzeug erreichen?

Gutluft: Eine gute Frage. Bekannt ist sicherlich, daß viel Benzin gespart werden kann, wenn Vergaser, Zündanlage, Ventile und

Luftfilter in bester Ordnung sind, wenn der Motor gut eingestellt ist, die Reifen den richtigen Luftdruck haben usw. Das
mindert auch die Luftbelastung. Politisch längst überfällig ist
natürlich die Einführung von bleifreiem Benzin und Abgas-Ka-
talysatoren sowie die Geschwindigkeitsbeschränkung von
Tempo 100 auf Autobahnen und Tempo 80 auf Landstraßen.

Dr. Ökoknigge: Aber hat nicht gerade der ADAC es versäumt,
die Autoindustrie in diese Richtung zu drängen?

Gutluft: Da haben Sie leider recht. Der ADAC war in der Vergangenheit zu sehr Lobbyist der Automobilindustrie. Das hat nun
ein Ende.

Wir werden nun auch sofort – wie es schon längst der Verkehrs-
club der Schweiz (VCS) getan hat – eine Liste der wenig um-
weltschädlichen Autos veröffentlichen, mit genauen Angaben
über Spritverbrauch, Lärmwerte, Schadstoffwerte im Abgas,
über elektronische Zündanlagen (hält Abgaswerte konstant
niedrig), über asbestfreie bzw. -haltige Bremsbeläge, über Me-
talliclackierungen und anderes mehr.

Dr. Ökoknigge: Phantastisch. Heißt das aber auch, daß ich mein
altes Auto gleich verschrotten muß?

Gutluft: Jein. Wenn es zu alt und zu umweltbelastend ist, sollten
Sie das tun. Andererseits müssen Sie aber bedenken, daß auch
die Produktion eines Autos die Umwelt belastet und Rohstoff-
reserven anknabbert.

Außer Eisen brauchen Sie beispielsweise ca. 32,5 Kilogramm
Aluminium, 26,5 Kilogramm Blei, 10,2 Kilogramm Zink, 7,9
Kilogramm Kupfer und 0,6 Kilogramm Zinn zur Produktion ei-
nes Autos.

Dr. Ökoknigge: Herr Gutluft, ich danke Ihnen für dieses Gespräch. Ach, noch was. Fahren Sie jetzt auch in die Stadt?

Gutluft: Aber ja, ich nehme Sie gerne in meinem Wagen mit. Es
wird nur etwas eng, weil ich mit drei Präsidiumsmitgliedern eine
Fahrgemeinschaft gebildet habe – übrigens auch eine Empfehlung des ADAC.

Wir schalten nun um zur Umweltrallye nach Berlin. Kommentatorin ist Frau Zimmermann.

Frau Zimmermann: Ja, danke. Wir sind hier mittendrin im Rennen. Es führt Pröstler auf einem Golf Diesel, der für die 400-Kilometer-Strecke bisher am wenigsten Sprit verbraucht hat. Allerdings hat er bei der letzten Bahnübergangswertung wertvolle Punkte verloren, weil er bei geschlossener Bahnschranke nicht den Motor abgestellt hat.

Hier können wir einen Blick auf die weit zurückliegende Schlußgruppe werfen. Einer hatte durch seinen Dachgepäckträger 12 % mehr Energieverbrauch, der andere ließ sein Fahrzeug im Stand warmlaufen, verbrauchte unnötig Benzin und belästigte durch den Lärm die Zuschauer.

Beim letzten Boxenstopp zum Tanken wurde Florentin Sause disqualifiziert, weil er so randvoll tankte, daß der Kraftstoff mit dem krebserregenden Benzol überschwappte.

Kehren wir zurück zur Spitzengruppe. Hier wird Pröstler hart bedrängt von Graf Lorenz, der außerordentlich weich fährt und jegliche Spurts und Lückenspringen vermieden hat. Schade, daß er mit seinem Kavalierstart in frühere Fehler verfiel.

Viel Punkte hat Wilcken, die als einzige durch das Wohngebiet mit Tempo 30 fuhr und auf die spielenden Kinder aufpaßte.

Chancen auf den Gewinn der Umweltrallye haben jetzt nur noch Pröstler, Wilcken und Graf Lorenz, die gerade als letzte das Ziel erreichen.

Lassen Sie mich einen kurzen Blick zum Schiedsgericht werfen ... oh, ja ... ich höre gerade, Gewinner dieser Umweltrallye sind all die, die daran nicht teilgenommen haben, also vor allem die Zuschauer daheim vor dem Bildschirm. Ich gratuliere und gebe zurück ins Funkhaus.

Moderator: Vielen Dank, soweit vom Autofahren in der Sportschau, die damit zu Ende geht. Vielleicht darf ich Ihnen, liebe
Zuschauer, noch einen Spruch des Autokönigs Henry Ford für
ihren morgigen Sonntagsausflug mitgeben. Er soll einmal gesagt haben:

> «Jedermann will irgendwo sein,
> wo er gerade nicht ist.
> Sobald er dort ist,
> will er sofort wieder zurück.»

vor dem Berg. Der Einsatz der Automaten trägt nicht nur zur Massenar-
beitslosigkeit bei, sondern auch zu einem hohen Grad der Unpersönlich-
keit und Anonymität. Man könnte schwarz werden und fahren vor Ärger. Die Fahrpreise sind auch zu hoch, die Stadtrandgebiete und ländlichen Gebiete unterversorgt und der Nachtbetrieb unzureichend.

233

Alle reden
vom öffentlichen Personennahverkehr –
keiner fördert ihn

Trotz vieler schöner Worte der Politiker ist ein ausreichender «ÖPNV» in weiten Teilen der Bundesrepublik nur ein Phantom. Wenn man das Geld für die Phantom-Luftwaffe der Bundeswehr dem Nahverkehr-Phantom umwidmen würde, hätte man gleich zwei Fliegen mit einer Klappe geschlagen ...

Trotz alledem werden auch die in bestimmten Regionen guten Verbindungen nicht ausreichend genutzt. So habe ich einige Zeit in Bad Godesberg gewohnt und war jeden Tag erneut erstaunt, wenn ich aus dem Fenster der Stadtbahn auf die riesige Autoschlange blickte, die sich mühsam vorwärtsquälte. Die Stadtbahn auf der eigenen Spur ist schneller, billiger und bequemer. Ich weiß wirklich nicht, was in den Köpfen jener Leute vorgeht, die selbst bei einem so attraktiven Angebot im Auto daherschleichen wollen. Aber wie sagte doch mein Vorgänger Adolph Freiherr von Knigge ganz recht: «Man muß die Gemütsarten der Menschen studieren, insofern man im Umgang mit ihnen auf sie wirken will.»

Ähnlich unattraktiv wie die Informationen über Fahrplan und -preise ist meistens auch die Werbung für Busse und Bahnen. Eine erfreuliche Ausnahme macht die Stadt Freiburg.

◇ generell *das* Verkehrsmittel (ggf. Kombination) wählen, das möglichst umweltfreundlich ist und das gewünschte Ziel in vertretbarer Weise erreichen läßt, beispielsweise:
um die Ecke zum Bäcker: zu Fuß
drei Kilometer zur Arbeitsstelle: mit dem Fahrrad/mit Bus oder U-Bahn
mit Familie und Gepäck in entferntere Gefilde: mit dem Auto/mit der Bundesbahn/Taxi
allein auf Geschäftsreise: mit der Bundesbahn
ins ferne Ausland: mit dem Flugzeug
◇ beim nächsten Umzug, bei der Wahl der nächsten Arbeitsstelle auch auf günstige Verkehrsverbindungen achten

◇ **Fahrradfahren**
- Fahrrad muß sicher ausgerüstet sein: zwei voneinander unabhängige Bremsen, Rück- und Vorderlicht, Katzenaugen an den Pedalen, Speichenreflektoren, Sicherheitskelle, laute Klingel, Rückspiegel
- zum ungestörten Fahrradgenuß gehören ebenfalls: gute Gepäcktaschen, dichte Regenkleidung, (Hosen-) Klammern, Rockschutz, zwei gute Schlösser, Luftpumpe, Werkzeug
- selbstbewußt fahren: ausreichend Abstand zum Bordstein, an der Ampel in die Spurmitte stellen, deutliches Handzeichen beim Abbiegen geben usw.
- bei kombinierten Fußgänger- und Radwegen vorsichtig fahren und auf Fußgänger achten

◇ Auto

- das Auto steht, sooft es geht
- beim Kauf eines Autos achten auf:
  - niedrige Lärm-, Abgas- und Verbrauchswerte
  - asbestfreie Bremsbeläge
  - Abgaskatalysator (keinen Neuwagen mehr kaufen, der keinen Abgaskatalysator eingebaut hat)
  - Lackierung: *keine* Metalliclackierung
- Fahrgemeinschaften bilden, Tramper mitnehmen
- ggf. Auto mit Freunden/Nachbarn zusammen halten
- Motor richtig einstellen und überprüfen lassen (Zündanlage, Vergaser, Ventile, Luftfilter usw.)
- Luftdruck in den Reifen prüfen
- Dachgepäckträger bei Nichtgebrauch wieder abschrauben
- Auto muß generell «in Ordnung» sein: kein knatternder Auspuff, keine quietschenden Bremsen, kein Ölverlust usw.
- nicht randvoll tanken, weil das Benzin sonst leicht überschwappt
- gemäßigt und vorsichtig fahren: besonders auf Fußgänger und Radfahrer achten; in reinen Wohngebieten: Tempo 30 km/h; keine Kavalierstarts, kein Kolonnenspringen, keine gefährlichen Überholmanöver
- auf Autobahnen: Tempo 100 km/h
- auf Landstraßen: Tempo 80 km/h
- leise fahren, keine Türen schlagen, Motor nicht warmlaufen lassen (ist sowieso unsinnig)
- Vorrang für Busse geben
- Radfahrer vorsichtig und in ausreichendem Abstand überholen, nicht dicht auffahren (wirkt bedrohlich)
- nicht auf Radwegen und Gehwegen parken

◇ Öffentliche Verkehrsmittel

- (Taschen-)Fahrpläne kaufen (auch verschenken!)
- auf Einladungen/Konferenzen Wegbeschreibungen (Bus- oder Zugverbindungen) mit aufnehmen
- wenn sinnvoll: Wochen-, Monats- oder Jahreskarten kaufen (davon geht eine gewisse Eigendynamik zum Benutzen aus!)

◇ Flugzeug

Hier kann ich's ganz kurz machen:
1. Nicht erlaubt sind Flüge innerhalb der Bundesrepublik.
2. Gestattet sind Flüge nach Berlin und
3. ins ferne Ausland,
4. sowie Drachen steigen lassen,
5. Papierflieger bauen.

Literatur

Umweltbrief Nr. 26 des BMI, «Fahrrad und Umwelt», erhältlich bei:
Der Bundesminister des Innern, Graurheindorferstraße 198,
   5300 Bonn 1
Umweltbundesamt, «Das Fahrrad in der Stadt», Berlin 1980
Hans-Erhard Lessing, «Das Fahrradbuch», rororo sachbuch 7178, Rein-
   bek 1980, und ders., «Radfahren in der Stadt», rororo sachbuch 7365,
   Reinbek 1982
Ernst Haar/ Siegfried Merten/Fritz Prechtl (Hg.), «Vorfahrt für Arbeit-
   nehmer – Alternativen zur Verkehrspolitik»
Technologie und Politik 14, «Verkehr in der Sackgasse», rororo aktuell
   4531, Reinbek 1979
Umweltbundesamt, «Was Sie schon immer über Auto und Umwelt wis-
   sen wollten», Berlin 1980
Martin Burkhardt, «Die gesellschaftlichen Kosten des Autoverkehrs»,
   Freiburg 1980, erhältlich beim BBU, Friedrich-Ebert-Allee 120,
   5300 Bonn
Umweltbundesamt, «Was Sie schon immer über Lärmschutz wissen
   wollten», Berlin 1982
Umweltbundesamt, «Lärmbekämpfung '81», Berlin 1981

Adressen

AK Verkehr des BBU (Adresse s. o.)
Umweltbundesamt, Bismarckplatz 1, 1000 Berlin 33
Allgemeiner Deutscher Fahrrad-Club (ADFC), Postfach 107744,
   2800 Bremen
Grüne Radler, Cheruskerstraße 10, 1000 Berlin 62
Stiftung Fahrrad, Am Dobben 91, 2800 Bremen

Erst stirbt der Wald, dann stirbt der Mensch

Energisch sein
gegen Energieverschwendung

Wenn Sie beim Lesen dieses Buches langsam müde werden, dann reißen Sie sich doch endlich etwas zusammen!

Etwas mehr Energie, bitte!!
Energie = Kraft = Lebensfreude?

Nachdem wir alle mit der Vorstellung groß geworden sind, Energie sei etwas Positives, treibe die Volkswirtschaft voran usw., und daß ohne Energie die Lichter ausgehen ..., müssen wir umdenken.

Eines muß ich aber vorausschicken: Mit «Energie» kann ich überhaupt nichts anfangen, dazu habe ich keine Beziehung.

Bevor Sie mich aber verdächtigen, ich sei einer jener träumerischen Ökologen, bei denen «der Strom aus der Steckdose» kommt, muß ich mich doch erklären:

Ich will bestimmte Bedürfnisse erfüllt haben, z. B. es «warm haben», Radio hören, Essen kochen, duschen usw., und nicht eine abstrakte Energie in kWh oder kcal verbrauchen. Von *der* habe ich nämlich gar nichts, außer Scherereien: der Wald stirbt, und die Energiekosten steigen.

Es ist etwa so, wie wenn ich zum Friseur gehe: Ich verlange von ihm eine bestimmte «Dienstleistung», nämlich Haare schneiden. Ob er nun jeweils zwei Zentimeter wegschneidet oder viermal 0,5 Zentimeter, ist mir egal, abgesehen davon, daß ich im letzteren Fall länger warte und der Friseur mehr «Energie verschwendet», also mit einem nur geringen «Wirkungsgrad» arbeitet.

Tatsächlich wollen wir also nicht Energie, sondern eine *Energiedienstleistung* (z. B. es *«warm haben»*). Und weil wir inzwischen wissen, daß der Wald hauptsächlich an der Energienutzung stirbt (90 % der Luftverunreinigungen entstehen durch Energieumsatz!!), wollen wir Energie rationell, also mit einem hohen Wirkungsgrad, nutzen und Energie sparen.

Fazit: Zweimal dieselbe Energiedienstleistung: die Frau hat es warm.
Energieverbrauch: Bild 1: 100 %
Bild 2: 40 %

Das Öko-Institut in Freiburg hat bereits 1980 eine Studie «Energie-
wende» vorgelegt (vgl. Literaturanhang), in der gezeigt wird, wie durch
rationelle Energienutzung und – langfristig – Nutzung regenerativer
Energiequellen dieselben «Energieleistungen» wie heute ohne Erdöl
und Kernkraft erbracht werden können.
　Gehen Sie doch nun mal durch Ihren Haushalt und beginnen Sie *Ihre
Energiewende*:
　Also, Haustür aufgeschlossen und rein in die Bude, Licht an und ...
Oder sind Sie einer von denen, die auch während der Abwesenheit das
Licht brennen lassen, weil Sie im Dunkeln das Licht nicht finden?
　Wenn Sie «Ihr Licht unter den Scheffel stellen wollen», dann beherzi-
gen Sie einfach die nachstehenden Ratschläge und erzählen Sie es ruhig
den Nachbarn weiter, damit denen auch ein Licht aufgeht ...

 Das Licht abschalten, wenn's nicht benötigt wird.

 Lampen gezielt dort installieren, wo Sie das Licht auch brauchen:
z. B. am Arbeitsplatz, über dem Eßtisch oder dem Herd. Gegebenenfalls spezielle Lampenarten einsetzen: Leselampe, Spotlicht,
Arbeitslampe usw.

241

Mit «Dimmerschaltern» können Sie einwandfrei Energie sparen: Die helle Arbeitslampe wird durch eine leichte Drehung zum schummrigen Licht, wenn der Schwarm Ihrer einsamen Nächte kommt ...
Es gibt die Dimmerschalter auch in Verbindung mit Verlängerungsschnüren, so daß Sie beliebige Lampen/Geräte anschließen können!

 Lassen Sie das Licht an die Öffentlichkeit: Nehmen Sie *keine* dunklen Lampenschirme (braungeschmorte Pergamentschirme, vom Fliegendreck geschwärzte Lampen etc.) mit starken Birnen, sondern halbdurchlässige Schirme mit schwächeren Birnen. Wirkungsvoll sind auch Spotlichter mit spiegelnden Reflektoren.

 Wenn die alten Glühbirnen das Zeitliche segnen: Kaufen Sie die neuen energiesparenden (vgl. Kapitel: Einkauf).

Oft wird behauptet, am Licht zu sparen «bringe doch nichts». Dazu ein Gedankenexperiment: Sie nehmen die gesamte (!) genutzte Kraftwerkskapazität in der Bundesrepublik und betreiben damit *nur Glühbirnen* à 100 Watt. Was schätzen Sie: Wieviel Glühbirnen wären das pro Bundesbürger?

10? 100? 10000? Falsch geraten! Im Schnitt würde das für nur zehn Glühbirnen pro Bundesbürger reichen. Und jetzt stellen Sie sich vor, daß jeder von den zehn Glühbirnen einige einsparen würde ...

Das wäre Licht am Ende des Tunnels der Energieverschwendung.

Wir sollten aber nicht so lange beim Licht verweilen: Schließlich stehen wir noch in der geöffneten Haustür, es ist Winter, und die Tür steht schon die ganze Zeit offen. Das treibt die Heizungskosten unnötig hoch. Womit wir beim nächsten Thema wären: *beim «Heizen sparen und warm haben»*.

Ganz am Anfang steht die Überlegung bzw. die Erfahrung: Wie warm wollen Sie es wo haben?

Manche Leute heizen die *ganze* Wohnung auf dieselbe Temperatur, also auch Küche, Schlafzimmer etc. Ich halte Küche (etwa 19°) und Schlafzimmer (etwa 15°) kälter, weil mir in der Küche beim Kochen eh warm wird und weil ich tagsüber kaum im Schlafzimmer bin und es dort abends gerne kühl habe, um besser schlafen zu können. Unterschiedlich warme Räume schaffen im übrigen auch ein physiologisch vorteilhaftes Reizklima, sagt Dr. Ökoknigge.

Wenn ich am Schreibtisch sitze und es mich an den Beinen friert (was kein Wunder ist, wenn ich meine eigenen guten Ratschläge aus Kapitel Energie nicht beherzige), dann wickele ich lieber meine Beine in einer Decke ein, als den Raum hochzuheizen, bis mir der Kopf raucht. Mittlerweile habe ich mich auch schon an Sprüche gewöhnt wie: «Na, du siehst ja aus wie ’n Opa!»

Bei Zugluft bekomme ich schnell eine Erkältung. Wenn ich Zug vermeide, brauche ich es gar nicht so warm zu haben, um mich behaglich zu fühlen. Dazu ist auch wichtig, daß die Luftfeuchtigkeit optimal ist. Bei trockener Luft kommt es sonst zu einer erhöhten Verdunstung an der Haut, die zu einem Kältegefühl führt. Ich habe deshalb biologische, dezentrale Wasserverdunster zum Patent angemeldet.

Biologische Wasserverdunster ...

Sicherlich lüfte ich keine Geheimnisse, wenn ich Ihnen sage, daß oft und kurz lüften mehr Energie spart, als stundenlang das Fenster ein bißchen offenzuhalten. Daß Sie abends die Rolläden und Fensterläden schließen und die Gardinen vorziehen. Die Fenster sind bekanntlich dafür erfunden worden, tagsüber das Licht reinzulassen, und nicht dafür, nachts die Energie rauszulassen. Sie können, wenn es Ihnen zu kalt ist, statt ein paar Freiübungen mal wieder was Handwerkliches machen, um Energie zu sparen:

Sofortmaßnahmen –
wenig Aufwand, schnelle Wirkung

◇ Fenster und Türen abdichten, im Mittel gehen etwa 30 % der Heizenergie durch undichte Stellen im Haus verloren. (Halten Sie ruhig mal eine brennende Kerze vor die Ritzen, wenn es draußen windet: Wahrscheinlich wird sie ganz schön flackern!)
◇ Wenn Sie Fenster haben, die Sie praktisch nie öffnen, dann spannen Sie eine glasklare Kunststoff-Folie darüber.
◇ Heizkörpernischen inseitig durch Styroporplatten mit Alu-Beschichtung isolieren.
◇ Rolladenkästen, wenn es geht, im Kasteninnern isolieren, ansonsten mit Styroportapete (vgl. Bastelbogen).
◇ Kältebrücken (erhöhte Wärmeverluste im Mauerwerk) ausfindig machen (mit einem einfachen Thermometer) und isolieren.
◇ Wenn Sie auch in so einem Haus wohnen, wo im Winter der Schnee auf dem Dach schmilzt, dann wird es Zeit, daß Sie Ihren Dachboden/ Ihr Dach isolieren! Auf die schnelle können Sie
  • die Bodenluke gut abdichten,
  • den Dachboden mit Styropor auslegen (vgl. Bastelbogen).

Rufen Sie den Heizungsfachmann an und lassen Sie die Heizung überprüfen und richtig einstellen. Spart bis zu 20 % Heizkosten!

Wenn Sie ein unverbesserlicher Energiesparer sind und

NOCH MEHR ENERGIE SPAREN WOLLEN,

dann geht's an die Substanz, an die Bausubstanz, an die Heizung usw. Da dies Entscheidungen auf Jahre hinaus sind und Sie viel Geld damit sparen können (nach einer einmaligen Investition), sollten Sie einen

Bastelbogen

1. **Isolation der Heizkörpernische**

Gerade hinter der Heizung ist die Wand oft am dünnsten und die Wärmeabgabe durch die Wand recht groß.

Die Isolation erfolgt mit einer Alufolie (kostet bis zu 10 DM) oder noch besser mit Rigips/Styropor-Isolation *und* Folie (um die 15 DM). Die Platten bzw. die Folie können geklebt, genagelt oder «getackert» werden, die Montage ist denkbar einfach. Die Einsparung hängt stark von der Art der Mauer, der Nische usw. ab. Sie dürfte um die 3 % betragen.

2. **Isolation des Rolladenkastens**

Wenn im Rolladenkasten genug Platz ist, kann er wie oben isoliert werden.

Zusätzlich kann auf die Innenseite des Rolladens Alufolie geklebt werden. Dazu wird der Rolladen heruntergelassen, die Folie (kostet bis zu 10 DM pro Quadratmeter) aufgeklebt und mit einem scharfen Messer entlang den Zwischenräumen der Lamellen aufgeschnitten. Auch hier dürfte die Einsparung um die 3 % liegen.

3. **Isolation des Speicherbodens** (nur für Geübtere)

Dazu wird der meist nur dünne Speicherboden wieder geöffnet und die Isolierung zwischen die Balken gelegt, Boden wieder drauf und fertig. Die Kosten betragen bei 100 Millimeter Dicke ca. 10 DM pro Quadratmeter.

Bei einem Massiv-Dachboden können härtere Platten auch direkt auf dem Boden angebracht werden. Dabei muß aber darauf geachtet werden, daß dadurch die Raumhöhe verringert wird, was bei einem späteren Ausbau als Dachwohnung/-zimmer sehr ärgerlich sein kann.

Entsprechend kann die Kellerdecke isoliert werden. Dazu werden die Platten an die Kellerdecke genagelt, geschraubt oder geklebt.

4. **Isolierung der Heizrohre in nicht beheizten Räumen**
(Keller usw.)
Am einfachsten ist die Verkleidung mit Halbschalen aus PU-Hartschaum, die noch Klebebänder zur Befestigung tragen. Das Rohr wird dann einfach von den beiden Halbschalen umgeben und diese mit dem Klebeband zusammengeklebt (kostet etwa 2,50–4,00 DM pro laufenden Meter). Billiger ist papierkaschierte Isolationswolle, die entsprechend zugeschnitten wird. Die Befestigung erfolgt mit Draht. Zusätzlich gibt es noch Extra-Verkleidungen, damit es auch schön aussieht . . .

Fachmann* zur Beratung hinzuziehen. Und mit ihm Punkt für Punkt durchgehen:

◇ Außen- oder Innenwände isolieren, oder beides?
◇ Neue Doppel-Glasfenster?
◇ Gut dichtende Fensterläden einbauen?
◇ Dach isolieren?
◇ Neue Heizanlage, Einbau einer Fußbodenheizung, Ersatz der alten Heizkörper?
◇ Einbau einer Solaranlage, einer Gaswärmepumpe?

Lassen Sie sich auf keinen Fall eine elektrische Heizung andrehen, auch keine elektrische Wärmepumpe! Nachdem die Energiewirtschaft sich völlig in den Stromprognosen verkalkuliert hat, versucht sie nun, mit dem Strom in den Wärmemarkt einzudringen.

---

* Rufen Sie zuerst beim örtlichen Bund für Umwelt und Naturschutz an und lassen Sie sich einen vertrauenswürdigen Fachmann empfehlen und nicht einen, der Ihnen eine Elektrowärmepumpe aufschwätzt!

Dr. Ökoknigge: Guten Tag, Herr Heitzmann*, schön, daß Sie kommen.
Heitzmann: Guten Tag! Wo brennt's denn?
Ö: Nichts Aktuelles, eher was Chronisches: Ich möchte hier im Haus noch mehr Energie sparen, und Sie sind mir da wärmstens empfohlen worden. Das Problem dabei ist, das muß ich gleich vorausschicken, daß ich stark daran interessiert bin und die anderen Mieter des Hauses auch, aber daß keiner so recht Lust hat, viel Geld zu investieren, weil uns das Haus nicht gehört.
H: Das wäre nicht so schlimm. Dafür gibt es schon beim Mieterverein einen Standardvertrag, in dem geregelt wird, wie Mieter selber energiesparend renovieren können und beim Auszug

---

* Anm.: Der Name ist echt, und das Gespräch wurde tatsächlich geführt.

entsprechend geschützt werden. Solche Fälle haben sich jetzt
doch gehäuft.

Ö: Na, dann mal los.

H: Fangen wir doch mit der Heizung an. Die Heizanlage im Keller
(Öl) ist noch einigermaßen in Ordnung. Die neuen Anlagen
sind zwar besser, aber eine Auswechslung lohnt sich hier nicht.
Die Heizkörper hier sind natürlich – wie überall in den alten
Häusern – ungünstig unter dem Fenster installiert und dann
noch in einer Nische. Eine Verlegung ist recht aufwendig. Sie
sollten aber auf jeden Fall die Wand hinter den Heizkörpern gut
isolieren, daß die Wärme nur noch vorne in den Raum ab-
strahlt. Das können Sie auch selber machen. (Anm.: Stimmt!
Siehe Bastelbogen.) Dann sollten Sie in die einzelnen Heizkörper Thermostate einbauen lassen.

Ö: Wie funktionieren die denn genau?

H: Nun, im Prinzip halten die Thermostate die Raumtemperatur
konstant. Es kann dann nicht mehr passieren, daß es zu heiß
wird und Sie sogar im Winter noch die Fenster aufreißen müssen.
Im Thermostat sitzt ein Dehnkörper aus einem Material, das
sich je nach Temperatur unterschiedlich ausdehnt. Durch die
unterschiedliche Ausdehnung wird das Heizkörperventil ge-
steuert, das wiederum den Durchfluß des heißen Wassers
regelt.

Ö: Und was bringen die Thermostate an Einsparung?

H: Wenn Sie an alle Heizkörper einen dranmachen, so zwischen 8
und 12% der Heizkosten. Sie müssen dann aber beim Lüften
aufpassen, weil da der Thermostat voll aufgeht.

Ö: Echt?

H: Ja, bestimmt! Ein Thermostat kostet ca. 18 bis 25 DM, und
man sollte die nehmen, die die Stiftung Warentest empfohlen
hat. Die Thermostate amortisieren sich etwa innerhalb eines
Jahres.

Ö: Wie ist das eigentlich mit den Heizungsrohren? Müßte man die
isolieren oder in die Wand legen?

H: Na, das ist so ein Problem in den alten Häusern. In beheizten
Räumen ist eigentlich nur die Konvektion vom Heizkörper aus
nicht mehr so optimal, das heißt, die Warmluft wird weniger gut

wegtransportiert. Ich würde hier die Rohre so lassen. Wenn Sie die Rohre außerhalb der Wand isolieren, sieht es scheußlich aus, und in die Wand hineinlegen ist teuer und womöglich gar nicht gut, weil hier die Wände recht schlecht isoliert sind.

Ö: Wie ist das denn mit dem Rolladenkasten?

H: Den kann man im Kasten so isolieren wie die Nischen hinter den Heizkörpern. Sie können auch einfach über dem Kasten eine Styroportapete anbringen. Außerdem können Sie eine Alufolie auf den heruntergelassenen Rolladen kleben (Anm.: siehe Bastelbogen). Das bringt bis zu 5 % Einsparung!

Ö: Wenn wir gerade mal beim Isolieren bleiben, wie ist das mit dem Dachboden?

H: Ja, das ist hier recht schlecht isoliert. Das können Sie auch selbst isolieren (Anm.: Bastelbogen). Bringt etwa 5 bis 10 % der Heizkosten.

Ö: Kommen wir mal zum Warmwasser und zum Kochen. Müßte hier doch ganz gut sein: Gasherd und Gasboiler. Da ist wohl nur 'ne Solaranlage besser?

H: Ja, das stimmt. Der Gasherd ist beim Kochen energiesparender als ein Elektroherd. Genauso ist es mit den Boilern. In der Wohnung im Parterre ist noch ein alter Elektroboiler, der sollte ersetzt werden.

Was man hier noch einbauen könnte, wäre eine Abgasklappe am Gasboiler, die kostet etwa 50 DM. Damit wird unter anderem verhindert, daß Wärme in den Kamin abzieht. Halten Sie mal die Hand hierher, dann spüren Sie, wie es zieht.

Ö: Stimmt. Ist mir noch gar nicht aufgefallen.

H: So eine Abgasklappe sollten Sie auch unten am zentralen Heizkessel anbringen. Die funktioniert so, daß die Klappe automatisch schließt, wenn der Brenner sich abschaltet. Damit wird der Wärmeverlust des Kessels reduziert, die Heizkosten etwa um 5 %. Kostet etwa 300 DM, können Sie selber . . .

Ö: ?

H: Na, wenn ich Ihr Gesicht so sehe. Also ein geübter Heimwerker kann das selber einbauen, aber in Ihrem Fall sollten Sie es dann lieber mir überlassen . . .

Ö: Wie ist das jetzt eigentlich mit einer Solaranlage?

H: Hier wäre auf jeden Fall eine Warmwasseraufbereitungsanlage sinnvoll. Das müßte ich oder sonst ein Fachmann machen. Damit können Sie im Sommer 80 bis 90 % der Warmwasserkosten einsparen. Hier im sonnigen Freiburg geht das sogar über acht Monate im Jahr.

Ö: Na, ein Grund mehr, Wyhl nicht zu bauen. Aber das muß man dem Cleverle Späth in Stuttgart immer wieder eintrichtern ...

H: Kennen Sie den? Über Baden lacht die Sonne, über Schwaben die ganze Welt! (Gelächter)

Ö: Was kostet denn jetzt so eine Solaranlage?

H: Ich habe es hier für das Vier-Familien-Haus mal durchgerechnet. Bei 24 Quadratmeter Kollektorfläche und 3 Kubikmeter Niederdruckspeicher käme es bei mir auf ca. 16 500 DM. Wenn Sie andere Angebote einholen, werden Sie ohne Schwierigkeiten auch welche bis 25 000/30 000 DM finden ...

Ö: Na ja, Sie sind ja als gut und billig bekannt. Wie ist das mit der Amortisation?

H: Ganz grob würde ich sagen, fünf bis zehn Jahre, aber das müßte ich dann im einzelnen noch mal durchrechnen. Hängt auch stark vom Warmwasserverbrauch ab, wie oft jeder duscht usw. Bei 25 000/30 000 DM dauert's mit der Amortisation natürlich entsprechend länger. Da kommt man dann schnell in den Bereich, wo sich's nicht mehr lohnt!

Ö: Also ich werde auf jeden Fall mal mit unserem Hausbesitzer sprechen. Wenn Sie Ihr Angebot halten, scheint es mir doch recht sinnvoll. Wenn ich das energisch genug vorbringe ...

H: Na, mir wär's natürlich auch recht!

Eine nette Randnotiz:
Nachdem die Energiewirtschaft jahrelang versuchte, AKW-Gegner mit der Devise «Bei denen kommt der Strom wohl aus der Steckdose» lächerlich zu machen, wirbt sie nun selbst in Anzeigen mit der «Wärme aus der Steckdose» ... So ändern sich die Zeiten!!

Die neueste Werbung «Strom ist Leben» ist noch übler: Ob an die Mutter-Kind-Beziehung appelliert wird (vgl. Abb.) oder ein Mann im Rollstuhl, der telefoniert, herhalten muß – Werbung für Stromverbrauch ist irrwitzig. Die sterbenden Wälder sind stumme Ankläger.

Übrigens: Bei der Produktion von Strom und bei der Leitung zum Verbraucher gehen etwa drei Viertel der eingesetzten Energie verloren! Die Stromgewinnung ist also mit enormen Energieverlusten, mit hoher Luftverschmutzung oder mit radioaktiven Abfällen verbunden, die 100 000 Jahre lang strahlen.

Energie und Umwelt

Seit Prometheus den Göttern das Feuer stahl, wird Energie in der vielfältigsten Form genutzt und verschmutzt die drei anderen Lebenselemente Luft, Wasser und Boden ... Die Götter waren damals mit ihrem Blick in die Zukunft also zu Recht sauer: Heute ist der Regen sauer, der Boden sauer, und die Wälder sterben.

Freilich bedarf es nicht unbedingt göttlicher Fähigkeiten, um zu sehen, daß die in den Industrieländern praktizierte Energieverschwendung gravierende Umweltschäden hervorrufen wird.

Es beginnt beim Rohstoff-Abbau der Kohle, des Öls und des Urans: Beim Braunkohlenabbau verschwinden ganze Dörfer, beim Ölabbau und -transport werden die Meere verschmutzt und Kriege ums Öl geführt und beim Uranabbau ganze Landstriche radioaktiv verseucht.

Bei der Stromproduktion und beim Verbrauch von Kohle und Öl bzw. Benzin zum Heizen, zur industriellen Prozeßwärme und für Kraftfahrzeuge wird die Luft verpestet.

In den Ballungsgebieten ist die Gesundheit der Menschen bedroht (vor allem aus den Kfz-Abgasen), kommt es zur Smogbildung, werden überall Kunstdenkmäler und Zweckbauten wie Autobahnbrücken von den Luftverunreinigungen angegriffen. In den ländlichen Gebieten kommt es zur Umweltkatastrophe, die Wälder sterben, jeden Tag erkranken über 10 Millionen Bäume. Und die nächste Umweltkatastrophe kündigt sich für die neunziger Jahre an: Das beim Verbrennen von Kohle und Öl frei werdende Kohlendioxid bewirkt in der Erdatmosphäre einen Treibhauseffekt: Die Erde wird sich erwärmen, die Wüsten zunehmen, und der Meeresspiegel wird sich durch Schmelzvorgänge an den Polen erhöhen, weite Küstenbereiche überschwemmt werden.

Und auch die Kernenergie bedroht uns durch radioaktive Emissionen beim laufenden Betrieb, durch die Gefahr gigantischer Störfälle und vor allem durch die völlig ungesicherte Endlagerung der ausgebrannten Kernbrennstäbe. 100000 Jahre werden sie strahlen, unsere Nachkommen werden sich bedanken.

Die Kernenergie hat zudem einen weiteren gravierenden Nachteil: Sie ist so teuer und erfordert so hohe Investitionen, daß die Gelder an anderen Stellen fehlen, um eine sinnvolle Energiepolitik zu betreiben: kein Geld für die Erforschung regenerativer Energiequellen, kein Geld für die Förderung von Energieeinsparmaßnahmen und kein Geld für die Entschwefelung der Kohlekraftwerke. So würde die Entschwefelung und Entgiftung *aller* großen Kohlekraftwerke rund 8 Milliarden DM kosten, soviel wie ein einziges Kernkraftwerk. Aber daran kann man eben nicht so viel verdienen ...

Das Öko-Institut Freiburg hat bereits vor Jahren in seiner «Energiewende»-Studie aufgezeigt, wie eine neue, möglichst umweltschonende Energiepolitik aussehen muß:

Die beste Energiequelle ist das Energiesparen. Durch bessere und rationellere Nutzung der Energie (etwa durch Kraft-Wärme-Kopplung) lassen sich die gleichen Bedürfnisse (Nachfrage nach Wärme und Strom) mit weitaus weniger Energieverbrauch befriedigen.

Und geringerer Energieverbrauch bedeutet geringere Umweltbelastung (und auch Geldersparnis).

Das Öko-Institut hat gezeigt, daß die Energieversorgung der Bundesrepublik nach einer Übergangzeit ohne Erdöl und ohne Kernkraft möglich ist, allein durch energiesparende Maßnahmen, umweltfreundliche Nutzung der Kohle und erneuerbare Energieträger wie etwa Solarenergie. Durch die Enquete-Kommission des Deutschen Bundestags hat dieser «Energiepfad» sozusagen noch den hochpolitischen Prüfstempel erhalten, daß er tatsächlich möglich ist.

Die Praxis sieht freilich anders aus: Da wird munter die Kernkraft weiter gefördert, werden die Sicherheitsrichtlinien für Kernkraftwerke gesenkt, imaginäre Endlager an die Wand gemalt. Da behalten die Automobilkonzerne ihre Pläne für benzinsparende Autos in den Schubladen und werden abgasarme Autos zwar in den USA und Japan verkauft (weil's dort Vorschrift ist), aber hier dürfen wir weiterhin giftige Abgase einatmen. Und die Energiekonzerne werben mit Plakaten «Strom ist Leben» für erhöhten

Stromverbrauch, während der Wald stirbt, an eben dieser Stromproduktion.

Ohne eine völlige Änderung dieser Energiepolitik werden die Wälder aber nicht mehr zu retten sein und werden die anderen Umwelt- und Gesundheitsschäden noch weiterhin zunehmen.

Die neue Energiepolitik muß sich an drei Prinzipien orientieren:
◇ *rationelle Energienutzung* (etwa durch Kraft-Wärme-Kopplung, Nah- und Fernwärmenutzung oder durch Wärmedämmungsprogramme für Privathäuser und durch eine völlige Änderung der Verkehrspolitik)
◇ *Übergang auf erneuerbare Energieträger* (etwa durch Nutzung von Solarzellen zur Stromgewinnung)
◇ *weitgehende Rückhaltung bzw. Entgiftung der Abgase*
Der nach den ersten zwei Prinzipien drastisch veränderte Energieverbrauch wird zwar auch die Abgasabgabe in die Luft vermindern, aber nicht ausreichen, um Umwelt und Gesundheit zu schützen. Die Abgase müssen daher noch drastisch entgiftet werden, bei Kraftwerken etwa durch Rauchgasentschwefelung (hält rund 90 % des gefährlichen Schwefeldioxids zurück), bei Autos durch Abgaskatalysatoren (entgiften ebenfalls etwa 90 % der Abgase).

Als einzelner kann man in der eigenen Umgebung unabhängig von solchen notwendigen energiepolitischen Entwicklungen bzw. Hemmnissen beträchtlich Energie einsparen, nach den gleichen Prinzipien wie im Großen:
◇ *durch rationelle Energienutzung* – durch Wärmedämmung, durch den Gebrauch energiearmer Elektrogeräte und warmwassersparender Armaturen ebenso wie durch Fahrradfahren, Benutzung von Bus und Bahn usw.
◇ *durch Übergang auf erneuerbare Energieträger* – das reicht von der handbetriebenen Dynamotaschenlampe bis hin zum Einbau einer Solaranlage zur Warmwassererzeugung auf dem Dach.

◇ *durch Entgiftung der Abgase* – das bedeutet eine regelmäßige Kontrolle und Einstellung der Heizungsanlage und des Automotors. Und den Kauf eines entsprechend umweltfreundlichen Autos bzw. das «Nachrüsten» des eigenen Autos mit einem Abgaskatalysator und das Fahren mit bleifreiem Benzin.

Es gibt viel zu tun, packen wir's an.

Wieder einmal gilt: Sie wollen Radio hören, staubsaugen, einen Kühlschrank haben usw., aber keinen hohen Stromverbrauch.

Langsam wird es auch Zeit, den Spaziergang durchs Haus fortzusetzen: Licht und Heizung sind abgehakt, jetzt kommen wir zu den höheren Genüssen des *Lebens*:

Elektrogeräte

Sparen ist überall angebracht. Dennoch ist es sinnvoll, sich die dicken Brummer anzuschauen, die am meisten Strom verbrauchen:

Geräteart	Jahresverbrauch in kWh (etwa)*	
Elektrorasierer	0,36	5 Minuten am Tag
Handrührgerät	11	10 Minuten am Tag
Haartrockner	27	viermal die Woche
Kaffeeautomat	61	8 Tassen/Tag
Beleuchtung	180	
Kühlschrank	190	
Fernsehgerät	200	
Gefriertruhe	400	
Elektroherd	600	
Wäschetrockner	400 – 800	
Waschmaschine	250 – 1000	
Geschirrspülmaschine	250 – 1000	

* In einem Vier-Personen-Haushalt *(nach Bossel)*

Bevor Sie sich also einen Bart wachsen lassen, um Energie zu sparen, sollten Sie sich eher überlegen, wie Sie bei den «dicken Brummern» Energie sparen können. Oder anders ausgedrückt: Wenn Ihre Familie ein Jahr lang auf die Geschirrspülmaschine verzichtet, kann sich der Pappi 3000 Jahre lang rasieren (vgl. *test extra* 1/80).

Kochen, Backen

Da ich mit Leib und Seele gerne und gut esse, möchte ich auch in den Rucksack-(Zelt-)Ferien nicht darauf verzichten. Die kleinen Brenner mit Gaskartuschen haben allerdings den Nachteil, recht schnell zur Neige zu gehen und nicht wieder auffüllbar zu sein (Wegwerfprodukte!!).

Angehalten zur äußersten Sparsamkeit – insbesondere in der Pampa, wo es keine Ersatzkartuschen gibt –, machte ich die erstaunlichsten Ent-

deckungen: So kann man mit *einem* Brenner in 15 Minuten ein komplettes Menu kochen: Reis, Lammfleisch, Bohnen (aus der Dose).
Glauben Sie mir nicht?

Es geht folgendermaßen: Frühmorgens, vor der Wanderung, wird der Reis schon mit kaltem Wasser übergossen. Abends ist er schon gut gequollen. Dann wird er erhitzt, etwa 3 Minuten, von der Flamme genommen und noch in Abständen von einigen Minuten etwa viermal eine halbe Minute kurz aufgekocht. Genauso geht es mit den Bohnen, das Fleisch wird am Stück durchgebraten.

Ich will Sie mit diesem Beispiel nicht zu einem neuen Guinness-Rekord im Minimalenergieverbrauch beim Kochen anregen, sondern nur zeigen, wie man durch wenige einfache «Tricks» und richtige Beurteilung von zeitlichen Abläufen ganz lässig Energie sparen kann.

Noch einige Tricks:

mit Gas läßt sich energiesparender (etwa halb soviel Energie) und besser kochen als mit Elektroplatten, weil sich Gas sofort regulieren läßt

 die Töpfe sollten jeweils genau auf die Platte passen, ein Dekkel auf dem Topf schadet auch nicht ...

 Druckkochtöpfe verkürzen die Garzeit und sparen Energie

 beim Kochen sollte jeweils der kleinstmögliche Topf und die kleinstmögliche Wassermenge verwendet werden sowie die Temperatur so niedrig wie möglich gehalten werden

 Elektroplatten kann man schon zwei, drei Minuten vor Beendigung des Kochens ausschalten

 wenn Sie Kuchen backen, machen Sie gleich zwei (spart Energie) und schenken Sie den Nachbarn einen (wenn die doof sind, rufen Sie mich an, ich esse auch gerne Kuchen)

(Die Sahne können Sie so lange in den Kühlschrank stellen, bis ich komme.) Womit wir auch beim nächsten Schritt wären:

Kühl- und Gefriergeräte

Oh! Gerade habe ich mir einen Joghurt aus dem Kühlschrank geholt und zur Kontrolle ins Eisfach geschaut: Schon wieder vereist. Das Kühlfach vereist relativ schnell, offensichtlich schließt die Gummidichtung nicht mehr gut. Hätte ich ja schon längst erneuern können! Mal schauen, wie lange ich dafür brauche. (Falls es Sie auch interessiert: Kaufen Sie doch einfach in einem Jahr die zweite Auflage dieses Buches, da schreibe ich dann die [Miß-]Erfolgsmeldung rein ...)

◇ der Luftwärmetauscher hinter dem Kühlschrank sollte ab und zu gereinigt (entstaubt) werden
◇ auf gute Hinterlüftung des Kühlschranks achten, nicht «zubauen»
◇ Kühlschrank bzw. Gefriertruhe nur kurz öffnen (das bedeutet: Ordnung halten), keine warmen Speisen reinstellen, nicht zu kalt einstellen
◇ ich bin bisher ohne Gefriertruhe ausgekommen

Wenn Sie einen neuen Kühlschrank/Gefriertruhe oder andere Elektrogeräte kaufen: Achten Sie auf geringen Verbrauch (vgl. *test extra* 1/80).

Mein Gott, diese ganzen guten Ratschläge, da kommt man ja richtig ins Schwitzen! Also flugs unter die Dusche und unter das

Warmwasser

Wasser sparen geht beim Warmwassergebrauch auch mit Energiesparen einher (vgl. Kapitel: Wasser). Den Boiler sollte man so einstellen, daß – etwa beim Duschen – das Wasser gerade richtig temperiert herauskommt. Wasser knallheiß rauslassen und mit viel Kaltwasser regulieren ist Energieverschwendung. Soweit möglich, sollte das Warmwasser direkt mit Gasboiler erzeugt werden (noch besser natürlich mit einer Solaranlage). Nach dem Duschen flugs in die frischgewaschenen Kleider:

Waschmaschine / Trockner / Geschirrspülmaschine

Diese drei «dicken Brocken» können zusammen zwei Drittel Ihres Jahresstromverbrauches verursachen! Bei mir ist es viel weniger, ich habe nämlich gar keine Geschirrspülmaschine und keinen Trockner.

Bei allen drei Geräten geht der Stromverbrauch hauptsächlich in die Wärmeerzeugung, bei Waschmaschinen und Geschirrspülmaschinen zu 90 bis 95 %!

Die Maschinen sollten daher immer optimal mit Wäsche bzw. Geschirr gefüllt werden und möglichst bei niederer Temperatur laufen (vgl. Kapitel: Wasser).

Wenn Sie die Wäsche immer im Freien aufhängen können, ist ein Wäschetrockner so überflüssig wie ein Solarium. Wenn die Wäsche gut geschleudert ist, trocknet sie sehr schnell, und wegen der wenigen feuchten Wintertage, wo dies etwas länger dauert, brauchen Sie nicht einen teuren Wäschetrockner zu kaufen. So kriegen Sie Ihre Schäfchen nie ins trockene!

Nieder mit den Tagesspitzen

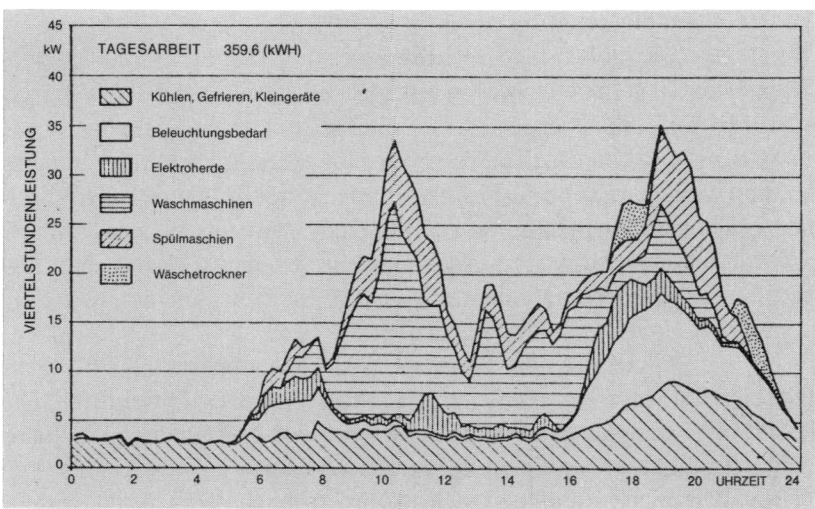

*Kumulierter Viertelstundenleistungsgang eines Wohnobjekts mit
34 Wohneinheiten am Dienstag.*

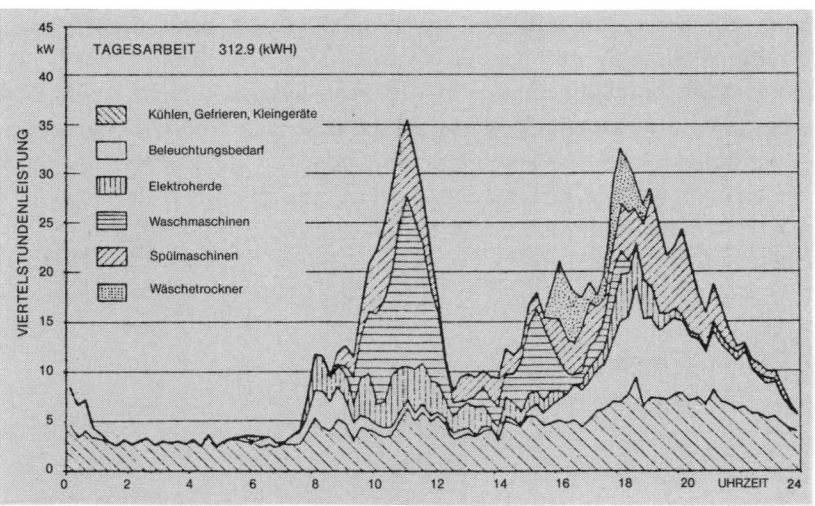

Am Samstag.

Quelle: Wulf Piller, «Lastgangsimulation und -synthese», IFE, München 1980

260

Zweimal am Tag nähert sich die Stromnachfrage aus den privaten Haushalten einem orgiastischen Höhepunkt (sog. Spitzenlast). Die Gründe dafür können Sie dem obigen Schaubild entnehmen: Kühlschrank und Kleingeräte wie elektrischer Wecker, Radio etc. laufen den ganzen Tag in etwa konstant, mit einer leichten Zunahme am Abend. Waschmaschine, Wäschetrockner und Spülmaschinen werden dagegen von den meisten Haushalten nur zu bestimmten Tageszeiten angeschaltet – zu den Spitzenlastzeiten von 10 bis 12 und 18 bis 20 Uhr. Dadurch schnellt die Stromnachfrage in ungeahnte Höhen, die Energieversorgungsunternehmen müssen Kraftwerkskapazität zuschalten. Das hat vor allem zwei Nachteile für die Umwelt:

1. werden beim kurzfristigen An- und Abschalten von Kraftwerken fast immer erhöhte Schadstoffmengen frei (vergleichbar dem Kaltstart beim Auto).
2. sind die Kraftwerke dann in den Stromtälern nicht ausgelastet, und die EVU versuchen, diese zu füllen, indem sie für Stromverbrauch im Wärmebereich werben (z. B. Nachtspeicherheizung). Strom hat aber einen außerordentlich schlechten Wirkungsgrad bei Wärmeerzeugung, was gleichbedeutend mit erhöhter Umweltbelastung ist.

Sie können daher auf einfachste Weise die Tagesspitzen vermeiden:
1. Sie stellen die Geräte am besten spätabends an. Versichern Sie sich aber vorher, daß die Maschinen nicht so laut sind, daß andere Mieter zu Schlaftabletten greifen.
2. Sie kaufen eine Zeitschaltuhr (kostet 30 bis 40 DM) und stellen die Maschine mitten in der Nacht an – da wacht niemand mehr auf.

Auf die «Spitzen»-Idee Nr. 2 bin ich gerade erst selber gekommen.

Die EVU sind zwar sicher auch schon auf diese Idee gekommen, aber ich ahne schon, warum sie diese nie rausgelassen haben: Sie haben jahrelang auf Kapazitätsausbau, auf große und unflexible Kraftwerke gesetzt (z. B. Kernkraftwerke), und da passen ihnen solche Ideen nicht in den Kram.

◇ energisch sein gegen Energieverschwendung

Heizen

◇ Heizung optimal einstellen lassen
◇ Heizungsthermostate einbauen lassen
◇ Fenster und Türen abdichten
◇ Nische hinter den Heizkörpern und Rolladenkästen (so vorhanden) isolieren
◇ falls nötig, Dachboden und Kellerdecke isolieren
◇ Raumtemperatur optimal wählen, z. B. Küche kälter als Arbeitszimmer, Raumtemperatur möglichst nicht über 20°C einstellen
◇ in der Übergangszeit im Herbst und Frühling besser zum dicken Pulli und der Wolldecke greifen als zum Heizungsschalter
◇ warme Hausschuhe und Strümpfe anziehen
◇ besser öfter kurz und kräftig lüften als einmal lange
◇ abends Rolladen bzw. Fensterläden schließen und Gardinen vorziehen
◇ viele Pflanzen halten, zur Verbesserung des Raumklimas
◇ vor größeren Um- oder Neubauten Energieberatung vornehmen lassen (neuer Heizkessel? Fußbodenheizung? Wärmedämmung? usw.)

Elektrogeräte

◇ beim Kauf auf sparsame Energie- und Wasserverbrauchswerte achten (*test extra* 1/80) und auf das Umweltzeichen (Staubsauger)
◇ möglichst *nicht* verwenden: Wäschetrockner, Bügelmaschinen, Gefriertruhen oder -schränke
◇ Waschmaschinen / Waschen: siehe «Die grüne Tat», S. 68
◇ falls Sie doch eine Geschirrspülmaschine haben: siehe «Die grüne Tat», S. 69

Kühlschrank (Gefriertruhe oder -schrank)

◇ optimale Größe wählen

◇ regelmäßig abtauen

◇ jeweils nur kurz öffnen

◇ keine heißen Speisen in den Kühlschrank stellen, erst abkühlen lassen

◇ für optimale Luftzirkulation hinter dem Kühlschrank sorgen, Kühlschlangen regelmäßig entstauben

Kochen

◇ möglichst Gasherd statt Elektroherd

◇ Töpfe jeweils passend; mit Deckel kochen

◇ möglichst Druckkochtopf verwenden

◇ Elektroplatten schon ein paar Minuten vor Ende des Kochens ausschalten (sie heizen nach)

◇ möglichst Gemeinschaftskochen (abwechselnd mit den Nachbarn) und

◇ -backen organisieren (für die Nachbarn einen Kuchen mitbacken!)

Warmwasser

◇ möglichst Gasboiler statt Elektroboiler

◇ Elektroboiler kurz vor Bedarf anschalten (notfalls mit Zeitschaltuhr)

◇ am Boiler die richtige Temperatur vorwählen, so daß kein kaltes Wasser zugemischt werden muß

◇ ansonsten: siehe «Die grüne Tat», S. 69f

Licht

◇ abschalten, wenn es nicht mehr benötigt wird
◇ keine gleichmäßig-helle Beleuchtung des gesamten Zimmers, sondern «lokale» Beleuchtung: Arbeitslampe für den Schreibtisch, Leselampe usw.
◇ keine lichtschluckenden Lampenschirme verwenden (ggf. putzen!)
◇ Dimmerschalter verwenden
◇ wenn die alten kaputtgehen: neue *verbrauchsarme* Glühbirnen kaufen

Literatur

Krause/Bossel/Müller-Reißmann, «Energiewende, Wachstum und Wohlstand ohne Erdöl und Uran», S. Fischer, Frankfurt 1980

Barbara Ruske/Dieter Teufel, «Das sanfte Energie-Handbuch», rororo aktuell, Reinbek 1980

BBU (Hg.), «Energie richtig genutzt», C. F. Müller-Verlag, Karlsruhe

Amory Lovins, «Sanfte Energie», rororo sachbuch 7749, Reinbek 1982

Klaus Traube/Otto Ulrich, «Billiger Atomstrom?», rororo aktuell, Reinbek 1982

Rainer Grießhammer, «Letzte Chance für den Wald?» Dreisam-Verlag, Freiburg 1983

J. Franke/D. Viefhues (Hg.), «Fiasko Atomenergie», Verlag Kölner Volksblatt, Köln 1983

Adressen

Öko-Institut, Hindenburgstraße 20, 7800 Freiburg, Tel. 0761/36439

Institut für Energie- und Umweltforschung (IFEU), Im Sand 5, 6900 Heidelberg

Eine Kuh macht muh, viele Kühe machen Mühe

Umweltorganisationen und politische Forderungen

Bei Ihren stetigen Versuchen, öko-kniggerisch zu leben, werden Sie einige Behinderungen erfahren: So nützt etwa die schönste Vision von öffentlichem Nahverkehr nichts, wenn der letzte Zug oder Bus abends um 20 Uhr fährt oder die Verbindungen insgesamt so schlecht sind, daß Sie gezwungen sind, mit dem Auto zu fahren. Und das schönste Energie-

266

sparen wird zum Hohn, wenn das große Kohlekraftwerk nebendran ohne Wärmekraftkopplung läuft und ohne Rauchgasentschwefelung. Und der Verzicht auf chemische Mittel im eigenen Garten wird überschattet durch die gekauften chemiebelasteten Lebensmittel und das Trinkwasser, die Sie zu sich nehmen müssen.

Das private umweltfreundliche Verhalten ist notwendig, aber es hat auch seine Grenzen. Der einzelne kann zwar durch umweltbewußtes Verhalten glaubwürdiger vor sich und vor anderen leben, er trägt im Verein mit vielen anderen auch zu meßbaren Umweltentlastungen bei, und er setzt auch Anreize und Signale für Änderungen, etwa beim Einkaufen («Guten Tag, ich hätte gerne eine energie- und wassersparende Waschmaschine»). Aber die wirklich bedeutsamen Änderungen wird es nur durch eine Änderung der Umwelt-, Energie- und Technologiepolitik geben. Und politische Änderungen gibt es nur durch politischen Druck (die vierjährliche Stimmzettelabgabe reicht nicht aus). Politischer Druck muß auf allen Ebenen ausgeübt werden, nicht nur auf Gipfelkonferenzen. Überall. In der Gemeinde, bei der Arbeit, über die Gewerkschaft, beim (Nicht-)Einkauf durch Kaufboykott, über Parteien, Bürgerinitiativen, überall. Global 2000 teilt sich auf in viele Lokal 2000, und dementsprechend ist es notwendig, sich in Bürgerinitiativen und Umweltorganisationen zu engagieren, die vor Ort aktiv sind und die bundesweit zusammengeschlossen sind.

Die Art des Engagements ist weit gesteckt. Sie können diese Organisationen finanziell unterstützen, Sie können aktiv mitarbeiten, Sie können Ihnen aus der Behörde oder aus der Fabrik heraus wertvolle Tips geben ...

Die Ökologie ist immer vernetzt, und wenn Sie ökologisch wirken wollen, müssen Sie sich mit vielen anderen vernetzen ...

Freilich angepaßt – nach Ihren Möglichkeiten.

Empfehlen will ich ein Engagement bei folgenden Organisationen:
◇ bei der lokalen Bürgerinitiative, die die Umweltbelastung aufgreift, die Ihnen schon lange auf den Wecker geht. Wenn es keine gibt, dann gründen Sie doch eine! Dabei hilft Ihnen der

Bundesverband Bürgerinitiativen Umweltschutz (BBU)
(Friedrich-Ebert-Allee 120, 5300 Bonn, Tel. 0228/233099)
Der BBU ist der bundesweite Zusammenschluß der Bürgerinitiativen

aus der Umweltbewegung. Der BBU fungiert dabei als Dachverband, koordiniert bundesweite Aktionen (wie die Großdemonstrationen gegen Kernkraftwerke oder Aktionstage gegen das Waldsterben) und dient als «Sprachrohr» der Umweltbewegung.

Mitglieder können sowohl Bürgerinitiativen wie auch einzelne werden, der BBU finanziert sich aus den Mitgliedsbeiträgen und Spenden.

Bund für Umwelt und Naturschutz Deutschland (BUND)
(In der Raste 2, 5300 Bonn, Tel. 0228/230001)
Der BUND ist gleichermaßen dem Umweltschutz wie dem Naturschutz verpflichtet und setzt sich für eine Verbreitung ökologischen Denkens und Handelns ein. Zur Durchsetzung seiner Forderungen wie Schutzmaßnahmen für bedrohte Tier- und Pflanzengesellschaften orientiert er sich im Vergleich zum BBU weniger an Aktionen sondern sucht mehr durch (parlamentarische) Anhörungen politischen Einfluß zu nehmen. Der BUND ist ein nach § 29 des Bundesnaturschutzgesetzes anerkannter Naturschutzverband, der bei bestimmten umweltrelevanten Planungen angehört werden muß.

Der BUND hat in allen Bundesländern Landesverbände, Kreis- und Ortsverbände und insgesamt etwa 80000 Mitglieder.

Öko-Institut Freiburg (Institut für Angewandte Ökologie e. V.)
(Hindenburgstraße 20, 7800 Freiburg, Tel. 0761/36439)
Das Öko-Institut versteht sich als «Anwalt» und «Beratungsorgan» der Umweltbewegung: Es liefert den betroffenen Bürgern Argumentationshilfen durch fundierte Informationen, durch wegweisende Forschungen über eine ökologisch ausgeglichene Umwelt-, Energie- und Wirtschaftspolitik. Es tritt als Sachverständiger bei Gerichtsprozessen auf und vermittelt Referenten für Vorträge. Die Finanzierung erfolgt durch Mitgliederbeiträge und Spenden. Eine Mitarbeit erfolgt über einzelne bundesweite Arbeitskreise (wie AK Chemie/AK Wasser usw.) und über einzelne Projektgruppen (beispielsweise «Haushaltschemikalien», «Arbeiten in einer ökologisch orientierten Wirtschaft» u. a.) sowie über eine Mithilfe bei der Anfragenbeantwortung und als Referent. Mitglieder können sowohl einzelne wie auch Bürgerinitiativen und andere Institutionen werden.

Robin Wood, Gewaltfreie Aktionsgemeinschaft für Natur und Umwelt e. V.

(Postfach 10 21 22, 2800 Bremen)

Robin Wood macht durch spektakuläre Aktionen auf Umweltmiß-stände aufmerksam: z. B. durch vorübergehende «Besetzungen» von Schornsteinen besonders luftverschmutzender Kraftwerke, durch «Verpackung» von Waldstücken zum Schutz gegen Sauren Regen, durch Organisierung von Boykott-Aktionen (wie Aktion Giroblau, zur phantasievollen Bezahlungsweise von Stromrechnungen bei Energieversorgungsunternehmen usw.).

Eine Mitgliedschaft ist sowohl als Einzelperson wie auch als Ortsgruppe möglich (und bei Aktionen wie Giroblau kann natürlich jeder mitmachen).

Nähere Informationen über Robin Wood und über einzelne Aktionen sind über die obige Adresse erhältlich.

Daneben gibt es noch eine Reihe weiterer Umwelt- und Naturschutzverbände sowie Einzelinitiativen. Sie sind in dem Buch «Bürger im Umweltschutz» (vgl. Literatur) verzeichnet.

Neben dem Öko-Institut gibt es noch eine Reihe weiterer ökologischer Forschungsinstitute, Analyse-Labors usw., die alle in der Arbeitsgemeinschaft Ökologischer Forschungsinstitute zusammengeschlossen sind. Die Mitglieder der AGÖF sind mit ihren wichtigsten Schwerpunkten aufgelistet.

Und vergessen Sie eines nicht: Eine Kuh macht muh, viele Kühe machen Mühe . . .

Arbeitsgemeinschaft
Ökologischer Forschungsinstitute (AGÖF)

Geschäftsstelle: Gruppe Ökologie, Immengarten 31, 3000 Hannover 1,
Tel.: 05 11 / 6 96 31 30

Mitgliederliste der AGÖF   Stand: Juni 1983

1. **AGAT**
   Interdisziplinäre Arbeitsgruppe
   für angepaßte Technologie
   Menzelstr. 13
   3500 KASSEL   05 61 / 8 04 53 08
   53 12

2. **AGATA**
   Arbeitsgruppe angepaßte Technik
   Aachen
   Alte Str. 65
   5120 HERZOGENRATH 0 24 06 / 73 49

3. **AGWA**
   Aachener Gruppe Wasseranalyse
   Lothringer Str. 105
   5100 AACHEN

4. **AHU**
   Arbeitsgemeinschaft Hydrogeologie und Umweltschutz
   Brabantstr. 73
   5100 AACHEN   241 / 50 93 64

5. Arbeitskreis Alternativenergie
   Tübingen
   Postfach 1169
   7400 TÜBINGEN   0 70 71 / 29 63 80

6. Arbeitskreis Natur und Gesellschaft e. V.
   Leoberner Straße
   Wohnheim Mensa 4 – 7
   2800 BREMEN 33   04 21 / 21 93 64

Arbeitsbereiche
– Nahrung / Landwirtschaft
– Behausung / Wohnen, Bauen
– Verkehr
– Energie

– Windenergienutzung
– Biogasgewinnung
– Fahrradtechnik

– Chemische Analysen
– Bakteriologische Untersuchungen
– Schwermetalle im Boden

– Wassergewinnung, Wasserwirtschaft
– Grundwasser, Abfallagerung
– Feststellung / Vermeidung von Schäden, die durch Wassergewinnung
  entstehen können
– EDV im Zusammenhang mit Hydrogeologie und Umweltschutz
– mathematische Grundwassermo-
  delle

– Folgenabschätzung f. Energiesyst.
– kommunale Energiekonzepte
– Biogaskonzept f. Landw. / Verkehr
– Kosten-Nutzen-Rechnung rationeller Energieanwendung
– Energieberatung
– Rechenmodelle f. Energieeinsparung durch Wärmedämmung / aktive und passive Solarenergienut-
  zung

– Optimierung eines a. ökologischer
  Basis entwickelten Gartenbausy-
  stems für feuchttropische Regionen
  im Amazonastiefland Perus u. dessen Verbreitung

270

7. ARENHA
Arbeitsgemeinschaft Energieberatung Hannover e. V.
Eckerstr. 1
3000 HANNOVER 1   05 11 / 34 10 65

– Energiegutachten
– kommunale Energiekonzepte
– Beratung
– ökologisches Bauen

8. Bremer Umweltinstitut für die
Analyse und Bewertung von
Schadstoffe e. V.
Colmarerstr. 22 a
2800 BREMEN   04 21 / 34 98 51 11
                   21 82 37 2

– Verbraucherberatung inkl. Analyse
u. Bewertung von halogenierten
Kohlenwasserstoffen und Phos-
phatpestiziden, Schwermetallen u.
naßchemischen Parametern in Le-
bensmitteln, Wasser, Erdproben u.
Luft
– Untersuchung u. Bewertung von
Holz und Urinproben auf Holz-
schutzmittelrückstände (PCP u.
Lindan)
– Muttermilch- u. Spermauntersu-
chung auf Pestizidrückstände und
Schwermetalle

9. Centro de Estudios Socio-Ecolo-
gicos
cl. Francisco Silvela 27–1° H
MADRID/SPANIEN
          00 34 1 / 2 70 37 79 4 02 09 82

– Ökonomische Bedeutung von
Umweltschutz
– Wasser
– Ökologische Dokumentation,
Lernbörse, Informationsstelle über
ökologische Gruppen in Spanien

10. Energiesparladen
Gartenstr. 2
8500 NÜRNBERG   09 11 / 26 25 35

– Dichtungen und Dämmungen für
vorhandene Bausubstanz
– Berechnung von Energieflüssen
und Energieverbräuchen
– Rechnergestützte Energieberatung
– Solaranlagen und Solarzellen
– Wassersparer
– Buchverlag und Versand
– Jugend- und Erwachsenenbildung
– Ausstellungen über Energie

11. Energie- und Umweltzentrum am
Deister
Am Elmchenbruch
3257 SPRINGE-ELDAGSEN
                   0 50 44 / 3 80

– Ingenieurmäßige Planung im Bereich Energietechnik und Wasser-
bau
– Angewandte Forschung: Strah-
lungsheizung, Sonnenkollektoren,
Abwassernutzung, natürliche Abwasserklärung, Wärmekraftkopplung

12. GFIT – Ges. f. interdisziplinäre
Technologie mbH
Schmiedgasse 17
7901 BERNSTADT   0 73 48 / 65 29

– Energieberatung
– Planung u. Bau v. Biogasanlagen
– Meß- und Regeltechnik
– Recyclingberatung

271

13. GÖK
Gruppe Ökologie
Institut für ökologische Forschung
und Bildung e. V.
Immengarten 31
3000 HANNOVER 1   0511/6963130

14. IBEK
Ingenieur- und Beratungsgesellschaft Kuhnle, Spenk u. Partner
mbH
Bismarckstr. 33
7500 KARLSRUHE   0721/22065

15. IFEU
Institut für Energie- und Umweltforschung e. V.
Im Sand 5
6900 HEIDELBERG   06221/12956
                               10101

16. Institut für angewandte Biologie,
Freiburg a. d. Elbe
Grüner Weg 4
2161 OEDERQUART-BRUCH
04779/644

17. Institut für ökologische Chemie
e. V.
Sitz: Hilbringer Str. 2
8500 NÜRNBERG 50
Geschäftsst.: Königstr. 125
8510 FÜRTH   0911/745051

18. Institut für ökologische Forschung und Bildung e. V.
Kettelerstr. 15
4400 MÜNSTER   0251/26091

– Atommüllproblematik / Zwischen- und Endlager, Wiederaufarbeitung
– Ökologischer Landbau, Lebensmittelqualität, Rückstandsbelastung
– Regionalentwicklung / Landschaftspflege
– militärische Aspekte der Kernenergienutzung
– Arbeitsplätze in Atomanlagen
– Abfallverwertung
– Ingenieurwissenschaftl. Beratung bez. Sonnen- und Windenergie
– Unternehmensberatung
– Agrartechnik (in Ländern d. Dritten Welt)
– Analyse u. Vergleich bestehender u. geplanter Energiesysteme in bezug auf ihre Auswirkungen auf Mensch u. Umwelt, ihr Gefährdungspotential u. die weiteren Technologiefolgen (insbes. Kernenergie u. Kohle) sowie Erstellung v. Konzepten für kommunale Energieversorgung
– Untersuchung der Wechselbeziehungen innerhalb eines Biotops sowie deren Störungen durch anthropogene Einflüsse
– Trinkwasseranalysen-Programm
– Umweltanalytik
– Gutachten, Beratung, Berechnungen u. Prognosen im Bereich d. Chemie u. d. Umweltschutzes
– Ökologiepolit. Beratung u. Bildung
– Probleme d. Technologietransfers i. d. Dritten und Vierten Welt
– Arbeiterschutz, Verbraucherschutz
– Wissenschaftstheorie
– Jugend- und Erwachsenenbildung
– Entwicklung methodisch-didaktischer Bildungskonzepte, Medien
– Entwicklung u. Vertrieb v. Umweltspielen f. Unterricht und Freizeit
– Recylingberatung sowie Erprobung einfacher Selbstbautechnologien i. d. Energiegewinnung

19. ÖKO-Institut
Hindenburgstraße 20
7800 FREIBURG I. BR. 0761/36439

- Energiealternativen
- Sicherheit von AKW
- Ökologisch orientierte Wissen-
  schaft
- Umweltbelastg. durch Schadstoffe
- Landschaftsplanung u. Naturschutz
- Wiederaufarbeitung und Endlage-
  rung von Kernbrennstoffen

20. Öko-Projekt
Verein für sanfte Technik und biologischen Anbau e. V.
Jülicher Str. 22
5000 KÖLN 1   0221/237199

- Solar- und Bioarchitektur
- altern. Formen d. Energiegewinnung
- altern. Produkte u. Produktionsver-
  fahren i. d. Industrie
- biologischer Anbau, biologische
  «Entsorgung»
- komm. u. regionale Energieversorgung

21. Oekos-Beratergemeinschaft für
angewandte Ökologie
Mainaustr. 32
8008 ZÜRICH / SCHWEIZ

- Arbeitsplatztoxikologie
- Umweltverträglichkeitsprüfung
  von Industrieanlagen und Produk-
  ten
- Literaturrecherchen: Chemie –
  Mensch – Umwelt
- Medienberatung, Informationen
- Gutachten: Nukleare Entsorgung
- Toxikologische Beurteilung v. Che-
  mie

22. OEKOTEC e. V.
Gesellschaft für ökologische Technologie und Energieberatung
Jaderlangstr. 13
2933 JADE 1   04483/426

- Regenerative Energiequellen
- Energieberatung/Lokale E-Kon-
  zepte
- Solararchitektur/Öko-Architektur
- energietechnische Software-Ent-
  wicklg.
- Umweltschutztechnik
- rationelle Energieverwendung

23. Ökotechnic
Hasenheide 52/53
1000 BERLIN 61

- Windenergieanlagen
- Holzvergaser
- Versuchsgelände in Westdeutsch-
  land
- Wärme-Stein-Speicher

24. Projektgruppe: Energie und
Gesellschaft
TU Berlin
Sekr. Ack 6
Ackerstr. 71–76
1000 BERLIN 65   030/31472717
                 31472718/9

- Wärmedämmung, leitungsgeb.
  Versorg. regenerative Energiequel-
  len, Energiewirtsch. Handlungs-
  rahmen der Energiepolitik
- Entwicklung der Siedlungsstruktur
- Soziale Kosten des Autoverkehrs,
  ökologische Verkehrspolitik
- Sanfte Energie und Arbeitsplätze

273

25. Dr.-Ing. Gerhard Röhlke
Naumburger Str. 8
6750 KAISERSLAUTERN
0631/55632
26. Siepmann u. Teutscher Ing. Plang.
Heinrichstr. 5
6111 OTZBERGEN-OBERKLINGEN
0616 2/8 2672
27. stadt & land
ges. f. raumpolit. forschung, planung und beratung e. V.
Hebbelstr. 15
2300 KIEL 1   0431/554059
28. SYNOPSIS
Institut de Recherche Alternative
Route d'Olmet
F 34700 LODEVE 0033/67/440410
29. UTEC
Ing. Büro f. Entwicklung und Anwendung umweltfreundl. Technik
3139 GÖHRDE   0586/7460

30. UWI
Umweltwissenschaftliches Institut
Hauptmannstr. 45
7000 STUTTGART 1   0711/293874

31. Wagner & Co. GmbH
Afföller Str. 30
3550 MARBURG   06421/63155

32. WARTIG Chemieberatung
GmbH
Ketzerbach 27
3551 LAHNTAHL-STERZHAUSEN

– Technik und Hochschulstudium
– Akzeptanz von Technik in d. Jugend
– Technikbewertung
– Verantwortung in der Technik
– Abwasserabgabengesetz
– Verschmutzungskontrolle

– Verkehr
– Regionalentwicklung
– Stadtentwicklung
– Freizeit und Fremdenverkehr
– Volks- und Betriebswi./ökolog. Wi.
– Erprobung einfacher Selbstbautechnologien auf der Basis von wiederverwertbaren Materialien
– Gesellschaftliche Folgen v. Technik
– Nutzung regenerativer Energiequellen, Schwerpunkt: Biogas
– Energiesystemplanung
– Energieberatung
– Alternat. Technik. i. d. Dritten Welt
– Studien zu Energie/Verkehr/Chemie/Alltagsökologie
– Wissenschaft u. Technikfolgenabschätzung
– Politikberatung v. Bürgerinitiativen
– Herstellung u. Vertrieb v. Solar-Selbstbau-Systemen/Seminare
– Plang. u. Vertrieb v. Wärmerückgewinnungsanlagen
– Verlag u. Vertrieb v. Energiebüchern/Energieberatung
– Industrieberatung: Recycling, Abwasser, Umweltchemie, Analytik

Wenn ich Bundeskanzler wäre ...

Sicherlich haben Sie auch schon einmal geträumt. Einmal das Sagen haben. Als erstes ein paar knackige Dekrete erlassen: Abschaltung aller Atomkraftwerke, Wiederbegrünung der Startbahn West, Baustopp beim Rhein-Main-Donau-Kanal, und und und (der grüne Umweltdiktator verkündet!?).

Nun – soweit wird es nicht kommen, vor dem Fleiß steht schließlich der Preis.

Aber dennoch können wir uns als kleine grüne Verbraucher (vorerst) noch ganz bescheiden überlegen, welche Forderungen aus dem «ökosozialen Verpflichtungsrahmen» des Öko-Knigge erwachsen:

Am Anfang war die Information ...

Ein wesentlicher Teil unserer Handlungsmöglichkeiten liegt im Kauf oder Nichtkauf von Produkten. Die Kriterien sind klar (hohe Umweltfreundlichkeit, hohe und lange Gebrauchstauglichkeit, leichte Reparierbarkeit und keine unnötige Verpackung), aber die Informationen sind mager.

Forderung 1: Kennzeichnungspflicht
Produkte müssen Kennzeichnungen (Umweltzeichen, gefährliche Inhaltsstoffe usw.) tragen, die dem Verbraucher helfen, die Umweltfreundlichkeit bzw. -schädlichkeit eines Produkts zu erkennen.

Forderung 2: Vergleichende Zusammenstellungen
Von langlebigen Produkten wie Waschmaschinen, Autos usw. müssen vergleichende Listen über Gebrauchstauglichkeit und Umweltfreundlichkeit der Produkte erstellt werden. Der «test» muß durch den «öko-test» ergänzt werden.

Forderung 3: Werbungsverbot
    Für eindeutig umweltschädliche Produkte oder Verhaltensweisen
    muß die *Werbung* verboten werden, beispielsweise für Autos, erhöh-
    ten Stromverbrauch usw.

Auch die Information über den allgemeinen und aktuellen Zustand der
Umwelt muß verbreitet werden. Nach (oder vor) den Börsennachrich-
ten (RWE: + 4) könnte man beispielsweise über das Waldsterben informieren (neu erkrankte Bäume: –11 Millionen), bei den Wetternachrich-
ten über die Schwefeldioxidbelastung (Beispiel: «Auf Grund der Inver-
sionswetterlage wurden in Süddeutschland erhöhte Schwefeldioxid-
werte gemessen, in Freiburg 450 Einheiten, Stuttgart 780. Ältere Personen und Personen mit Erkrankungen der Atemwege sollten heute zu
Hause bleiben . . .»). Und gleich danach bei den Verkehrsnachrichten
(Stau – Stau – Stau, und dann: «Beim Fahrradverkehr wie immer kein
Stau, auf Grund der schlechten Sicht werden Autofahrer und Fahrradfahrer um erhöhte Vorsicht gebeten . . .»).

Forderung 4
    Regelmäßige Information in Fernsehen und Rundfunk über den aktu-
    ellen und allgemeinen Umweltzustand sowie wöchentlich der «Grüne
    Sinn» (statt «7. Sinn»).

Viele Bürger haben Schwierigkeiten, die komplexen wissenschaftlichen
Informationen über den Zustand der Umwelt oder über neue Technologien und deren Folgen abzuschätzen und zu bewerten. Ein tiefsitzendes
Mißtrauen sagt ihnen zwar, daß «bei der Sache was faul» ist (z. B. bei
einer Anhörung über eine Fabrikansiedlung, über eine neue Trassen-
führung, bei neuen Technologien wie etwa der Gentechnologie), aber
sie sind dem geballten expertokratischen Sachverstand meist hilflos ausgeliefert.

Forderung 5

Bei allen diesbezüglichen Anhörungen, zu allen Gremien usw. müssen Vertreter der Umwelt- und Verbraucherverbände hinzugezogen werden.

Forderung 6

Die Möglichkeit der Verbandsklage muß generell eingeführt werden (mit Verbandsklage ist die Befugnis eines Umweltverbandes gemeint, im Interesse der Allgemeinheit über Verwaltungsgerichte Umweltschutzgesetze oder -entscheidungen anzufechten oder durchzusetzen).

Forderung 7

Bei allen größeren und langfristig bedeutsamen Entscheidungen (z. B. Bau des schnellen Brüters, des Rhein-Main-Donau-Kanals usw.) muß eine Umweltverträglichkeitsprüfung durchgeführt und müssen kritische Gegengutachten in Auftrag gegeben werden.

Die schönste Information nützt wenig, wenn das umweltfreundliche Produkt oder die Verhaltensweise viel teurer ist. Von daher muß eine entsprechend direkte oder indirekte steuerliche Entlastung oder Tarifänderung erfolgen.

Forderung 8

Umweltschädliche Emissionen oder Produkte müssen mit einer Umweltabgabe belastet werden, die umweltfreundlichen Produkten zugute kommt (beispielsweise bei bleihaltigem/bleifreiem Benzin). Dadurch werden umweltfreundliche Produkte gegenüber dem jetzigen Stand billiger, umweltschädliche Produkte teurer.

Forderung 9

Umweltfreundliche Verhaltensweisen müssen über die Lohn- bzw. Einkommensteuer begünstigt werden, z. B. durch eine allgemeine Kilometerpauschale (die fürs Fahrrad gleich hoch ist wie fürs Auto), durch generelle Absetzbarkeit von Energieschutz-, Wassersparmaßnahmen usw.

Forderung 10

Wasser-, Strom- und Gastarife müssen so ausgelegt sein, daß sie zum Minderverbrauch anregen (keine «Mengenrabatte» wie bisher).

Forderung 11

Umweltfreundliches Verhalten muß bei einzelnen durch staatliche und kommunale Maßnahmen gefördert werden. Das «Umweltzeichen» etwa ist zwar ganz originell, nur sind die Produkte mit Umweltzeichen meist über Dutzende von Läden verteilt, so daß sich kaum jemand die Mühe macht, den einzelnen Produkten nachzurennen.

Das Fahrradfahren wird einem immer wieder vermiest, weil regelmäßig Einzelteile wie der Spiegel oder gar das ganze Fahrrad geklaut werden. Überall gibt es zwar große (häßliche) und gut bewachte Parkhäuser für Autos, aber keine überdachten und bewachten Fahrradabstellstationen usw.

In öffentlichen Kantinen müßte es Vorschrift sein, wenigstens *ein* Essen anzubieten, das ernährungsphysiologisch zu empfehlen ist, in jeder Kneipe müßte es wenigstens *ein* gutes Getränk geben, das billiger ist als Bier. (Weitere Beispiele vgl. entsprechende Kapitel.)

Forderung 12

Förderung umweltfreundlicher Technologien und Produkte. Am wenigsten bedacht wird die gezielte Forschung und Entwicklung umweltfreundlicher Produkte. In die Atomenergie wird reingebuttert, was der Reaktor hält, umweltfreundliche Technologien werden dagegen völlig ungenügend oder gar nicht gefördert. Wir können zwar inzwischen auf den Mond fliegen und bauen technisch ausgereifte Autos, aber das Fahrrad sieht immer noch so aus wie vor 50 Jahren. Keine prinzipielle Neuerung oder Erleichterung.

Freie Bahn für den Fortschritt?!

Literatur

Gerd Michelsen, Öko-Institut (Hg.), «Der Fischer Öko-Almanach», Fischer Verlag

E. Koch / F. Vahrenholt, «Die Lage der Nation», *Geo* im Verlag Gruner und Jahr, Hamburg 1983

«Global 2000», Verlag 2001, Frankfurt 1980

A. Beckmann / G. Michelsen, Öko-Institut, «Global Future – es ist Zeit zu handeln», Dreisam-Verlag, Freiburg 1981

Umweltbundesamt, «Behördenführer – Zuständigkeiten im Umweltschutz», Berlin 1983

Umweltbundesamt, «Bürger im Umweltschutz», Berlin 1979

G. Hartkopf / E. Bohne, «Umweltpolitik», Westdeutscher Verlag, Opladen 1983

«energisch leben», Stattbuch Verlag, Berlin 1983

Loccumer Protokolle 33/1982, «Möglichkeiten und Grenzen umweltfreundlichen Verbraucherverhaltens», Loccum 1983 (erhältlich bei: Evangelische Akademie Loccum, 3056 Rehburg – Loccum 2)

Funkkolleg «Mensch und Umwelt», Beltz-Verlag, Weinheim 1981

Umweltbundesamt, «Was Sie schon immer über Umweltschutz wissen wollten», Kohlhammer-Verlag, Stuttgart 1981

«Und nun, wertester Leser, eile ich zum Schlusse dieses Werks über den Umgang mit der Natur. *Finden Sie etwas darin, das Ihrer Aufmerksamkeit wert ist, wird dieses Buch vom Publico gütig aufgenommen und billig beurteilt, so wird mir das mehr Freude machen, als mir bis jetzt selbst der beste Erfolg irgendeiner meiner Schriften gewährt hat. Wenigstens hoffe ich, Sie werden hier keine Grundsätze antreffen, derer sich ein rechtschaffner und verständiger* Mensch *schämen dürfte, und, wenn es sonst kein anders Verdienst hat, ihm doch das der Vollständigkeit nicht absprechen; denn ich glaube, daß doch nicht leicht irgendein Verhältnis zur* Natur *gefunden werden könne, über welches ich nicht etwas gesagt hätte – ob gut oder schlecht oder beides vermischt oder mittelmäßig von Anfang bis zu Ende, das darf ich nicht entscheiden.»*

(nach Adolph Freiherr von Knigge, «Über den Umgang mit Menschen» – nur die drei gerade gesetzten Wörter wurden sinngemäß abgewandelt)

Aus dem Frühlingsputz
mit dem aprilfrischen Zitronenduft
darf kein Totensonntag
für die Natur werden.

384 Seiten mit zahlreichen Abbildungen.
Gebunden

«Chemie im Haushalt» untersucht, wo wir mit
Chemikalien in Berührung kommen, welche Gefahren für
unsere Gesundheit und Umwelt in vielen Haushaltsprodukten lauern, mit denen wir tagtäglich umgehen.
«Chemie im Haushalt» zeigt Alternativen auf: Umweltfreundliche Produkte, optimal-sparsame Dosierung,
alternative Handlungsweisen und Verzicht auf
unnötige oder nicht wirksame Haushaltsprodukte.

Aus dem Inhalt: Putz- und Reinigungsmittel · Waschmittel ·
Körperpflegemittel · Gefährdung von Kindern im
Haushalt · Gift im Spielzeug · Pflanzen- und Insekten«schutz»-
mittel · Lacke und Holzschutzmittel · Verpackung und
Müll · Batterien und Sprays · Hobby und Basteln · Das Auto ·
Hausaufgaben für Politiker

ROWOHLT

Erst wenn
der letzte Baum gerodet,
der letzte Fluß vergiftet,
der letzte Fisch gefangen,
werdet ihr feststellen,
daß man Geld nicht essen kann!

Herausgegeben von Monika Griefahn
224 Seiten
mit zahlreichen Abbildungen
Kartoniert

Herausgegeben von Volker Lange
und Erdmann Wingert
224 Seiten mit zahlreichen Fotos
Kartoniert

Von Hans Schmit und Midas Dekkers
Deutsch von Erwin Peters
160 Seiten mit zahlreichen Abbildungen
Kartoniert

ROWOHLT

Abschied von der Wachstumsgesellschaft

224 Seiten mit schwarzweißen und
vierfarbigen Abbildungen.
Broschiert

240 Seiten.
Broschiert

240 Seiten.
Broschiert

Deutsch von
Udo Rennert
318 Seiten. Kartoniert

Deutsch von
Thomas Lindquist
140 Seiten. Kartoniert
und als rororo
sachbuch 5131

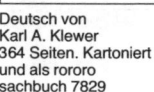

Deutsch von
Karl A. Klewer
364 Seiten. Kartoniert
und als rororo
sachbuch 7829

191 Seiten. Kartoniert

Deutsch von
Karl A. Klewer
314 Seiten. Kartoniert

Deutsch von
Karl A. Klewer und
Robert A. Russell
199 Seiten. Kartoniert

ROWOHLT

Abschied von der Wachstumsgesellschaft

„Im Endeffekt verweigert das Wirtschaftswachstum die Befriedigung der einfachsten Bedürfnisse oder erlaubt ihre Erfüllung nur noch über den Weg aufwendiger Konsumhandlungen: das Bedürfnis nach frischer Luft, nach Baden im nahegelegenen Fluß, nach Genuß des köstlich schmeckenden Apfels, nach Kommunikation, nach sinnerfüllter Arbeit. Dieser den Menschen auferzwungene Verzicht ist in das Wirtschaftswachstum selbst eingebaut." Klaus Traube

Lesen allein genügt nicht.

Um unsere Umwelt zu retten, muß gehandelt werden. Doch allzu oft behindert eine von staatlichen und industriellen Interessen abhängige Wissenschaft die sachgerechte Lösung der drängenden Umweltprobleme.

Hier müssen Wissenschaftler, die sich der Umwelt verpflichtet fühlen, ein Gegengewicht setzen.

Seit 1977 beeinflussen wir vom unabhängigen und gemeinnützigen ÖKO-INSTITUT die umweltpolitische Diskussion in der Bundesrepublik durch unsere Forschungsprojekte. So konnten wir z.B. mit unserer Studie »Energiewende« wesentliche Argumente gegen die lange Zeit behauptete Notwendigkeit von Atomkraftwerken liefern.

Derzeit sind Schwerpunkte unserer Arbeit:
- sanftes Energie-Szenario Bundesrepublik,
- Arbeit in einer ökologisch orientierten Wirtschaft,
- Umweltgefahren der Chemie,
- Risiken der Atom-Technologie.

Durch Ihren Beitritt als Fördermitglied können Sie diese Forschung für eine lebenswerte Zukunft finanzieren helfen. Ihre Beiträge und Spenden sind steuerlich absetzbar.
Spendenkonto: Öffentliche Sparkasse Freiburg i. Br.,
BLZ: 680 501 01, Kto. 2063447.

Weitere Informationen:
Öko-Institut, Hindenburgstr. 20, 7800 Freiburg i. Br.

**Die Alternative:
Das ÖKO-Institut.**

Institut für angewandte Ökologie e. V.

BUND FÜR
UMWELT UND NATURSCHUTZ
DEUTSCHLAND E. V. (BUND)

Was will der BUND?
Wir wollen uns nicht damit abfinden, daß
– unsere Landschaften überbaut
– unsere Gewässer verschmutzt
– unsere Atemluft belastet
– unsere Äcker vergiftet
– unsere Rohstoffe aufgebraucht werden.

Wir wollen nicht zusehen, wie
– Tier- und Pflanzenarten ausgerottet werden und
– unsere Wälder sterben.
Der BUND erarbeitet konstruktive Vorschläge für Auswege aus
der Umweltkrise. Aufklärung der Bevölkerung und der Politiker
gehören ebenfalls zu den vielfältigen Aufgaben des BUND.

Der BUND wurde 1975 als bundesweite Organisation
gegründet und ist heute mit elf Landesverbänden in allen
Bundesländern vertreten. Ende 1983 hatte der BUND
85 000 Mitglieder. Doch je mehr Mitglieder den BUND
aktiv, ideell und finanziell unterstützen, desto besser kann
er zur Lösung der Umweltprobleme beitragen. Unterstützen
deshalb auch Sie unsere Arbeit, und werden Sie Mitglied
im BUND.

Mehr Informationen über den BUND erhalten Sie bei:

> Bund für Umwelt und Naturschutz
> Deutschland e. V. (BUND)
> Bundesgeschäftsstelle
> In der Raste 2 · 5300 Bonn 1